지역으로부터의
농업 르네상스

지역으로부터의
농업 르네상스

- 커뮤니티농업의 실례를 중심으로 -

쓰타야 에이치 지음 | **전찬익** 옮김

옮긴이의 말

　농업의 산업으로서의 한계성은 주로 다음의 두 가지에서 비롯된다고 볼 수 있다. 첫째는 농산물은 그 IED(Income Elasticity of Demand, 수요의 소득탄력성)가 낮다는 점이다(IED<1). 일반 공산품의 경우 국민의 1인당 GDP가 늘면 그만큼 더불어 소비도 늘어나는데 농산물은 그렇지 못하다. 경제가 성장함에 따라 소득에서 식료품비가 차지하는 비중이 점점 작아지는 것이다. 1인당 GDP가 늘어도 농가소득이 비례해서 늘어나지 못하는 근본 이유다. 농업 농촌의 이농현상과 고령화가 이를 반증해 주고 있다. 둘째로는 농산물은 그 PED(Price Elasticity of Demand, 수요의 가격탄력성)도 낮다는 점이다. 농산물 가격이 낮아져도 수요가 그 비율만큼 늘어나지 않아(PED<1) 기술 발전으로 수확량이 늘어나게 되면 농산물가격이 하락하게 된다. 농업기술 진보의 혜택은 소비자들한테 주로 돌아가고 농가에는 오히려 불리하게 작용하는 측면이 있다. 요컨대 농업 부문은 그 나라 경제의 전반적 성장, 그리고 농업기술의 발달, 이 두 가지의 희생양이 되어 왔다고도 할 수 있다.

이 책자는 농업이 지닌 이러한 한계성을 극복하고자 고민한 결과물이다. 원작자인 쓰타야 에이치 선생은 농업이 '커뮤니티농업'을 통해 그 한계성을 어느 정도 극복할 수 있다고 보고 있다. 원작자에 의하면 커뮤니티농업은 "생산자와 소비자의 관계성을 중시하는 농업"이다. 좀 더 구체적으로 말하면 이는 "관계성, 특히 생산자와 소비자(또는 지역 주민), 도시와 농촌과의 관계성을 살려 전개되는 농업의 통합직 개념"이다. 생산사-소비사 제휴, 지산지소(신토불이), 직판, 생산자와 소비자의 대등한 관계, 볼품보다는 안전-안심 중시, 재생산지지(支持)적, 소량다품종 생산, 환경친화적, 식문화, 그린투어리즘 등으로 상징되는 농업을 이른다. 이 책자는 일본 농업의 큰 그림을 제시하고 있으며, 이를 고도기술집약형 농업, 토지이용형 농업, 중산간지농업 및 도시농업의 세 카테고리로 나누어 제시하고 있다. 쓰타야 선생은 커뮤니티농업에 기반하고 있는 일본 농업의 모습을 구체적으로 보여주기 위해 총 32개의 사례를 아주 구체적으로 소개하고 있다. 이 책자의 눈에 띄는 특징이다.

이 책자는 『협동조합 시대와 농협의 역할』(전찬익 옮김, 2013, 한국학술정보)에 이은 쓰타야 선생 저작에 대한 나의 두 번째 번역서이다. 번역을 끝내 놓고 보니 쓰타야 선생으로부터 본 책자를 선물 받은 때로부터 거의 5년이라는 상당한 시간이 흘러 버렸다. 일본어가 능통하지 못한 데다가 대만 소재 농업관련 국제기구인 FFTC/ASPAC에서 농업경제전문가로 일하면서 틈틈이

번역을 하다 보니 그렇게 된 것 같다. 번역을 마치기 어려울 정도로 바쁜 나날이 이어졌으나 이 책자가 우리 농업 농촌 발전에 적지 않은 참고가 될 것이라는 일념으로 번역을 마칠 수 있게 되었다. 이 책을 번역하는 동안 우리나라 농업 농촌에 있어야 할 모습, 우리 농업 정책의 큰 방향에 대해서 생각해 보는 시간을 가져 보곤 하였다. 역자는 이 책이 그러한 생각과 고민을 해 보게 하는 매력과 마력이 있는 책이라고 생각한다. 특히 농업전문가가 아닌 독자들도 어느 정도 이해할 수 있도록 비교적 평이하게 서술되어 있는 점도 이 책자의 커다란 특장점인 것 같다. 우리 농정의 방향타를 잡고 있는 농업정책 입안자, 정책과 농업인 사이에서 여러 가지 교량 역할을 하면서 현장에서 직접 농업인과 같이 호흡하고 있는 농협 임직원, 영농에 직접 종사하면서 농업 농촌의 발전을 고민하고 있는 선도농업인, 그리고 귀농귀촌을 꿈꾸고 있는 미래의 농업인들에게 일독, 재독을 권해 드리고 싶다. 소비자인 일반 국민들께도 일독을 권해 드리고 싶다.

농업 전체의 큰 그림을 머릿속에 그려 가면서 정책 입안에 참여하고 농업 농촌 현장에서 일을 한다면 사명감은 물론 재미와 보람도 커지고 그에 따라 우리의 농업 농촌의 미래는 더욱 밝아지지 않을까 하는 생각이 들기 때문이다. 우리나라도 그간 여러 가지 각도에서 농업의 내재적인 한계점을 극복하고자 무진 애를 써 왔으나 국민소득 증가에 따라 도농 간의 소득 격차 문제가 줄어들지 않고 있는 상황에 있다. 그러나 다 같이 고민하고 노력하면 그 해결의 실마리를 찾을 수 있지 않을까 한다.

독자의 이해를 돕기 위해 역자주를 최대한 달아 놓았으며 색인도 달았다. 또 부록으로 32개 사례지역을 지도에 표시하였다. 역자주 중에는 출처를 밝히지 않은 경우도 더러 있음을 밝힌다. 끝으로 시간 부족 등으로 일본식 표현을 우리말 표현으로 제대로 바꾸지 못한 점에 대하여 독자분들께 죄송하다는 말씀을 드린다. 모쪼록 본 역서가 우리 농업 농촌 발전에 조금이라도 보탬이 된다면 그 이상 큰 기쁨과 보람이 없겠다.

2019년 4월
전찬익

목차

- 향후 농업의 방향 모색 -

제3장 | 커뮤니티농업이 기축이 되는 근거

제5장 | 데이터화·IT화로 농업소득 향상을

－ 구체적인 농업의 모습과 추진 방식의 탐구 －

제6장 | 고도기술집약형 농업과 유기농업의 가능성

제8장 | 중산간지농업과 도시농업의 비전

제9장 | 농협에 의한 커뮤니티농업 형성으로

서장

일본 농업의
관계성 · 지속성 · 순환성

01 | 「최후의 5년」이라는 두려움

현장에서 일본 농업은 「최후의 5년」에 다다르고 있다는 신음소리가 들려오고 있다. 농업담당자[1](주력 농가를 뜻함-역자주)의 고령화가 진행되어, 쇼와(昭和, 서기 1926년 12월 25일~1989년 1월 7일 사이의 일본의 연호) 한 자릿수(쇼와 1~9년, 서기로 1926~1934년) 시대의 마지막 해(1934년)에 출생했어도 이들의 나이는 2014년 현재 어느덧 80세에 달하고 있다. 한편, 농산물 가격은 하락 추세가 계속되어 농업 소득은 감소 일로를 걷고 있다(다만, 예외적으로 2010년에는 호별소득보상제로[2] 7년 만에 증가). 농업만으로 자립이 어렵기

---

[1] 본 책자에 농업담당자(農業担い手, 약칭 담당자)라는 용어가 많이 나옴. 농업경영에 대한 의욕과 능력이 있는 농업자 중, 농업경영기반강화촉진법에 따라, 농업경영개선계획을 시정촌(우리의 시읍면)에 제출하여 인정을 받은 개인농업경영자 그리고 특정농업단체, 집락영농 등을 의미. 농업담당자를 주력농가라고 이해해도 큰 무리가 없을 것으로 보임. 일본의 농업경제학자인 후미오 에가이츠는, "이는 막스 베버의 트레거(Träger, 이념의 구현자)에서 유래하는 것으로 생각된다. 일본 농업정책 용어로서는, 농업경영의 바람직한 형태인 동시에 농업정책의 주된 대상이 되는 경영체 내지 경영자를 의미"한다고 정의함. 후미오 에가이츠 荏開津典生『農業經濟學』(제3판), 岩波書店. 2008. 219쪽 -역자주.

[2] 일본의 호별소득보상제는 지원 대상을 논 경영 면적이 4ha 이상인 농가로 한정하여 일본 농업의 현실을 외면했다는 비판을 받아온 품목횡단적 경영안정대책의 문제점을 보완하여, 0.3ha 이상의 농가로 대상을 크게 확대하여 실시된 정책임. 이는 '시장가격은 낮추되 직접지불로 소득을 보상케 해 준다'는 미국 및 유럽의

때문에 영농후계자 확보에 어려움을 겪는 것은 당연한 일이기도 하다.

필자의 밭이 있는 야마나시시山梨市 마키오카쵸牧丘町에서도, 고령 때문에 포도 재배는 이미 불가능하다고 생각하여 포도나무를 잘라 버리는 농민도 적지 않고, 있는 노력을 다하여 경영을 이어 가고 있는 농가도 무릎이 아프고 허리가 아파 몸을 달래 가면서 농작업을 수행하고 있는 상황에 놓여 있어, 금년에는 어렵사리 농사를 지어 가고 있지만 내년에는 어떻게 할지 모르겠다고 토로하고 있는 실정이다. 벼농사뿐만 아니라 소득이 높다는 과수에서도 "최후의 5년"이라는 위기감은 마찬가지이다.

이러한 상황에서 TPP(Trans-Pacific Partnership, 환태평양경제동반자협정)가 일파만파로 되는 것은 필연이다. 만일 TPP에서 쌀 관세 철폐에 10년의 유예가 주어진다고 해도 10년 후에 어떻게 될지 도저히 알 수도 없고, TPP의 직격탄을 맞으면서까지 영농을 계속해야 할지에 대해 상상하기 어렵다고 하는 것이 농민들의 본심이다. 이러한 상황에서 일본이 TPP에 참여하여, 농산물 시장의 완전 자유화가 감행된다면 일본 농업은 잠시도 지탱하지 못하게 될 것이다.

직접지불제를 벤치마킹한 것임. -역자주.

성장 지향과 현장 경시

이러한 실태에서 보면, 1999년의 식료·농업· 농촌기본법 제정에 즈음하여 놓여 있던 세 가지 기본 문제, 즉 고령화에 따른 농업담당자 부족, 낮은 식량자급률, 농촌의 활력 저하 등이 여전히 계속되고 있어 한층 심각의 도를 더하고 있다.

이에 대응하여 전개되고 있는 농정이 "공격 농업"이며, 규모 확대에 따른 소득 배증(倍增)을 골자로 한다. 이는 확실히 농업에 공업의 논리, 시장 원리를 억지로 퍼 넣는 전혀 현실적이지 않은 "환상(幻想)"이며, 「아름다운 나라, 일본」을 때려서 붕괴시키는 지름길일 뿐이다. 또한 출판되는 농업서적이 많지만, 자신의 체험을 과시하는 "돈벌이가 되는 농업"이나 식량자급률 비판, 농협 비판 등, 부분적이고, 단편적인 것도 적지 않아 일본 농업의 장래를 말함에 있어서 힘이 될 수 있는 것은 적다.

이러한 흐름의 근저에 있는 것은, 시장화·자유화·세계화라는 신자유주의적인 사고이자, 수치 만능주의와 성장 신화에 대한 신앙이라고도 할 수 있다. 다시 생각해 보면, 성장 지향, 현장 경시, 더욱이 구미(歐美) 숭배는, 결코 아베노믹스(Abenomics)나 고이즈미小泉 구조개혁의 전매특허는 아니다. 정권에 따라 시대에 따라 강조의 정도는 다르지만, 메이지明治 유신의 탈아입구(脫亞入歐),[3] 부국강병, 식산흥업(殖産興業)[4] 이후 연면히 이어져 온 것으로, 일본의 근대화를 선도해 왔다. 그 연장선상에서 고도 경제성장을 실현하고, 더욱더 시장화·자유화·세계화에 따른 신자유주의가 대두되어 온 것이다.

여기서 잊어서는 안 될 것은, 첫째로 자본주의 성장에는 발전 단계가 있고, 일본은 고도 경제성장에 의해 선진국 대열에 합류, 심지어 미국에 버금가는 경제 대국으로까지 올랐다는 점이다. 그리고 일본 경제가 1980년대 들어 저성장 경제로 이행했지만, 이것은 본래라면 성숙한 국가로의 전환점이며, 성숙한 국가로의 변모가 요구되어 왔다는 점도 있다.

그런데 고도 경제성장은 저렴한 노동력과 증가하는 생산연령 인구, 그리고 소비 확대라는 조건이 갖추어짐으로써 가능했던 것이다. 선진국으로 발전함에 따라, 이러한 조건은 잃게

---

3) 일본 개화기의 사상가 후쿠자와 유키치가 일본의 나아갈 길을 제시한 것을 가리킨다. '아시아를 벗어나 서구 사회를 지향한다'는 뜻임. 위키백과. -역자주.
4) 일본 개화기의 메이지 정부의 기본 정책으로서 일본에는 없는 구미의 새로운 산업을 이식하고 상업과 산업의 부흥을 정부가 주도하는 국가 주도형 경제체제를 갖추어 대국화 정책의 원대한 목표를 이룩하겠다는 뜻을 가지고 있음. 네이버 지식백과 참조. -역자주.

되었지만, 낮은 경제성장으로의 이행 후에도 계속되어 온 것은 경제성장 확보를 위한 확대 노선이었다. 성숙 국가다운 것이 기대되고 있음에도 불구하고, 다시 고도 경제성장을 시도할수록 국내에 과잉 생산을 낳게 되고, 이를 해소하기 위해 수출에 의존할 수밖에 없고, 이것이 수출 경쟁을 격화시켜, 조금이라도 자국에 유리한 무역 룰을 실현시키기 위해 WTO(세계무역기구)나 TPP를 시작으로 하는 무역자유화 규칙 만들기를 놓고 치열한 경쟁을 초래하는 것으로 연결돼 왔다.

그러나 무역자유화가 초래한 것은 특정 강자와 대다수의 약자로의 분화이며, 격차 확대이다. 주주(株主)자본주의, 금융자본주의라고도 불리듯이, 기업의 이익은 확보되어도, 실질분배율은 저하되는 경향이 있고, 일부 대기업, 주주, 임원 등으로의 부의 집중·편재가 현저하다. 또한 기업은 값싼 노동력과 시장을 찾아 세계화의 움직임을 한층 강화하고, 다국적화된 기업은, 이제까지 일체화해 온 국가와의 관계를 변모시켜 가고 있다. 바로 이 다국적기업이 국가를 통해 TPP를 포함한 무역자유화를 적극적으로 추진해 가고 있는 장본인이다.

03 | 관계성 · 지속성 · 순환성의 회복

이러한 자본의 논리는, 서서히 농업 분야에도 침투해 오고 있으며, 이미 이로부터 완전히 벗어나기가 어려워지고 있다. 본래는 공업도, 지역커뮤니티나 토지·자연·환경 등과 일체가 되어 발전해 왔지만, 공업은 농업처럼 절대적으로 토지·자연 등이나 지역사회에 제약되는 것이 아닌 데다, 다른 떨어진 지역에 있는 토지 등에 의한 대체가 가능했기 때문에, 그 일체성을 상실해 왔다. 그런데 농업은 절대적으로 토지·자연 등이나 지역커뮤니티에 제약되는 정도가 크기 때문에, 그 일체성을 오래 유지하여 왔다. 그러나 농업도 유통의 광역화, 농산물 무역의 자유화, 농업의 시설화 등 기술 발전 등에 의해 점점 그 일체성을 상실해 가고 있으며, TPP에 의한 관세의 완전 철폐에 의해 이것이 완전 상실될 위기에 놓여 있다.

공업도 원래는 토지·자연 등이나 지역커뮤니티와 일체가 되어 발전해 왔다는 사실 자체가 잊혀 가고 있다. 오늘날, 농업이 이러한 일체성의 상실을 결정적으로 겪을지도 모른다는 전환점에 놓여 있기 때문에, 가까스로 공업도 본래는 일체적인 것이었음이 보잘 것 없게 상기되는 데 불과하다. 농업이 위기에 처해 있기 때문에, 처음으로 공업도 포함한 본래의 구도가 언급되어 왔다고도 말할 수 있다.

이 토지·자연 등이나 지역사회와의 일체성 상실이, 무엇을 초래해 왔는지를, 지금이야말로 원점으로 되돌아가서 이 문제와 마주해 보는 것이 필요하다고 생각한다. 정말로 이 토지·자연 등이나 지역사회와의 일체성 상실에 의해 초래된 이것은 다름 아닌 관계성·지속성·순환성의 상실이다. 새삼스럽게 생각해 본다면, 현대가 당면하고 있는 가장 큰 과제야말로, 이 관계성·지속성·순환성의 회복이며, 이에 대한 가치관이 물어지고 있다고 할 수 있다.

관계성에 대해서는, 사람과 사람과의 관계성, 사람과 자연과의 관계성, 자연과 자연과의 관계성으로 나눌 수 있는데, 사람과 사람과의 관계성 없이 인간은 살아갈 수 없다. 가족, 친구, 연인, 동료 등 다양한 관계성이 있지만, 일반적으로는 관계성이 많고 풍부할수록 그만큼 더 즐겁고 충실한 인생을 보낼 수 있을 것이다. 음(負)의 관계성도 있지만, 관계성 자체가 적다는 것은 더 외롭고 비극적이라고 할 수 있다. 이제, 가족에서조차 "외로운 식사(孤食)"로 상징되는 것처럼, 대화의 기회가 줄어들고 있을 뿐만 아니라, 엇갈릴 뿐, 모여서 식탁을 둘러싸는 경우는 격감하고 있다. 하물며 회사, 지역 등에서는 인사를 나누는 것조차 희소하게 되어, 서로 간에 무관심해져 가고 있다.

이러한 가족, 회사, 지역 등은, 서로의 이해관계, 경제적인 관계에서만 성립되고 있다는 것이 현실이다. 이해관계, 경제적 관계가 소멸돼 버리면, 전혀 남남과 다름없게 되는 것이 현실이다. 또한 인간과 자연의 관계가 있어야만 인간은 인간답게 살 수 있는 것이며, 인간 감성의 많은 부분은 자연과의 만남 속에서 길러진다. 자연과 자연과의 관계성은, 생태계나 생물다양성에서 볼 수 있듯이, 풍부함이 건전한 것이고, 관계성의 균형이 붕괴되거나 상실되는 것은 종 존속의 위기로 직결된다.

이러한 세계에 지속성은 없다. 관계성이 있어야만 지속해 나가는 것이 가능한 것이다. 이해관계, 경제적 관계가 있어야만 지속 가능하다는 생각이 있을 수 있으나, 경제 환경의 변화나 기술 개발에의 대응, 인재의 육성·확보 등까지 생각해 본다면, 이것만으로 중장기적 지속은 어려울 것이다.

그리고 지속해 가기 위해서는 순환해 가고 있는 것이 필요조건이 된다. 순환하여 세포가 항상 교체됨으로써 지속 가능하게 되는 것이며, 순환이 중단되면 지속 불가능이 되어, 죽음을 맞이하게 된다. 즉 순환은 살아 있다는 뜻이며, 생명이 있다는 뜻이다.

그러므로 다양한 관계성이 있을 수 있는데, 생명을 지키는, 생명을 이끌어 내는 관계성이 의미를 갖는 관계성이라 할 수 있고, 이러한 관계성이 지속성을 가져오게 되는 것이다. 가장 생명 있음의 존재이고, 순환성·지속성을 가져오는 것은, 생명을 존중해 마지않는 관계성이다.

근대, 그리고 20세기는, 자본의 논리를 대폭 도입하여, 경제 지상주의를 구축함으로써, 관계성을 무너뜨리고, 지속성을 저하시키며, 순환성을 상실하여, 생명을 위험에 빠뜨려 왔다. 21세기는 위험 속에 방치된 생명을 여하히 회복시켜 갈 것인가가 물어지고 있으며, 무엇보다도 생명을 존중하는, 생명을 이끌어 내는 관계성을 창조해 나가는 것이 최대의 과제라고 할 수 있다.

이러한 구도가 가장 쉽게 관찰되는 곳이 농업인데, 농업에서 생명력이 부족하게 되어 온 점을 직시하여, 순환과 지속성을 회복해 가는 것이 필요하다. 이 역할을 짊어지기 위해 필요한 개념이 바로 커뮤니티농업이다. 생산자와 소비자와의 관계성, 인간과 자연과의 관계성, 생태계·생물다양성으로 상징되는 자연끼리의 관계성을, 시대 환경의 변화에 맞추어 회복해 가는 것이 요구되고 있다.

철학과 비전과 경영

그런데 필자는 2004년에 『일본 농업의 그랜드 디자인』을 출간하여, 농업·농정을 정책이나 작물 등의 개별 문제로서뿐만이 아니라, 전체로서 포착하여 고찰하는 것의 필요성과 함께, 일본 농업의 환경·조건과 특징을 되살린 농업의 있어야 할 모습에 대하여 제안하고 있다. 거기에서는, 자연히 자연·풍토에 대응한 적지적작 농업으로 되어, 지역성이 풍부하고, 지역에 의해 지방에 의해 그 속 내용이 가지각색으로서, 국가나 대륙에 따라 농업이 매우 다른 것이 당연하다. 그런데 이것이 농업의 기본임에도 불구하고, 대규모화·근대화라는 이름과 함께 획일적으로 구미형 농업을 지향해 온 것이 일본 농업의 실태이며, 농정의 근저에 위치하여 온 사고(思考)라고 하는 것이 『일본 농업의 그랜드디자인』의 주된 주장이다.

이 생각에 기본적으로 변화는 없으나, 그 후의 환경·정세 변화를 거쳐, 일본 농업의 기축으로서 커뮤니티농업이라고 하는 개념을 설정하는 것이 새삼스럽게 필요하며, 각 분야 또는 개별적인 문제는 커뮤니티농업과 관련된 것에 의해 보다 현실적으로 유효한 대책·시책을 명확히 내세워 가는 것이 가능할 것으로 생각된다.

아울러 그 대책·시책의 재료는 현장에 있고, 아니 오로지 현장 밖에는 없다고 하는 것을 지금까지의 내 스스로의 경험 등을 통해 확신한다. 이를 따라 본서에서는 커뮤니티농업을 강조함과 동시에, 굳이 많은 사례를 채택하여 현실과 문제의 구도, 그리고 대처방향에 대해 제시하고 있다.

여기에서 본서를 집필하는 데 따른 기본입장을 명확하게 해 둔다면, 농업문제에 대하여 그 대책·방향을 구축해 가기 위해서는, 농업에 대한 철학과 비전(plan)과 경영의 세 가지를 확실히 감안하여 두는 것이 전제가 되어, 이들을 삼위일체적으로 논의·정리해 가는 것이 필요하다고 볼 수 있다. 즉 ① 농업은 생산과 생활이 일체로 되어 있어, 공업의 논리만 가지고는 납득될 수 없다는 점, 그리고 지역순환을 시켜 나가는 것이 기본이 되는 것을 철학으로 하고, ② 그 나라의 농업은 어디까지나 그 특성을 존중하고, 활용해 나가는 것이 필요함과 동시에, 시대의 환경 변화·식량 수급을 판단의 근거로 삼아 생산하는 농산물을 생각해 가는 것을 비전(plan)으로 하며, ③ 농업의 지속성을 확보해 가기 위해서는 경영의 확립과 정책 지원이 없어서는 안 된다고 하는 이 세 가지에 입각한 논의·정리가 요구된다.

05 | 본서의 요점과 포인트

본서는 일본 농업의 새로운 길을 보어, 처방전을 제시하는 것을 목적으로 한다. 일본 농업의 재인식·재생은, 국가의 있어야 할 바로 그 모습을 묻는 것에 다름 아니며, 일본 국민 전체에 가치관의 전환을 촉구하는 것이기도 하다. 그리고 생산자와 소비자와의 관계성을 중시한 커뮤니티농업을 통하여, 농적 사회를 목표로 해 가는 것에 이 책의 가장 큰 요체가 있다.

여기서 본서의 주된 포인트를 제시해 두고 싶다.

첫째가, 일본 농업의 기축으로서 자리매김하고 있는 것이 커뮤니티농업이라는 점이다. 커뮤니티농업은 생산자와 소비자, 그리고 지역의 "공생과 제휴"에 의해 농업의 재생을 목적으로 하는 것이다. TPP를 비롯한 농산물 무역자유화는 글로벌 경제의 분업화를 전제로 하고 있지만, 커뮤니티농업은 어디까지나 로컬(local), 지역농업을 기반으로 하는 것이며, 생산자와 소비자와의 관계성, 인간과 자연과의 관계성을 중시하는 것이다. 그리고 생산자와 소비자, 인간과 자연 등과의 관계성을 중시한다는 것은, 자연히 유기농업을 시작으로 하는 환경보전형 농업에 몰두함으로써 안전·안심을 확보해 나가고, 생산자와 소비자가 아주 가까운 거리에 있어 다양한 관계를 전개해 나갈 수 있음과 동시에, 시민참여형 농업도 용이하게 하는 환경에 있는 도시농업을 진흥시켜 나가는 데에도 연결되고 있다.

둘째가, 일본 농업을 보는 시각에 관하여이다. 일본 농업은 지역성·다양성이 풍부하여, 일본 농업을 일률적으로, 전체로 논하는 것에는 한계가 있다는 것을 잘 분별해 두는 것이 필요하다. 오히려 일본 농업은 지역농업의 복합체로서 파악하는 것이 필요하다.

셋째로, 식량 수급의 핍박, 무역자유화, 대지진과 원전 사고, 인구 감소가, 일본 농업에 대전환을 강력히 요구하고 있다는 것이다. 특히 일본의 인구는 이미 꼭짓점을 찍고 감소하기 시작했으며, 2048년에는 1억 명을 밑돌 것으로 추계되고 있다. 쌀 소비량의 대폭적인 감소는 불가피하며, 현재 약 40%나 생산조정(논 면적의 40%에 대해 벼를 심지 않음)이 실시되고 있지만, 향후, 한층 잉여화하는 논에 대한 이용·활용이 중장기적인 최대 과제가 될 것이다.

넷째, 잉여화하는 논이나 초원 등을 이용·활용해 나가는 대책이 요구되고 있으며, 일본의 본격적인 토지이용형 농업, 즉 조방형 농업의5) 확립이 필요하다. 그리고 조방형 농업 확립의 열쇠를 쥐고 있는 것이 경축(耕畜) 연계이며, 사료 자급률 향상을 포함하여 방목의 대대적인 도입·보급이 포인트가 된다.

다섯째, 고도기술집약형 농업이 일본 농업의 가장 큰 강점이며, 부가가치의 조성도 상대적으로 용이하여 경영적으로도 우위성이 있다. 계속해서 고도기술집약형 농업을 지속·발전시켜 나가는 것이 중요하나, 이와 병행해서 식량안전보장의 확보라는 관점에서 논을 중심으로 하는 토지이용형 농업을 유지하여 가는 것이 불가결하다. 가장 큰 문제를 안고 있는 것이 토지이용형 농업 가운데 논 농업이며, 일본 농업을 논의하는 경우, 토지이용형 농업과 첨단 기술집약형 농업이 하나로 합쳐져 논의되는 일이 많지만, 이 둘은 명확하게 구분하여 논의·정리해 가는 것이 필요하다.

여섯째로, 겸업농가가 대부분을 차지해 왔던 농업담당자도 겸업농가가 감소하면서, 기술집약형 농업이나 조방형 농업을 담당하는 전업농가와, 자급적 또는 시민참가형 농업으로 양극화가 진행되고 있다. 담당자의 다양화가 진행되고 있는 셈인데, 소수의 전문(professional) 농가와, 많은 자급적 농가·취미나 치유를 목적으로 농업에 참여하는 시민으로 양극화되고 있

---

5) 조방적 농업(粗放的 農業):일정한 면적의 땅에 자본과 노력을 적게 들이고 자연력이나 자연물에 기대어 짓는 농업 ↔집약적 농업. 동아새국어사전. -역자주.

다는 것이 실태이다.

일곱째, 농산물 가격의 추가적인 하락이 우려되는 동시에, 재정 지원의 대폭적인 증가를 기대하기 어려운 환경하에서, 농업소득을 확보해 나가기 위해서는 "커뮤니티농업"의 확립이나 유통의 단축·단순화와 함께, 추가적인 비용의 절감을 도모해 가는 것이 반드시 필요하다. 소비자와의 관계성 강화와 함께 비용 절감을 위한 큰 무기가 되는 것이 IT(정보기술)의 활용이며, 특히 경영 내용을 "가시화"한 농업경영관리의 강화가 반드시 필요하다.

여덟째로, 지금까지 말해 온 것을 지역농업의 가운데로 포섭하여, 확립해 나가는 데 있어 빠뜨릴 수 없는 것이 중장기적 관점을 고려한 담당자와 농지의 조화(matching)이며, 조화시켜 가면서 어떤 농산물을 어떻게 생산하고 관리해 나가는지를 구체화해 나가는 것이 중요하다. 이러한 의미에서는 행정에 의한 사람·농지 플랜, 농협 계통에 의한 지역영농 비전을 만들어 가는 의의는 크다. 양자의 연동이나 행정과 농협의 원 플로어(one floor, 건물의 한 층 전체)에 의한 사람·농지 플랜, 지역 영농 비전의 추진과 함께 집락영농의6) 법인화가 시급하게

---

6) 집락 등 자연적으로 통합되어 있는 일정 지역 내의 농가가 농업생산을 공동으로 행하는 영농활동. 전작(轉作)논의 단지화, 공동구입 농기계의 공동이용, 담당자(선도농가)가 중심이 되어 생산으로부터 판매까지 공동화하는 일 등 지역 실정에 따라 그 형태나 운용은 다양함. -역자주.

된다.

아홉째로, 커뮤니티농업으로의 대처를 농협이 리드해 나가는 것이 매우 중요하다. 커뮤니티농업은 본질적으로 협동조합 운동과 겹치는 것으로서, 농협 비판에 대한 최대의 대항책으로도 될 수 있다. 또한 커뮤니티농업을 확립시켜 나가기 위해서는 자각적인 소비자의 창출이 필수적이며, 아울러 식육(食育)의 재인식, 도농 교류의 촉진이 필요하다.

06 본서의 내용 구성

　　새삼스럽게 다시 전체의 흐름·구성에 대해 소
개해 본다면, 제1장에서 일본 농업의 전환점으로서의 커다란
환경 변화에 대해 밝히고 있다. 제2장은 일본 농업에 대한 환
상과 오해가 많은 가운데, 그 실태에 대해 확인하고 있다. 지
금까지의 일본 농업에 대한 주요 개념을 정리한 후 그 위에서,
다시 일본 농업의 특질에 입각하여 방향성을 명시하고 있다.
여기까지가 이른바 본서의 전제가 되는 이론 편에 해당한다.
　　제3장에서는, 향후의 방향성의 기축이 되어야 할 커뮤니티
농업의 개념을 명확히 함과 동시에, 그 중심적인 실천 모습인
생산자와 소비자의 제휴(産消提携)나 직매소·농상공 제휴의
실정과 과제에 대해 다루고 있다. 제4장에서는 직면한 가장
큰 문제인 토지이용형 농업의 농지집적과 담당자·떠맡는 곳
(예를 들어 집락영농 등의 공동경영체) 만들기를, 제5장에서는
경영의 확립과 IT화에 관하여 언급하고 있다. 제3장에서 제5
장까지는, 농업의 구체적인 방향에 대한 논의의 공통되는 과
제에 대하여 다루고 있다.

그리고 제6장 이하 제8장까지는 구체적인 농업 본연의 모습, 또 그 전개를 모색한 것으로, 제6장에서 고도기술집약형 농업과 그중 하나로서의 유기농업 등의 추진, 제7장에서 당면한 과제로서의 논의 축산적 이용, 또 중장기적 과제로서의 논 방목, 제8장은 중산간지역의 특성을 살린 임간(林間) 방목과 관광농업, 소비자와 가장 접점이 많은 도시농업의 유지·진흥에 대해 언급하고 있다.

제9장에서는 지역농업에 큰 영향을 미치고 있는 농협에 대해 언급하며, 농협이 커뮤니티농업을 리드해 나가야 함을 강조하고 있다. 제10장은 결론으로서 커뮤니티농업을 추진해 나가기 위해서는 이제까지와 같은 농업생산에의 몰두뿐만 아니라, 자각적 소비자의 존재, 식육(食育)의 재인식, 도농교류가 필요조건으로 되는 것에 대하여 다루고 있다.

제1장

전환점에 선
식료·농업·농촌의 변모

먼저 일본 농업이 처해 있는 상황·위상에 대해 알아 둘 필요가 있을 것이다. 한마디로 일본 농업은 "전환점"에 있다고 할 수 있는데, 여러 측면에서 큰 환경 변화가 일고 있어, 구조적이고 근본적인 전환이 요구되고 있다. 그 주요 환경 변화의 첫째가 식료[1] 수급의 핍박 기조로의 변화이다. 둘째가 TPP를 중심으로 하는 농산물 무역자유화 흐름의 가속화이며, 셋째는 동일본 대지진에 의해 일깨워진 일극 집중으로부터 지역 분산으로의 흐름이다. 이 외에도 넷째로 일본의 인구 감소이다.

이러한 네 가지 환경 변화는, 모두 일본 농업에 미치는 영향은 매우 크기 때문에, 앞으로의 일본 농업의 방향성 또는 전망에 대해 논의해 가는 데 있어서는, 이들의 실태·실정에 대해 제대로 감안하여 두는 것이 전제가 된다.

---

[1] 식료(食料)라 함은 Food를 의미하는 것으로, 식량 또는 식품으로 번역 가능 -역자주.

전환점 ① 식료 수급의 핍박 기조로의 전환

첫머리의 시작

20세기 후반은, 생산도 순탄하여, 대체로 곡물 가격이 안정적 추세에 있었다. 그러던 것이 2006년 미국이 옥수수를 에탄올 원료로 이용하게 된 것을 계기로 하여, 2007년, 2008년에 곡물 시세가 상승 전 수준의 3배에서 4배까지 등귀하였다.

곡물 가격이 급등한 요인으로, ① 옥수수의 에탄올 원료로의 전환이라는 "식량과 에너지와의 경합" 현상의 발생, ② 중국, 인도 등 신흥국에서의 곡물 수요의 증가, ③ 기상 이변에 따른 가뭄, 홍수 등의 발생으로 인한 수량(收量) 감소, ④ 투기 자금의 유입 등 네 가지를 들 수 있다.

2008년 9월의 리먼 쇼크 발생에 의해 곡물 시세는 하락세로 돌아섰지만, 등귀 이전 수준으로 돌아가지 않고, 상대적으로 높은 수준을 유지함과 동시에, 2012년에는 미국 등지의 가뭄의 영향으로 다시 상승해, 사상 최고치를 경신하는 국면도 출현했다. ①의 "식량과 에너지와의 경합"은 셰일가스(shale gas) 혁명이 에너지 수급에 큰 영향을 미치고 있기는 하지만,

여전히 경합 상태에 있는 것에는 변함이 없다. 또한 식량과 경합하지 않는 바이오매스(생물로부터 유래하는 자원, biomass)[2]인 셀룰로오스(cellulose)의 실용화까지에는 아직 상당한 기간이 필요할 것으로 예상되고 있다. ②의 신흥국에서의 곡물 수요의 증대는, 경제성장에 따라 개발도상국으로부터 신흥국으로 이행하는 국가가 계속 늘어, 한층 더 곡물 수요는 증가할 것으로 예상된다. ③에 대해서는, 지구온난화설과 한랭화설이 대립하고 있는 것을 봐도, 불안정한 기상, 즉 기상 이변은 당분간 지속될 것으로 보는 것이 타당하다. ④의 투기 자금은, 리먼 쇼크로 일단은 상품시장에서 퇴장했지만, 그 후 금융완화도 있어 자금잉여 기조에 변화는 없어, 기회를 보고 상품 시장으로의 유·출입을 반복할 것은 필연적이다.

이미 세계적으로 경지 면적당 단위수량(단수)은 감소 경향에 있어, ①, ②의 구조적인 수급 핍박 요인에 의해 20세기의 식료잉여 기조는, 2006~2008년에 핍박 기조로 전환했다고 할 수 있다. 앞으로도 농지 개발이나 농업기술의 혁신 등이 진행되겠지만, 2013년 현재의 세계 인구 71억 명은 2050년에는 90억 명을 돌파하고, 그 이후에는 증가가 둔화하기는 하겠지

---

2) 원래 생태학의 용어로 어느 시점에서 일정의 공간 내에 존재하는 생물체의 양을 의미함. 생물량, 생물체량, 생물현존량이라고 번역하여 사용하였으나 최근에는 에너지원으로 전환하여 이용하려는 생물체량을 biomass라고 하는 수가 많음. 농촌진흥청 농업용어사전. -역자주.

만 21세기 말까지 100억 명을 돌파할 것으로 예상되고 있다
(유엔, 2010년도 판「세계 인구예상」). 오히려 핍박 기조는 ③,
④의 변동 요인이 더해져 증폭되는 구도가 지속될 것으로 보
인다.

2007년, 2008년 그리고 특히나 2012년의 곡물 시세 급등은
"첫머리의 시작"으로서, 앞으로도, 약간의 재료로도, 곡물 시
세는 상승과 하락을 반복해 가면서, 가격은 상승 추세를 그려
핍박 기조 추이를 강화해 나갈 것으로 보인다.

정체 상태에 빠진 축산 경영

식료 수급이 한층 더 핍박 기조를 강화하게 되면, 수입에 의
한 식료의 안정적인 조달을 도모하는 것이 어려워짐과 동시에,
축산 등에서의 비용 상승에도 직결된다.

2007, 2008년의 곡물 가격 급등 시에는, 수출 규제를 하는
국가가 잇따랐다. 수입 대국인 일본은 FAO(유엔 식량농업기
구)가 주최하는 식량 정상 회의와 일본 홋카이도 도야코洞爺
湖에서 열린 G8 정상 회의에서 수출 규제 폐지를 주장했지만,
절대적인 동의는 얻어 내지 못했던 경과가 있다. 수출국은 곡
물이 부족하면 수출보다도 국내 공급을 우선하는 것은 당연하
다는 것과 함께, 무릇 식량 안보에 대한 세계의 인식은, 개발
도상국을 대상으로 한 지원을 중점으로 파악하고 있는 점이

부각되었다. 만일 일본이 자금을 동원하여 대량의 곡물 매입에 나서게 되면, 개발도상국은 오름세를 탄 곡물을 구입하는 것이 곤란하게 되고, 폭동 등을 야기할 수밖에 없게 되어, 일본은 국제적인 비난을 면치 못하게 된다. 그러나 이 이상으로, 일본은 국제수지 및 무역수지의 악화로 인해 대량으로 곡물을 사들일 능력 자체를 상실하고 있고, 심지어 곡물 시장에서의 중국의 대두(擡頭) 등, 이제까지와 같은 일본의 행동(behavior)이 허용되는 환경이 아닌 것으로 되고 있다. 기본적으로 자국의 식량은 최대한 자국에서 조달하는 것이라는 세계의 "상식"에 따라, 식량안전보장을 확실히 다져 지속성이 높은 농업생산을 진흥해 나갈 것이 요구된다.

이미 아베노믹스(Abenomics=Abe+economics)에 따른 엔화 약세 유도에 따라, 지금까지의 엔고 수정에 의해, 곡물 가격의 상승은 더욱 증폭되어 대폭적인 사료 가격의 인상을 초래하고 있다. 이 때문에 축산 경영이 직격탄을 맞아, 축산 농가도 환율 동향에 둔감해 있는 것은 허용되지 않게 되어 왔다.

일본은, 배합 사료 가격 인상에 따른 생산자의 부담 경감을 도모하기 위해, 배합사료가격안정제도의 이상(異常)보전기금에 의한 발동 기준 인하에 따른 가격 인상폭의 전액 보전, 통상(通常) 보전의 재원 부족분에 대한 국비와 사료 업체에 의한 보전 등에 의해 고비를 넘겨 왔다. 그러나 이제는 배합사료가격안정제도의 근본적인 재검토 없이는 대책이 작동할 수 없는 지경에까지 몰려 버렸다.

여기에서 확인해 두고 싶은 것이 축산 경영의 생산비에서 사료비가 차지하는 비율이다(농림수산성 「축산물생산비통계 (2011년도)」). 그 비율을 보면 유우 수컷 비육우는 57.7%, 돼지는 63.5%, 유우는 45.2%이다. 모두 생산비의 절반 정도를 사료비가 차지하고 있으며, 특히 양돈은 60% 이상으로서, 사료 가격 상승이 경영을 직격하는 구조로 되어 있다. 곡물 수급이나 환율 등에 휘둘리지 않기 위하여, 일정 수준 이상 사료의 자급화를 도모하는 것이 절실히 요구되고 있다.

전환점 ② TPP로 흔들리는 방향

WTO에서 FTA로

경제의 블록화 및 통상 전쟁으로 인한 보호주의의 만연이, 세계무역·세계경제의 축소를 초래하고, 더욱이는 제2차 세계 대전을 초래했다고 하는 인식에서, 전후, 일본도 포함하여, 무역의 자유화가 일관하여 추진되어 왔다. 하지만 1948년 3월에 합의되어, 결국은 비준되지 않고 유산으로 끝난 하바나 헌장 (ITO 헌장)에는[3] 많은 예외 조항이 담겨 있었다. 그 후의 GATT(관세 및 무역에 관한 일반협정), 더욱이는 WTO(세계 무역기구)에서도, 자유화 수준을 올려 나가면서도, 각국의 사정 등을 고려하여 일정 수준의 국경 조치는 확보되어 왔다. 그

---

3) 1947년 11월 쿠바의 아바나(Havana)에서는 54개국이 참여한 가운데 국제무역기구(ITO)의 헌장을 제정하기 위한 회의가 재개되었으며, 국제무역기구의 헌장은 최종적으로 1948년 3월에 완결되었음. 하바나헌장에는 전통적인 관세 및 일반적 무역규제에 대한 규정 외에도 많은 민감한 조항들이 포함되어 미국, 일본을 비롯한 주요 국가들 간에 입장 차이가 심했음. 즉 기업의 경쟁 제한적 행위에 대한 규제조항, 광물과 곡물과 같은 1차 산품에 대한 협정, 고용과 국내경제 상황에 따른 예외규정, 국제투자관련규정 등이 포함되어 많은 논란의 소지를 남기게 되었음. [네이버 지식백과] 하바나 헌장 [Havana Charter] (외교통상용어사전, 대한민국정부). -역자주.

런데 WTO에서는 가맹국의 일률 합의에 의한 무차별성의 원칙이 있는데 그것 때문에 도하 라운드(Doha Round)는 정체를 계속해 오게 되었다. 가맹 각국은 WTO 협상과 병행하되 그 이상으로 양국 간, 또는 복수 국가 간의 FTA(자유무역협정)를 우선하여, FTA 체결 움직임을 가속시켜 왔다. 이러한 흐름 속에서 등장한 것이 TPP이다.

TPP 협상에의 참여

TPP는 2010년 10월 국회개회 시작의 소신 표명 연설에서, 간菅 수상(首相)(민주당)이 「아시아 태평양 자유무역권역의 구축을 목표로」 하여 참여를 검토할 뜻을 표명한 것이 원래의 시작이다.

간菅 수상의 소신 표명 연설을 이어 받아, 같은 해 11월에는, ① 비관세 장벽 철폐를 위해, 행정쇄신회의에서 2011년 3월까지로 규제 개혁의 구체적 방침을 결정, ② 「식(食)과 농림어업 재생 추진 본부」를 설치하고, 2011년 6월을 목표로 기본 방침을 결정, ③ 중장기적인 관점에 입각한 행동계획을 2011년 10월을 목표로 책정하여, 조속히 실시한다는 등의 3가지를 내용으로 하는 기본 방침을 내각에서 결정한 바 있다. 그러나 2011년 3월 11일 동일본 대지진의 발생으로 말미암아, TPP에 대해서는 「종합적으로 검토」하는 것으로 바뀌면서, 기본 방침으로 결정된 사항의 구체화는 실질적으로 지연되었다.

그 후, 수상은 노다野田 씨로 바뀌고, 2011년 9월의 소신표명 연설에서 노다 총리는 「TPP, 환태평양 경제동반자협정에의 협상 참여에 대해, 제대로 논의하여, 가능한 한 빨리 결론을 낼 것」을 분명히 하였다. 이에 따라 민주당 내에서 떠들썩한 논의가 전개되고, 그해 11월에 가동된 민주당 프로젝트팀(PT)은, 「당 PT의 논의에서는 '시기상조·표명해서는 안 된다', '표명해야 한다'는 찬반양론이 있었지만, 전자의 입장에선 발언이 많았다. 정부는 이상의 것들을 충분히 감안해서, 신중하게 판단하는 것을 제언한다」고 정리했다. 이 정리 직후에 열린 노다 총리와 오바마 대통령의 미일 정상 회담에서 노다 총리는 「민감한(중요) 품목에 배려하면서, 모든 품목을 자유화 협상의 대상으로 할 것」이라고 말했다고 보도되고 있는 것처럼, 노다 정권은 일관하여 강력하고 집요한 "앞으로 기우뚱한" 자세를 유지하여, 언제 협상 참여에 대한 정식 표명이 이루어진다 해도 이상하지 않은 상황이 계속되었다.

그런데 2012년 11월 14일에 행하여진 아베(安培) 자민당 총재와의 당수(黨首) 토론에서, 노다 총리는 갑자기 해산 총선거를 천명하고, 이에 따라 12월 16일 중의원 총선거가 실시되었는데, 민주당은 여기서 대패, 자민당이 정권에 복귀하게 되었다. 이때의 자민당의 정권 공약은 「성역 없는 관세 철폐를 전제로 하는 한 (TPP 협상에의 참여에는) 반대」였지만, 아베 총재는 빈번하게 TPP 협상 참여 가능성에 대해서도 언급하고, "국익이 지켜지면 협상해 나가는 것은 당연하다"라고 하는 등의 여러 번의 발언으로 일본 농업계로 하여금 위태로움을 느끼게 해 왔다.

불안은 적중하여, 새해 2013년 2월 23일에 열린 미일 정상회담을 감안하여 열린 기자회견에서 아베 총리는, 「"성역 없는 관세 철폐가 전제는 아니다"라는 게 명확하게 됐다」며 단숨에 협상 참여로의 흐름을 만들어 버렸다. 4월에는 미국과의 사전협의에서 곧바로 합의에 도달하고, 이에 따라 참가 11개국 각료회의에서 일본의 협상 참여가 허용되고, 또한 7월 23일부터 일본도 정식으로 협상에 참여하여, 연내 합의를 목표로 TPP 룰 제정을 위한 협의에 참가하고 있다.

새로운 세계 룰(rule) 만들기

여기에서 TPP가 무엇인가를 확인해 두고 싶다. TPP는 Trans-Pacific Partnership의 약자로 「환태평양동반자협정」 또는 「환태평양경제동반자협정」이라고 불리고 있다. 2006년, 싱가포르, 뉴질랜드, 칠레, 브루나이 등 4개국에서 시작된 것이지만, 그 후 미국, 호주, 페루, 베트남, 말레이시아, 멕시코, 캐나다, 여기에 일본을 더해, 협상 참가국은 현재 12개국이다

(<도표 1> 참조). 또한 2012년 11월 '동아시아 정상회의'에서는 태국이 참가 의향을 표명하고 있다.

원래는 싱가포르를 비롯한 소국 4개국이 모여 발족시킨 것이지만, 2010년에 미국이 가입하면서, 지금까지의 상품 분야를 중심으로 한 관세철폐에서, 금융서비스나 지적재산권 등의 "비관세장벽"도 포함하여, 모든 분야에서 예외를 두지 않고, 자유화를 도모해 나가기로 수준을 끌어올린 경과가 있다. 공동화가 진행하여 산업의 경쟁력을 저하시켜 온 미국이, 가장 경쟁력을 갖고 있는 금융서비스나 지적재산권 등의 분야를 포함하는 것을 받아들이도록 함으로써, 확실히 미국에, "행랑을 빌려주고 몸채까지 빼앗긴(일부를 주었다가 전부를 빼앗긴)" 느낌을 지울 수 없다. 21개 분야에서 24개의 작업 분야가 설치되어 있는 가운데, 리더십을 취하고 있는 나라는, 나중에 가입한 미국이 되고 있는 형국이다.

큰 흐름으로 보자면 WTO의 도하 라운드가 정체를 계속하는 가운데, 일괄합의·무차별성을 원칙으로 하는 WTO에서의 협상과 병행하여, 예외 조치를 인정하는 것이 일반적인 FTA의 체결로서 조금이라도 무역자유화를 진전시켜 수출 진흥을 도모해 나가는 데 혈안이 되어 왔다는 것이 각국의 실정이다. TPP는 FTA의 하나로 간주되지만, 예외를 인정하지 않는 점, 환태평양에 한정하는 블록화인 점, 이로 인해 실제, 중국의 배제를 가능케 한다는 의미에서는, 특이한 성격·특징을 가진 무역 룰이라고 할 수 있다.

WTO 협상이 정체하는 가운데, 미국의 경기 회복과 실업률 하락의 기대를 담고 있는 것이 TPP이며, 또한 중국을 배제하는 블록화는 미·중 패권 다툼 속에서, 중요한 전략을 담당하는 것이기도 하다. 확실히 역학관계가 복잡해져서 협상이 정체될 수밖에 없는 WTO를 대신하여, 미국의 세계 전략에 절대로 빠뜨릴 수 없는 것으로 TPP가 자리매김하고 있다. 오히려 TPP를 WTO에 대신하는 세계의 룰(rule)로 만들려고 하는 것으로 풀이된다.

그런데 미·일 두 나라의 GDP(국내총생산)는, 협상 참가국 12개국 합계치의 80% 이상을 차지한다. 단적으로 말하자면, TPP에서 미국이 가장 중시하고 또 수출 획득을 기대하고 있는 나라는 일본임이 분명하다. TPP를 통해 「신흥국·동남아시아의 왕성한 성장력을 차지하는 것」을 도모하고자 하고 있는 것은 사실이지만, 이것은 어디까지나 중장기 목표의 것으로서, 당장의 타깃으로 삼고 있는 국가는 일본인 것으로 보인다. 이미 미국과의 사전 협의에서 자동차에 대해서는 한·미 FTA를 상회하는 관세 유예 기간을 내주면서, 성역을 확보해 나가기 위한 비장의 카드를 일찌감치 빼앗기고 있어, 일본의 성역 확보를 둘러싸고 일본에 대한 가혹한 압력이 따르는 것은 필연이다.

<도표 1> 아시아태평양 지역의 경제 제휴 움직임

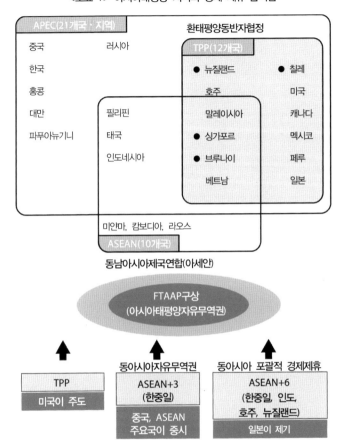

주: ① 『아직도 알려지고 있지 않은 파과국 TPP』 일본 농업신문취재반(창삼사, 創森社)을 기초로 가공 작성(TPP의 ●표시는 체결국, 협상참가국은 12개국)

② 일본은 2012년 11월, 아시아를 중심으로 13개국·지역과 EPA(경제제휴협정)를 체결. 또, 2013 년 7월부터 TPP 협상에 참가. 그리고 한국, 걸프협력회의(灣岸協力會議, Gulf Cooperation Council), 호주, 몽골, 캐나다, EC(유럽연합)와도 EPA 협상 개시.

단점만 있을 뿐, 보이지 않는 장점

TPP 협상이 스물네 개의 작업분과로 나뉘어 진행되고 있는 것에서 알 수 있듯이, 농업은 그 일부에 불과하다. 농업 이외에도 금융, 의료, 노동, 정부 조달, 안전 기준 등 많은 문제가 우려되고 있다.

TPP 가입의 영향에 대해, 정부는 3회에 걸쳐 시산을 공표하고 있다. 2010년 10월에 공표 된 시산에서는, GDP는 10년간 2.7조 엔, 0.54%의 증가를 예상하고 있다. 농업생산은 4.1조 엔 감소하고, 식량자급률(칼로리 기준)은 14%까지 감소하며, 농업의 다원적 기능도 3.1조 엔 감소하는 것으로 추산되고 있다.

그리고 2012년 8월에는 농림수산성이 다시 시산한 수치를 공표하고 있는데, 농업생산은 3.4조 엔 감소하고, 농업관련 산업의 GDP는 7.9조 엔 감소하며, 340만 명의 취업 기회를 빼앗기게 될 것으로 언급하고 있다.

또한 2013년 3월 15일 아베 총리가 TPP 협상 참가를 표명한 후 재시산이 공표되었다. GDP는 3.2조 원 증가한다고 계산하고 있지만, 수출은 2.6조 엔 증가하는 데 비해, 수입에 의한 GDP 감소분은 이를 상회하는 2.9조 엔이 될 것으로 시산하고 있다. 차감해 보면 0.3조 엔의 수입 초과가 되지만, 그래도 GDP가 증가하는 것은 소비가 3.0조 엔 증가하는 데 따른 것이다. 또한 농산물 생산액은 2.66조 엔 감소하고, 식량자급률(칼로리 기준)은 27%로 하락하며, 다원적 기능의 상실액은 1.66조 엔이 될 것으로 시산되고 있다.

이에 대해 2013년 5월, 「TPP 참가 협상에서의 즉각 탈퇴를 요구하는 대학 교수 모임」(이하 「대학 교수 모임」)이 별도 시산한 수치를 공표하고 있다. 이에 따르면 GDP는 4.8조 엔, 1.0%가 감소하고 있다. 또한 농림수산물의 생산감소액은 약 3.5조 엔, 관련 산업에 대한 마이너스 파급 효과가 약 7조 엔, 농림수산업에서 약 146만 명에, 관련산업을 합치면 약 190만 명의 고용이 없어진다.

정부의 최근 시산에서는 수입 증가에 따른 GDP 감소분이 수출 증가를 웃도는 것으로 되어 있으며, 「대학 교수 모임」에서는 GDP가 1% 하락한다고 되어 있는 것을 보면, 일본에 TPP의 장점은 부족하고, 일부 수출 기업만이 혜택을 누리는데 그쳐, 일반 기업, 농업, 노동자, 지방자치 단체 등에는 단점이 크고, TPP 가입은 일본 산업 구조에 치명적인 영향을 미칠 수밖에 없는 임팩트를 가지고 있다고 해야 할 것이다. 특히 ISD 조항(투자자 대 국가 간의 분쟁해결조항)은[4] 국가주권을

---

4) 외국 투자 기업이 현지의 불합리한 정책, 법으로 인해 재산적 피해를 입거나 투자 유치국 정부가 투자계약, 협정 의무 등을 어겨 손실이 발생하는 것을 보호하기 위한 것으로 분쟁이 발생했을 경우 법원이 아닌 국제기구의 중재를 받는 제도임. 기업이 투자 유치국 정부의 정책으로 부당한 이익 침해를 당하면 해당국을 세계은행(WB) 산하 국제상사분쟁재판소(ICSID)에 제소하게 됨. ICSID의 중재부는 해당국에서 1명씩 추천해 2명, 협의를 통해 1명을 선정해 총 3명으로 이뤄지며, 협의가 불발되면 사무총장이 선정함. [네이버 지식백과] 투자자-국가소송제

뒤흔들 수 있다.

일본에의 메리트(장점)는 거의 없음에도 불구하고 민주당 정권, 그리고 아베 정권이 TPP 가입을 강행하려고 하고 있는 것은, 미일 동맹을 전제로 하는 한, 그들에게 있어서는 TPP에 가입하지 않는 선택지(옵션)는 없다고 하는 것이 본심이라고 본다. 센카쿠 열도 문제와 독도 문제로 인해 중일 간, 한일 간의 긴장이 고조되고 있는 상황하에서, 군사적·정치적으로 미국에 대한 의존도를 높이는 것이 최우선이라는 것이 본심인 것이다.

다국적화하는 기업과 격차 확대

여기서 다시 2013년 3월에 공표된 정부의 시산 내역을 보면, 쌀의 생산감소액은 1조 100억 엔(생산량 감소율 32%), 밀은 770억 엔(99%) 설탕 1,500억 엔(100%), 우유·유제품 2,900억 엔(45%), 쇠고기 3,600억 엔(68%) 등이다. 이들은 농축산물의 수입자유화가 거듭되는 가운데서, 가까스로 살아남은 고관세 품목이다. 쌀과 같이 식량 안보상, 기본적으로 자급해 가는 것이 필요하거나, 감미(甘味)자원이나 밀, 우유·유제품 등과 같이 대체가 곤란한 지역 특산물임과 동시에 지역 경제의 유지를 위해 필수적인 것들이다. 정말로 관세철폐를 허락할 수는 없는 「성역」인 것이다.

[investor-state dispute] (시사상식사전, 박문각). -역자주.

TPP 참가를 저지해 나가는 것이 기본이지만, 무역자유화의 흐름을 저지해 나가는 것도 말처럼 쉽지 않다. TPP 가입에 반대하는 운동을 전개해 가는 것을 전제로 하면서, 농산물 수입 자유화가 한층 더 어느 정도까지 진행된다고 해도, 일정 이상의 식료자급률을 유지하고, 농촌의 활력을 유지시켜 나가는 방안을 강구해 나가는 것이 필수적이며, 이것에 대한 대응은 본서 전체에서 언급될 것이다. 가장 큰 포인트는, TPP의 세계가 글로벌화에 따른 분업을 전제로 하고 있는 데 대하여, 로컬로 이를 정체되도록 만들어, 최대한 지역 내에서의 순환을 증대하고, 자립 경제, 자급권을 팽창시켜 가는 데 있다. 각각의 지역·국가의 식량 주권을 존중하고, 공생할 수 있는 농업을 지역농업(地域農業)으로 확립해 나가는 것이 요구된다.

무역자유화가 돌이킬 수 없는 흐름이라고 하면, 관세의 완전 철폐를 원칙으로 하여 약육강식을 부득이하게 하는 TPP보다는, 회원국에 의한 일괄 합의와 무차별성 원칙을 내세워, 점진적인 무역자유화에 의해 각국이 공생해 나갈 가능성을, 약간이나마 지니고 있는 WTO의 존재 의미를 다시 물어 바로잡아 보는 것도 중요할 것이다.

협상이 장기에 걸쳐 정체하는 정도로 각국의 이해(利害)를 논의하고 조정하는 것을 결과적으로 허용하고 있는 WTO는, 가입하지 않으면 어떤 정보도 얻을 수 없고, 모든 것이 비밀리에 결정되는 TPP에 비하면, 훨씬 뛰어난 무역 룰(rule)을 결정하기 위한 구조라고 할 수 있다.

그런데 무역자유화로 혜택을 얻는 수출 기업의 대부분은 다국적화하고 있음과 동시에, 한층 다국적화를 강화하고 있다. 공장과 영업점, 본사 등은, 그 기업에 최대의 이익을 가져다주는 곳에 입지하는 것이 당연한 세상이 되어 왔으며, 경제 징세나 관련된 국가의 발전 상황 등에 의해 입지는 유동적·가변적이다. 즉 글로벌화가 크게 진전될 때까지는 국가와 기업은 일체적인 관계가 되어 이해(利害)가 공통으로 되어 왔으나, 다국적기업화의 진행에 의해, 적어도 국가와 기업과의 관계는 괴리하고 있다. 하지만 2008년의 리먼 쇼크에서 보듯이, 다국적화·빅 비즈니스화한 기업의 도산은, 사회적 영향이 너무나 커서 공적 자금을 투입하여 이를 회피하는 등, 국가가 기업에 종속하는 경향이 있다. 대기업이 무역자유화의 혜택을 누리고, 많은 국민, 지방은 거의 혜택을 누릴 수 없는 반면, 그 청구서만 돌아오는 동시에, 격차는 확대되어, 극히 소수의 부자가 부의 절반 이상을 점유하는 등과 같은 세계에 지속성은 없다. 그 전형이 제너럴 모터스(GM)가 본사를 둔 「자동차의 도시」 디트로이트의 파산이다. GM은 2009년에 파산했지만, 「세제 혜택으로, 거액의 법인세 납부를 면제받아」 2010년부터 흑자로 전환하여 부활하였다. 한편 디트로이트 시는 파산하여, 고액 소득자는 시외로 이동하고, 빈곤층만 주로 남겨져 치안이 악화되고 있다. 무역자유화나 산업 구조의 본연의 모습 등에 대해, 근본적인 재검토가 불가피하며, 정말로 전환점에 놓여 있다고 할 수 있다.

03 | 전환점 ③ 대지진, 그리고 원전 사고

미증유의 대참사

3·11 동일본 대지진은 지진, 해일, 원전 사고의 세 가지가 겹친 거대 복합 재해이며, 미증유의 대참사였다. 지진, 해일이라는 천재(天災) 중에서는 해일에 의한 피해가 압도적이었고, 연안부 쪽에 집중되었다.

농업에서는, 논밭의 침수에 의한 염해와, 해일에 의한 원예시설·농기구 등의 도괴(倒壞)·파손, 관개배수시설, 논두렁·밭두렁 등의 파손이 주된 내용이었다. 이러한 직접적인 피해에 더하여, 도로를 비롯한 교통망이 두절됨에 따라, 가축에 공급하는 배합 사료가 부족하게 됨과 동시에, 수송 애로로 착유한 생유가 폐기 처분되는 등 제반 사태를 발생시켰다.

또한 원전 사고는 공급 전력의 감소(계획 정전)에 따른 피해도 그렇지만, 풍문(나쁜 소문)에 의한 피해를 포함한 방사능 오염에 의한 피해가 심대하며, 한편 매우 심각하였다.

이미 대지진이 발생한 지 2년 반이 경과했지만, 아직도 복구 도상에 있으며, 완전 복구까지에는 아직도 많은 시간이 소요될 것이다.

집요한 자유화·규제 완화의 움직임

농업의 재개·부흥을 위해서는 많은 투자가 필요하지만, 농업을 둘러싼 환경은 가혹하고, 게다가 투하 자본을 회수하려면 장기간의 시간을 요하기 때문에, 이 기회에 이농을 선택하는 고령자도 많아, 유동화한 농지가 증가하고 있다. 이런 가운데 농지의 집적을 도모하여, 대규모 농업을 지향하는 모델 사업이 계속 늘어나고 있다. 미야기현宮城県에서는 농지의 대구획화의 진행과 동시에, 식물 공장의 가동이 시작되고 있다.

또한 어업 관계에서는, 미야기현宮城県이 어업권을 민간 기업에 개방하는「수산업 부흥특구」를 국가에 신청하고 있는 반면, 미야기현宮城県 어련(漁連)은「특구는 바닷가를 분단·혼란시키고, 부흥을 방해하게 될 것」이라고 비판하는 등, 서로 대치하는 상황이 계속되고 있다. 이에 대해 이와테현岩手県의 아모에(重茂) 어협(漁協)은, 지진 전에 814척이었던 소형 선박 중 800척을 유실하여, 생산 기반의 대부분을 잃어버린 가운데, 어협 자금으로 중고 선박을 구입하고, 이를 조합원이 교대로 공동 이용하고, 수익은 공정하게 분배하는 등, 정말로 협동 활동을 전개해 왔다. 이에 따라 지진 후 2년 만에, 시설의 70% 정도를 복구시켜 수확량을 80%까지 회복할 것으로 기대하고 있다.

이처럼 대지진을 "좋은 기회"로 삼아, 제1차 산업의 대규모 화와 함께 기업의 참여를 허용하는 흐름을 가속시키고 있지만, 지역에 따라서는 "유대(絆)"를 핵으로 하면서 지역과 일체화시켜 제1차 산업의 복구·부흥을 도모하고자 하는 움직임을 점차 늘려 가고 있다.

드러난 대규모 집중형 사회의 결함

대규모 집중형 특성을 가진 원전 사고는, 넓은 지역에서 막대한 피해를 발생시킴과 동시에, 원전의 「안전·청정·저비용」 신화를 붕괴시켰다. 아울러 원전에서 만들어진 전력은 전적으로 수도권에 공급된다는 '지방의 희생 위에 성립된 수도권으로의 집중'이라는 뒤틀린 수도권과 지방의 관계를 드러내는 것으로도 되었다.

위험을 줄여 나가기 위해서는, 소규모 분산형 에너지로의 전환이 절대 요구된다. 아울러 교통망의 두절에 따른 농축산물 출하의 정체 등은, 광역유통이 안고 있는 위험을 명백하게 나타내 주고 있고, 리스크 대책으로도 의의를 가지는 지방유통(地場流通)의[5] 중요성을 시사하고 있다.

---

5) 농가로부터 직접 또는 농협 등을 통하여, 지역의 실수요자(두부·유부 등의 제조업자)에 판매되는 유통 형태를 지방유통이라고 함. 예를 들면, 마을일으키기 등으로 농협 여성부나 생활개선실행 그룹 등이, 현지의 가공 센터에서 지역산(地場産) 콩을 사용하여 두부를 생산하여, 자가소비나 특산품으로 직판하는 예 등이 있음.

더욱이는 배합 사료의 공급이 부족하게 된 배경에는, 사료의 외부 의존도가 높다는 일본 축산이 가지는 특이한 사료 조달 구조가 존재하고 있어, 일정 정도 이상의 자급 사료를 확보해 나갈 필요성을 보여 주고 있다.

그리고 원전 사고는 전력 공급의 제약에 의한 산업 활동의 정체와 생활의 불편함을 가져올 뿐만 아니라, 방사능 오염이라는 원전이 가진 인간을 비롯한 모든 생명체의 존속을 위협하는 위험을 드러내게 되었다. 원전 위험의 제거에 최대한의 노력을 경주해 나가는 것은, 세계 유일의 원폭 피폭국가인 일본에서, 지금, 살아 있는 우리들(일본인들)이 해결해야 할 가장 큰 책무이다.

한편, 식(食)의 관점에서 보면, 지진 발생 때문에 얼마 동안은 매점(사재기)의 움직임마저 있어, 건전지, 손전등과 함께 쌀, 저장 식품 등은 양판점의 매장에서 사라져 버렸다. 새삼스럽게 만일의 경우의, 주식이 되는 쌀을 비롯한 곡물의 중요성을 인식하게 되었다. 토지이용형 농업에서는 경쟁력이 없는 일본이지만, 열량이 높고, 보존성이 우수한 쌀 등 곡류가 식량 안보상 매우 중요한 역할을 담당하고 있음을 재확인시켜 주는, 걱정이 되면서도 귀중한 경험이었다고 할 수 있다.

---

http://www.maff.go.jp/j/seisan/ryutu/daizu/d_tisiki/#Q44 -역자주.

소규모 분산형 · 자급형 사회로

이처럼 대지진과 원전 사고에 따른 전력 그리고 식료 문제
는, 단순히 에너지와 식료에 그치지 않고, 사회 자체가 소규모
분산형 · 자급형으로 전환(shift)해 나갈 것을 촉구하고 있다고
할 수 있다. 즉 에너지, 식료와 함께 복지교육,[6] 의료 등 인간
이 인간답게 살아가는 데 있어서 최소한도로 요구되는 사회적
공통자본이라고도 해야 할 사회적 인프라에 대해서는, 최대한
자급해 나가는 것이 기본이다. 다시 생산에서 생활까지의 많
은 것을 스스로의 손으로 충당해 온 "농민(百姓)"이 갖는 의미
를 다시 음미하여 볼 필요가 있다고 생각한다.

이미 근대사회로 이행해 버린 현대는, 개인, 가족 단위에서의
자급은 현실적으로는 불가능하지만, 어느 일정한 범위 내, 지역
이라는 수준(level)에서 자급률을 향상시키고, 최대한 자급해 나
가는 것이 요구된다. 우치하시 가츠토內橋克人 씨는, 「FEC 자
급권 구상」으로, 식료(Food), 에너지(Energy), 그리고 복지
(Care)에 대한 자급권(自給圈)을 구축해 나가는 것에 대해 제
언을 계속해 왔다. 지금, 일본이 어떤 방향으로 나아가야 할
것인지를, 가장 단적으로 보여 준 구상이라고 할 수 있다.

---

6) 복지교육은 어린이를 대상으로 한 학교 교육뿐만 아니라, 성인을 포함한 모든 사
람을 대상으로 하여, 학교와 지역에서의 자원봉사 체험, 교류 등의 활동을 통해
'더불어 살아가는 힘'을 키우는 노력을 의미. http://www.fukushi-saitama.or.jp/site/
volunteer/study/cat104/post-2.html -역자주.

사실 소규모 분산형·자급형 사회로의 전환(shift)은, 실물경제를 경시하고, 글로벌화와 투기성을 부풀려 온 금융 자본주의가 터져 버린 리먼 쇼크에 동반하여 전환해야 할 방향에 있었다고 말할 수 있다. 과거의 고도 경제성장의 재래(再來)를 꿈꾸며 수출 신장으로 내닫고 있는 것이 아베노믹스이며 TPP이다. 리먼 쇼크에서 눈치챌 수 없었던 것을, 대지진이 다시 여기에 경종을 울리고, 사회 변혁을 촉구하고 있다고 생각한다.

　그러나 이것으로도 인식을 새롭게 하고 방향을 전환할 수 없다고 한다면, 앞서 채비를 하고 기다리고 있는 시련에 일본은, 더 이상 견딜 수 없는 것이 아니냐는 의구심이 들 뿐이다.

전환점 ④ 인구 감소 사회로의 돌입

인구 감소와 고령화

일본에서는 2008년의 1억 2,808만 명을 정점으로 인구는 감소로 돌아서고 있다. 게다가 인구 구성은 역삼각형 이상으로 버섯구름 형태의 고령화 사회로 진행하고 있다.

국립사회보장·인구문제연구소가 2010년의 센서스(국세조사)의 집계결과를 바탕으로 행한 전국 장래 추계 인구에 따르면, 2010년에 1억 2,806만 명이었던 일본의 총인구는, 중위 추계로는, 2048년에 1억을 하향하여 9,913만 명으로 되고, 2060년에는 8,674만 명이 될 것으로 추계하고 있다. 또한 국립사회보장·인구문제연구소의 별도 추계에서는, 금세기 말인 2100년에는, 거의 반으로 줄어 6,000만 명대로 될 것으로 전망되고 있다.

아울러 65세 이상의 노년 인구 비율을 살펴보면, 2010년에 23.0%였던 것이, 2030년에 31.6%가 되고, 2060년에는 39.9%, 거의 4할을 65세 이상이 차지하게 된다.

즉 현시점(2013년)을 기준으로 하면, 총인구가 약 3할 감소하여 1억대를 자르는 것이 35년 후, 반으로 줄어드는 것이 87년 후라는 것이다. 얼핏 보면 아직 먼 훗날의 이야기처럼 들리지만, 한 세대를 가령 30년이라고 한다면 한 세대 조금 지나서 1억 명을 밑돌고, 세 세대 후에는 반으로 준다는 것이다. 반대로 역사를 거슬러 올라가 보면, 인구가 6,000만 명을 넘어선 것은 1924년, 89년 전이며, 1억 명을 넘어선 것이 1967년, 46년 전이 된다. 불과 얼마 전까지 급격한 인구 증가를 계속해 온 실감을 가지지만, 이를 상회하는 속도로 인구는 감소해 가는 모양새다.

인구의 감소에 더하여 고령화가 진행하는 것에 의해, 일본 사회 전체에 커다란 영향을 초래하는 것은 불가피하다. 농업에 있어서도, 먼저 쌀 소비량이 대폭으로 감소하는 것은 불가피하며, 이는 현재 약 40%로 되어 있는 쌀 생산 조정을 증가시키는 압력이 한층 강해지는 것을 의미하고 있다. 또한, 농업 담당자의 고령화에 따른 후계자의 확보도, 지금 상태에서는 더욱 심각화될 뿐임을 보여 주고 있다.

전 세계적으로는 인구 증가

여기까지는 일본에 대한 인구 추계이지만, 세계인구의 추이는 일본과는 전혀 다른 움직임을 나타내는 것으로 예측되고 있다.

2013년 6월에 발표된 유엔 미래 인구 추계에 따르면, 2010년에 69.2억 명이던 세계인구는, 2050년에는 95.5억 명으로 되고, 2062년에 100억 명을 초과하는 것으로 예측되고 있다. 그 후 인구 증가율은 점차 저하하기는 하지만, 2100년에는 108.5억 명이 될 것으로 예측하고 있다.

선진국은 인구가 감소하거나 소폭 증가에 머무는 데 반하여, 필리핀, 파키스탄, 인도네시아, 인도 등 아시아의 개발도상국, 신흥국의 인구는 증가하지만, 아시아를 크게 웃돌고 있는 니제르, 잠비아, 탄자니아, 우간다를 비롯한 아프리카 국가의 인구 증가는 현저하다.

개발도상국에서의 인구 증가, 개발도상국에서 신흥국으로의 경제 발전에 따라 농산물 수요, 특히 육류와 곡물 수요가 크게 증가할 것으로 전망되며, 이는 선진국의 수요 정체를 크게 웃도는 것이고, 농산물 생산의 증가가 이를 따라잡지 못해, 세계의 식량 수급 핍박의 정도가 더욱 심해질 것으로 우려된다.

재차 물어지는 낮은 식료자급률

이상과 같이 세계의 인구는 증가하는 가운데 일본의 인구는 감소하는, 다시 말하자면, 세계 식량 수급 사정은 어려워지고 농지는 부족한 가운데, 일본의 식료 수급은 완화되고 농지는 남아돌게 된다는 상반되는 현상이 병행하여 발생하게 된다.

여기서 문제가 되는 것이 일본의 39%(칼로리 기준)라는 낮은 수준의 식료자급률이다. 즉 쌀 생산 조정을 실시하면서도, 사료 곡물, 밀, 유지류 등의 토지이용형 작물의 대부분은 해외에 의존하고 있다. 금후 식량 수급이 점점 어려워져 갈 것이 염려되며, 지금까지처럼 기초 식량의 대부분을 해외에 의존하는 것이 가능한 상황이 언제까지나 계속될 것으로는 생각하기 어렵다. 또한 식료 수급에 애로가 더 커질 경우, 국내 농지를 제대로 활용하지 않고 유휴 상태로 두는 것은, 국제적으로도 도의적으로도 허용되지 않는다. 인구가 감소하고 또한 담당자의 수가 감소하는 가운데, 남아돌아 유휴화되고 있는 농지의 유효 이용을 어떻게 완수해 나갈 것인가는 앞으로 극히 중요한 과제가 될 것이 틀림없다.

제2장

현대의 일본 농업
−오해와 특질을 해명한다

오해와 편견을 규명한다

규모 확대 신앙

일본 농업은, '여러 가지 오해와 편견의 눈으로 관찰되어 왔다'라고 말하지 않을 수 없으나, 그중에서도 일본 농업은 소규모·영세 경영이 주로서, 농업의 근대화가 지연되고 있고, 따라서 규모 확대를 도모하여, 대형농기구를 활용하여, 농약·화학비료를 활용해 나감으로써 대폭적인 생산성 향상은 가능하며, 이를 위해서도 겸업농가 등의 농지를 전업농가에 집약시켜 규모 확대를 도모해야 한다는 목소리는 매우 강하다. 한편 일본의 농산물은 품질이 높기 때문에 해외에서의 차별화는 충분히 가능하며, 수출의 신장을 도모해야 한다는 낙관론도 많다.

이러한 오해와 편견, 심지어 환상이 생기는 실태를 파악하여, 환상을 떨쳐 버리고, 오해와 편견을 바로잡아 나감과 동시에, 일본 농업의 실정을 제대로 확인해 두는 것이 앞으로의 논의의 출발점이 된다.

일본의 호당 평균 경영 경지 면적은 2.27ha(2011년)으로, 1960년 0.88ha와 비교하면 약 2.5배로 확대되었다 해도, 여전히 소규모임에는 변함이 없다. EU(유럽연합)의 독일 45.8ha, 프랑스 55.8ha와는 물론, 미국의 198.1ha, 하물며 호주 2,836.3ha에 비하면, 그 소규모성은 뚜렷하다.

게다가 일본의 농지는 협소함에 그치지 않고, 경사지가 많고, 또한 자기 소유 농지는 한 곳에 집적되어 있지 않고 분산되어 있는 것이 많다(분산착포, 分散錯圃).

이렇게 소규모에다 경사지가 많고, 게다가 분산착포로 되어 있기 때문에, 농기구 등의 이용 효율은 나쁘고, 생산성은 낮을 수밖에 없다.

바로 이러한 상황 때문에, 농지를 집적하여 규모 확대를 도모하고, 생산성 향상을 도모해야 한다고 하는 "정론(正論)"이 유포하고 있다고도 말할 수 있다.

그런데 농지가 협소하다는 것은, 논농사를 중심으로 식량을 생산해 온 일본의 역사를 반영한 것이라고도 말할 수 있다.

즉 쌀은 1톨에서 200톨이 생산되는 반면, 보리는 1톨에서 20톨이 생산되는 데 불과하다. 쌀의 생산성이 높다는 것은, 그만큼 부양 능력이 높다는 의미이기도 하고, 부양 인구수에 대한 논 면적은 작아도, 그 나름대로의 쌀 공급 능력을 가지고 있음을 보여 주고 있다. 또한 초지의 경우, 잔디를 인간이 직접 소비하는 것은 불가능하기 때문에, 소나 양 등의 가축을 통해 풀을 소비하고, 인간은 가축이 생산하는 원유와, 이를 가공

한 유제품, 또는 가축의 고기라는 간접적인 형태로 소비하게 된다. 부양 인구수에 대한 면적 비율은, 초지의 경우는 밀보다 더 높다. 따라서 논농사의 쌀 문화권과 밭에 의한 밀 문화권, 초지에서의 축산 문화권으로 나뉘는 것을 무시하고, 경영 규모만을 나란히 놓고 규모를 비교하고, 규모 확대의 필요성을 논한들 그 의미는 반감한다. 또한 일본을 포함한 아시아 등 오랜 역사를 가진 나라는, 농지의 소유를 둘러싼 권리 관계는 복잡하나, 이에 비해 신대륙은 원주민을 배제하고 백인이 독점적으로 농지를 이용함으로써 과거의 역사를 일방적으로 없애 버렸기 때문에, 농지의 소유를 둘러싼 권리 관계는 간단하다. 또한 농민의 농지에 대한 "집착"도 희박하여, 매매, 임대차 등에 의한 규모 확대도 용이하다고 할 수 있다.

또한 경사지가 많은 것은 일본의 지형, 지리적 조건에서 오는 것으로서, 개별 경영체로서는 어찌할 수 없는 주어진 조건으로 받아들일 수밖에 없다. 또한 분산착포는, 본래, 포장을 분산시킴으로써 국소적인 수해나 냉해, 한해 등을 방지함과 동시에, 작기(作期)를 조금씩 어긋나게 하여 긴 기간 동안의 수확을 할 수 있도록 해 온 "농민(百姓)의 지혜"이기도 하다.

규모 확대 신앙은, 구미(미국과 유럽) 숭배와 밀착하여 비대화해 왔다고 말할 수 있다. 설립 당초의 삿포로 농학교의 교사들은 대부분이 미국으로부터 초청되어, 구미 농업의 이입(移

入)에 노력하였다. 일본 풍토에는 구미 농업의 단순한 이입·이식은 어렵다는 것이 분명하게 되어 왔으나, 농정과 학계를 포함하여, 문명개화, 식산흥업(殖産興業, 생산물을 늘리고 새로이 사업을 일으킴-역자주)의 사회 가운데에서, 서양 모델에 의한 현대화와 규모 확대 지향이 비대화·정착화하여 현대에까지 이르고 있다고 볼 수 있을 것이다.

규모 확대에 따른 저비용화

농지가 좁은 데다 경사지가 많고, 더구나 분산착포가 많아, 농기구를 이용해도 생산 효율은 낮고, 생산 비용이 많이 들기 때문에, 자연히 농산물 가격은 높아지지 않을 수 없다. 특히 논이나 밭을 이용하는 쌀·밀·콩 등 토지이용형 농업은, 가격은 높고 국제 경쟁력이 결여돼 있다. 따라서 주식인 쌀을 제외하고는, 어느 정도까지 관세에 의해 지켜지고 있다고는 하나, 대부분이 해외에 의존하고 있어, 낮은 식료자급률의 원인으로도 되고 있다.

규모를 확대하면 논농사의 경우, 통계상으로는 15ha까지 생산비가 저하하고 있다. 따라서 농지를 집적한 규모 확대가 주장되고는 있지만, 현실은 분산착포되어 있는 농지 중에서 조건이 나빠 자신의 손으로는 좀처럼 감당할 수 없는 것부터 농지가 나오는 경우가 많다. 면적이 늘어날 뿐만 아니라, 필지 수도 증가하게 되는 것이 보통으로, 각각의 필지에 농기구를 나르고 하는 것만으로도 시간과 노력이 들고, 당장은 생산성 향상 그리고 비용 절감으로는 연결되기 어렵다. 따라서 농지의 집적을 거듭하여 한 곳으로 집약·정비시키는 상황에 이르기까지 오랜 시간이 걸릴 것으로 상정한 위에서, 규모 확대에 대해 생각해 나갈 필요가 있다. 구미(歐美)와 같은 수준으로 규모를 확대하면 생산성이 향상되어, 국제 경쟁력을 확보할 수 있다고 하는 것은 매우 안이한 발상이다.

일본의 농산물 가격이 높다고 하는 것은 부정할 수 없지만, 세계 주요 도시에서의 음식물비와 비교하여, (일본 국내산 농산물 가격이 제값을 받고 있다는 걸 일본 농민에게 보이기 위해) 일부러 높은 것이 강조되어도 왔다. 여기서 유의해야 할 것은, 농업·식품 관련 산업의 2010년도 국내 생산액은 94조 2,662억 엔이지만, 이 중 농업은 9.4억 엔으로 딱 10.0%를 차지하는 데 지나지 않아, 관련 제조업의 38.8%, 관련 유통업의 25.4%, 음식점의 21.9%를 크게 밑돌고 있다는 점이다. 농산물이 가공되어 부가가치가 붙여진 위에 소비자의 입으로 들어가나, 그 식품에 대해 소비자가 지불한 대가 중 생산 농가에 환원되는 것은 불과 10%에 지나지 않는다. 이것은 생산 농가로부터 소비자까지의 흐름 가운데에서, 부가가치의 대부분은 중류·하류에 확보되어 있다고 볼 수도 있고, 중류·하류에 의한 부가

가치 독점이 높은 가격에 연결되어 있다는 면이 있다.

또한 양판점에서는 손님을 끌기 위한 특판이 자주 이루어지고 있는데, 계란이나 우유, 채소나 과일 등이 특판 상품으로 사용되는 경우가 많으며, 이에 대응하여 저렴한 가격으로 농산물을 공급하도록 양판점 등의 유형무형의 가격 인하 압력이 있는 것은 잘 알려져 있는 바이다. 이러한 가격 인하의 전가를 일방적으로 생산 농가가 입는 것은 정상이 아니며 사태의 개선이 요구된다. 일본의 음식비가 높다는 비판에 대응해 나가기 위해서는, 농업 그 자체뿐만 아니라, 가공·유통 등도 포함한 전체 비용을 낮추어 나가는 것이 필요하다.

수출 신장과 쌀 생산 조정 폐지

농림수산물 수출 1조 엔은 고이즈미 수상의 구조개혁에서부터 계속되어 온 목표이다. 수출이 기대보다 낮은 수준에서 주춤함과 동시에, 3·11 대지진과 원전 사고에 따라 지연되어 왔지만, 다시 아베노믹스 성장 전략 제2탄의 다섯 기둥 중 하나로 「국가별·품목별로 전략을 정해, 농림수산물의 수출을 1조 엔으로 배증시키는<수출 배증 전략>」이 내세워지고, 목표는 20년으로 되어 있다.

2012년의 수출액은 4,497억 엔으로 전년 대비 0.3% 감소하였다. 지금까지 수출액이 가장 많았던 것은 2007년의 5,160억 엔으로, 최근에는 약간의 증감은 있으면서도, 대체로 보합 상태가 계속되고 있다.

2012년 농림 수산물 수출액의 내역을 보면, 농산물은 2,680억 엔, 임산물은 118억 엔, 수산물은 1,698억 엔으로서, 농산물은 물론 수산물이 상대적으로 큰 비중을 차지하고 있다. 또한 농산물의 내역을 보면 가공식품 1,347억 엔, 축산물 295억 엔, 곡물 등 196억 엔, 채소·과일 등 133억 엔, 기타 농산물 751억 엔으로 되어 있다. 가공식품이 농산물의 꼭 절반인 50.3%의 구성 비율이며, 곡물 등은 7.3%, 채소·과일 등은 5.0%에 지나지 않는다. 아울러 수출선을 보면, 많은 순서로 홍콩이 점유율 21.9%, 이하 미국 15.3%, 대만 13.6%, 중국 9.0%, 한국 7.8%이며, 미국을 제외하면 인근 아시아 국가로의 수출이 대부분을 차지하고 있다.

수출의 주를 이루고 있는 것은 가공식품이다. 가공식품은 단가, 부가가치가 높은 동시에, 신선식품과 비교하면 보존성이 뛰어나고 취급이 용이하다. 가공품의 내용을 더 확인해 보면 소스 혼합 조미료를 중심으로 간장, 된장을 포함한 조미료가 가장 많고, 이에 청주·맥주 등 알코올음료, 청량음료, 베이커리 제품, 과자 등이 그 뒤를 잇고 있다.

이것은 역으로 보면, 쌀을 비롯한 곡물이나 채소·과일 등, 축산물도 포함하여, 농축산물 수출 신장에 상당한 노력이 필요하다는 것으로도 된다. 중국에서는 식품 안전성에 불안을 가진 재(在)중국 일본인에 그치지 않고, 현지의 일반시민도 일본의 농산물을 구하는 움직임이 있는 것도 보도되고 있으나, 전체에서 보면 일부의 움직임에 그쳐, 전체를 올리지는 못하고 있다.

또한 3·11에 따른 방사능 오염으로 일본으로부터의 농산물에 대한 불신감은 지울 수는 없다고 하지만, 기본적으로는 일본 농산물의 안전성이나 높은 농업 기술에 따른 농산물의 품질에 대한 평가는 높다. 그러나 가격이 높을 뿐만 아니라, 각국에는 저마다의 식문화가 있는 것도 있고, 일본으로부터의 쌀, 채소·과일 등은 기호품의 범위를 초과할 수 없는 만큼, 대폭적인 수출 신장은 용이하지 않다고 보는 게 객관적이다.

그런데 수출 배가(倍加)의 가장 큰 기둥으로 기대되고 있는 것이 쌀이다. 국내에서는 약 40%쯤의 쌀 생산조정이 이루어지고 있으나, 이를 중지하고 쌀을 생산하여 해외에 수출해야 한다는 목소리는 작지 않다.

그 배경에 있는 것이 수입쌀과 국산 쌀과의 가격접근이다. 수입쌀은 277엔/kg(2013년 9월)에 들어오고 있어, 물건에 따라서는 (수입산 쌀 가격이 높아) 국산 쌀과 가격이 역전하는 예도 나오고 있다. 그러나 수입쌀은 SBS[1]로 들어온 것이며, 이 가격

---

1) SBS: Simultaneous Buy and Sell: 동시매매입찰방식. 국내의 수입업자와 도매업자

은 수출국의 현지 가격에 수출업자가 일정의 수출이익을 확보하는 것까지 포함된 가격이다. 철두철미 일본으로부터 수출된 쌀의 현지 판매가격과 수출대상 국가의 일본 쌀 품질에 가까운 것과 비교해야한다(이 경우 일본 쌀이 결코 싸지 않다).

가령 9,500엔/60kg의 쌀 가격 수준일 경우, 보세납입가격은[2] 10,450엔/60kg 전후가 된다. 중국에서의 국내 판매가격은 수출입비용 등이 추가되어 그 1.9~2.2배인 336.1~381.4엔/kg이 되고, 중국산 일본 품종 가격인 약 140~200엔/kg과는 약 2배쯤의 가격 차이가 존재한다. 이 가격차라고 하면 선물 등으로의 소비는 어느 정도 기대할 수 있지만, 일상적으로 소비하는 것으로는 되기 어렵다. 향후, 위안화 강세가 진행되면, 소비가 확대할 것으로도 예상할 수 있겠지만, 당장은 일본에서 발생한 잉여미를 중국에 대량으로 수출할 수 있다고는 생

가 사전 협의한 매매조건을 기초로 쌍방이 연명으로 농림수산성 입찰에 응찰하는 방식. 그 차가 큰 순서로 낙찰을 받게 됨. 아래 표의 SBS 방식 진행의 예에서 정부의 톤당 마크업 가격(비공개)이 250달러인 경우 낙찰자는 C가 됨.

입찰자	구매자(수입업자)	판매자(도매업자)	차액
A	900달러/톤	1,000달러/톤	100달러/톤
B	800	1,000	200
C	700	1,000	300

-역자주.

2) 보세납입가격(保稅納入價格): 매도인이 관세국경(customs border)까지 물품의 운송에 소요되는 모든 비용과 위험을 부담하는 가격. 네이버지식백과 등 참조 -역자주.

각하기 어렵다.

쌀 수출에 있어서는, 쌀은 주식이라고 하는 점에서, 수출 대상 국가의 식량 주권을 뒤흔들 수 없으며, 수출 대상 국가의 식량 주권, 식량 안보를 존중해 나가는 것이 필요하다. 그러나 일본 쌀에 대해서는, 중국을 비롯한 이웃 나라에서는 기호품으로 취급되고 있는 것이 현 상황이므로, 당장 이 문제를 고려할 필요는 없다고 생각한다. 또한 쌀뿐만 아니라 채소·과일 등에 있어서도 가격은 높고 수출 대상 국가에서는 기호품으로 취급하고 있어, 수출의 대폭적인 신장은 어렵다. 수출 신장의 배경에 있는, 국내 소비 침체와, 이에 따른 과잉 생산을 수출에 의해 해외에서 처리하는 것에는 한계가 있고, 기본적으로는 국내에서의 생산 구조, 소비 구조 등을 재검토해 나가는 방안 밖에는 없다.

02 | 경제학과 농업

사회적 공통자본

이러한 오해와 편견을 불러온 요인으로서, 경제학의 책임은 크다. 최근 경제의 가장 큰 특징은 과잉 생산, 실업, 국제수지 악화 등 시장의 불균형 확대와, 분배의 불공정·불평등에 의한 소득 격차의 확대이다. 결과적으로 이들을 리드해 온 것이 신고전파 경제학이다. 「1970년대로부터 80년대 중반까지에 걸친 경제학의 연구 방향성은 한마디로 말한다면, 반 케인스 경제학이라고 부를 수밖에 없는 것으로서, 케인스 이전의 신고전 학파 경제학의 생각보다 한층 더 극단적인 형태로 전개된 것이 었다. 이 반(反)케인스 경제학은 통화주의, 합리주의 경제, 공급 중시(supply-side) 경제학, 합리적 기대가설 등 다양한 형태를 취하고 있으나, 모두 다 신고전학파 경제학의 이론 전제에 바탕을 두고 있으며, 그 공통적인 특징으로 들 수 있는 것은, 이론 전제의 비현실성, 정책 성향의 반사회성이고, 시장기구의 역할에 대해, 그 정당성을 전제로 하고, 강조하는 이론적 성격을 지니고 있다」(우자와 히로후미宇沢弘文, 『사회적 공통자본』,

42쪽)고 하지 않을 수 없다.

TPP를 비롯한 무역자유화, 고이즈미 구조개혁, 아베노믹스 성장 전략 등등, 끝없는 경제성장에 대한 욕구와, 이를 위해서는 지역이나 공동체 심지어 문화 등의 붕괴·상실도 개의치 않는 약육강식의 세계를 리드하고, 보증 문서를 주고 있는 것이 신고전학파의 현대경제학이다.

이에 대해 매우 정직한 비판을 전개하고 있는 이가 수리경제학자인 우자와 히로후미宇沢弘文 씨이다. 우자와宇沢 씨는 분권적인 시장경제 제도가 원활하게 작동하기 위해서는 실질적인 소득분배가 안정적으로 이루어지는 제도적 조건이 존재하는 것이 전제조건이라고 하고 있으며, 이 제도적 조건을 사회적 공통자본이라고 부르고 있다. 즉「사회적 공통자본은 한 나라 내지 특정 지역에 사는 모든 사람들이, 풍요로운 경제생활을 영위하고, 뛰어난 문화를 펼쳐 가며, 인간적으로 매력 있는 사회를 지속적이고 안정적으로 유지하는 것을 가능케 하는 것과 같은 사회적 장치를 의미한다」(같은 책, 4쪽)고 말하고 있다.

그리고 사회적 공통자본의 필요성이 크게 요구되는 분야로 자연환경, 도시, 농촌, 교육, 의료, 금융 등을 들고 있다.

경제학의 오만

그런데 농업은 산업으로 자립해야 한다, 이를 위해서는 기업의 농업 진출을 위한 규제 완화가 필요하다고 하는 대합창이 반복 전개되어 왔다(이 논리에서는 농업이 기후, 지리적 조건 등 인간의 뜻대로는 되지 않는 자연에 크게 의지하며, 게다가 생존을 지지하는 기초 자료를 생산·공급한다고 하는 기간적 기능을 담당하고 있음을 강조). 그러나 산업으로서의 일면은 있지만, 농업을 공업과 완전히 동렬로 논의하고 취급해 나가는 것은 허용되지 않는다. 우자와宇沢 씨는 농업과 공업의 비대칭성, 즉「농업이 갖는, 이러한 특성은 필연적으로, 효율성 기준을 적용하고자 하면, 공업과의 관련에서 극히 불리한 조건을 만들어 낸다. 공업은 시장 효율성이라는 면에서는, 농업과 비교할 수 없는 유리성을 갖고 있기 때문이다. 공업 부문에서의 생산 과정에서는, 규모의 경제가 지배적이다. 이것은 공업 생산 자체와 본질적인 관계를 갖고 있긴 하나, 그 귀결 중 하나가, 생산 주체의 규모 확대이며, 거대 기업의 형성이라는 형태로 되어 나타나고 있다. 동시에, 과점적인 시장 구조를 가지게 되고, 가격 형성의 과정은 이미 완전 경쟁적인 상황에서 멀어져 가고 있다. 농업의 경우도 규모의 경제가 적용되는 것이 예외는 아니지만, 그 정도에 대해서는 공업과 비교할 수 없다」(같은 책, 53쪽)고 말하고 있다.

그리고「지금까지의 일본의 농정이, 농업을 하나의 자본주의적 산업으로 파악하고, 농업에 종사하는 사람들을 일개(一

介, 보잘것없는, 한낱) 경제인으로 간주하고, 효율성만을 좇는다고 하는 편견에 너무 크게 얽매여 왔다⋯⋯. '농(農)을 영위'한다고 하는 가장 본원적인 기능을 담당해 온 사람들이 지닌, 뛰어난 인간성과 그 매력적인 삶이, 일본 사회의 사회적 안정성과 문화 수준의 유지라는 관점에서, 얼마나 큰 역할을 해 왔는지가 잊히고 있다」(같은 책, 65쪽)고 말하고 있다.

현대사회에서는, 이른바 경제학이 크게 폭을 늘려, 경제성장, 효율성이 온갖 분야·영역에 침투하여, 비경제적 가치, 외부 가치를 석권하고 있는 느낌이 있다. 경제학의 필요성·중요성에 이론(異論)은 없지만, 요는 비경제적 가치와의 밸런스가 중요하고, 다른 학문과 밸런스를 이루어 내야 경제학이다. 그런데 학문으로서의 경제학이, 학문의 범주를 일탈하여, 이제는 신앙이랄까 또는 이데올로기화하고 있다. 사회적 공통자본이 있어야만 경제 사회이며, 경제를 모든 것에 우선시키는 사회는 인간소외를 초래할 뿐이고, 결국, 모순을 심화·확대시키는 것은 필연이다.

코먼즈(Commons)

우자와宇沢 씨의 사상을 나타내는 키워드 중 하나에 코먼즈가 있다. 코먼즈는「특정의 장소가 확정되고, 대상이 되는 자원이 한정되어 있으며, 특히 그것을 이용하는 사람들의 집단 내지 커뮤니티가 확정되어 그 이용에 관한 규제가 특정되어 있는 하나의 제도를 의미한다」고 언급되어 있다. 앞으로의 일본 농업의 방향성, 농업의 경영형태, 농촌의 사회적·문화적 조건 등을 어떻게 생각해 갈 것인가에 있어, 매우 중요한 시사점을 줄 것이기 때문에, 아울러 다음을 인용해 두고 싶다.

> 「전통적인 코먼즈는, 관개용수, 어장, 삼림, 목초지, 화전 농경지, 야생지, 하천, 해변 등 다양하다. 또한 지구 환경, 특히 대기, 해양 자체도 사실은 코먼즈의 예로 들 수 있다. …… 코먼즈의 관리가 반드시 국가권력을 통해 이루어지는 것이 아니고, 코먼즈를 구성하는 사람들의 집단 내지 커뮤니티로부터 피듀셔리(fiduciary, 신탁)의 형태로, 코먼즈의 관리가 신탁되어 있는 것이, 코먼즈를 특징짓는 중요한 성격」(같은 책, 84, 85쪽)이라고 언급하고 있다. 그리고 「농업 부문의 생산 활동에 대해, 독립한 생산, 경영 단위로서 취해져야 하는 것은, 한 집 한 집의 농가로서가 아니라, 하나하나의 코먼즈로서의 농촌에서 이루어져야 한다. …… (코먼즈는) 생산, 가공, 판매, 연구개발 등 넓은 의미의 농업 활동을 통합적으로, 계획적으로 실행하는 사회적 조직이다. …… 코먼즈로서의 농촌을 농업 부문의 주체적 단위 내지는 조직으로 생각할 때 비로소, 공업 부문에서 하나의 공장 내지는 기업과 대등한 입장에서서 시장 경제적 경쟁을 하는 것이 가능하게 된다」(같은 책, 76, 77쪽).

여기로부터도 나중에 전개하는 커뮤니티농업이나 지역농업으로의 대처의 필연성을 엿볼 수 있을 것이다.

일본 농업의 실상

농업총생산액의 감소 · 농업 소득의 저하

여기서 다시 일본 농업의 실정 · 실상을 확인해 두고 싶다.

물가가 지속적으로 하락하는 상황을 '디플레이션'이라고 부르는데, 일본 정부는 2001년 3월~2006년 6월까지 5년 3개월을 디플레이션으로 인정하였고, 2009년 11월에 다시 디플레이션을 선언하고 있다.

디플레이션으로부터의 탈출이 정권의 최대의 과제가 되고 있지만, <도표 2>를 보면, 농업총생산액, 생산농업소득 모두 감소 경향이 계속되고 있고, 농업총생산액의 피크기는 1984년(쇼와 59년)으로, 약 30년 이전으로까지 거슬러 올라간다. 경제 전체의 디플레이션보다 훨씬 오랫동안 농업은 총생산액의 감소에 노출되어 왔다. 게다가 피크기였던 1984년의 11조 7,171억 엔은, 최근인 2011년에는 8조 2,463억 엔으로 감소하고 있으며, 이 기간 동안의 감소율은 거의 30%에 이르고 있다. 생산농업소득의 경우에는 피크기가 1978년(쇼와 53년)이고, 그 후 감소하다가 약간 회복했지만, 1994년(헤이세이 6년)

이후 감소세를 이어가고 있다.

이와 같이 경제 전체가 디플레이션으로 바뀌기(2001년) 이미 십수년 전(1985년)부터 농업산출액은 계속 감소하고 있으며, 이 기간 동안, 국민 경제에서 차지하는 농업의 비중이 크게 축소되어 왔다. 그리고 디플레이션 경제로 되는 가운데에서도, 여전히 농업 산출액은 계속해서 감소해 온 것이다.

농업의 수익성은 저하하고 있고, 농업만으로 자립해 나가는 것은 어려워, 생산 농가도 자기 아들에게 「농업을 하라」고는 도저히 말할 수 없는 상태에서, 영농후계자를 확보할 수 없는 것도 당연하다고 할 수 있다.

<도표 2> 농업총생산액 및 생산농업 소득의 추이

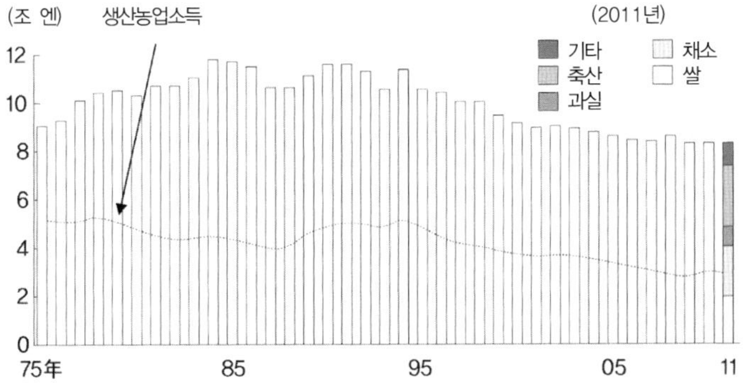

출전: 일본농림수산성 홈페이지
원자료: 농림수산성 「2011년 농업총산출액 및 생산농업소득(전국)」

농업담당자 감소·고령화

농업담당자 부족, 영농후계자를 확보할 수 없는 가장 큰 요
인은 농업소득의 감소이다. 재생산이 가능하며 일정 정도의
노력을 하면 약간의 여유도 획득할 수 있을 정도의 소득을 확
보할 수 있으면, 기본적으로 담당자 문제는 발생하지 않는다
고 생각된다. 그것이 이러한 조건 정비를 게을리하고, 결과적
으로 방치해 왔던 것이 인재의 농외로의 유출을 가져왔다고
할 수 있다. 또 한편으로는, 외부로부터 취농을 촉진해 가는
대책까지도 불충분한 상태로, 쇼와 1자리 세대의3) 은퇴를 맞
이하게 되고 말았다.

<도표 3>은 전겸업별 농가 수의 추이를 본 것인데, 농가 수
의 감소가 계속되고 있고, 1960년에 606만 호이던 농가 수는,
2009년에는 170만 호까지로 격감하고 있다. 또한 전겸업별로
보면, 전업농가의 감소는 1975년경까지 둔화하고, 그 이후로는
소폭 감소 추이를 보이고 있다. 이에 반해 겸업농가는 1980년
이후 급격한 감소를 걷고 있고, 여전히 농가 수의 76%, 4분의
3을 차지하고는 있지만, 감소는 현저하다.

---

3) 쇼와 1자리 세대: 쇼와 1년이 1926년임. 따라서 쇼와 1자릿수인 쇼와 1~9년생은
서기로 1926~1934년생을 의미. -역자주.

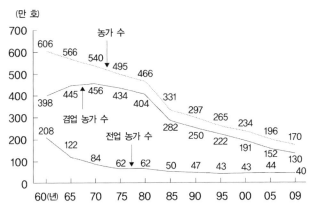

<도표 3> 전겸업별 농가 수 추이

(만 호)

농가 수

606 566 540 495 466

445 456 434 404 331 297 265 234 196 170

398 겸업 농가 수

208 전업 농가 수

122 84 62 62 50 47 43 43 44 40

282 250 222 191 152 130

60(년) 65 70 75 80 85 90 95 00 05 09

출전: 농림수산성 홈페이지
원자료: 농림수산성 「농림업 센서스」 「농업구조동태조사」
1985년 이후의 농가 수는, '판매농가'의 수치

2009년의 농가 수는 170만 호이나, 이것을 주업농가(농업수입이 주이며, 동시에 65세 미만의 연간 농업종사일수가 60일 이상인 사람이 있는 농가), 준주업농가(65세 미만의 연간 농업종사일수가 60일 이상인 사람이 있어도, 농외소득이 주인 농가), 부업적농가(65세 미만의 연간 농업종사일수가 60일 이상인 사람이 없는 농가)로 구분해 본다면, 주업농가가 35만 호, 준주업농가가 39만 호, 부업적농가가 97만 호이며, 비율로는 각각 20.5%, 22.8%, 56.7%가 된다. 이들 농가(판매농가)[4] 외에 77만 호의 자급적 농가가 존재한다. 여기에서 주업농가가 점유하

---

4) 판매농가: 경영경지규모가 0.3ha 이상 또는 농산물판매금액이 50만 엔(yen) 이상인 농가. -역자주.

는 비율을 품목별로 보면(<도표 4>), 낙농, 비육우, 돼지의 축산은 모두 90%를 상회하고 있으며, 화훼는 87%, 채소는 82%, 과수에서도 67%가 되고 있다. 이에 비해 쌀은 주업농가 비중이 38%에 불과하고, 준주업농가가 24%, 부업적농가가 38%이다.

쌀의 경우에는 주업화·전문화가 지연되고 있음을 나타내는 수치이다. 확실히 쌀은 농기계와 농약·화학 비료에 의해 장치산업화가5) 진행되어, 기계를 사용한 농작업은 주말에 집중시키고, 평일은 물 관리나 논 둘러보기를 하는 정도에 그치고도 벼농사가 가능하게 되어, 겸업화가 진행되었기 때문에, 논농사는 겸업농가가 지지하고 있다고 해도 과언이 아니라는 실태가 형성되어 왔다. 쌀값의 침체가 진행되는 가운데, 농외수입을 생활비뿐만 아니라 생산비의 일부로도 투입함으로써 겸업 벼농사가 하나의 시스템으로 형성되어 왔다. 이 겸업농가가, 앞서 언급한 바와 같이, 1980년경부터 지속적으로 감소되어 왔다. 바로 겸업 시스템이 크게 흔들리고 있다고 말할 수 있으며, 겸업 시스템을 대신할 시스템, 담당자가 절실히 요구되고 있다고 할 수 있다.

또한 기간적 농업종사자 170만 명 중 65세 이상의 비율은 61%에 달하고 있으며, 평균 연령은 66.2세로서 65세를 넘어서고 있다. 쇼와 1자릿수 세대의 은퇴가 계속되고 있지만, 신규 취농자의 수는 한정되어 있고, 이 수년 동안 은퇴해야 할

---

5) 장치산업: 인력을 그다지 사용하지 않고 대규모의 설비로 일관하여 생산하는 산업. 철도관련큰사전. -역자주.

농업 종사자가 그럼에도 불구하고 계속 견디며 농업에 종사하고 있기 때문에, 평균 연령을 끌어올리고 있는 형태로 되고 있다. 바로 「최후의 5년간」으로 접어들고 있다고 할 수도 있다.

<도표 4> 주요 품목별 농업 생산액의 농가 유형별 비율

(2008년) (단위 %)

쌀	주업농가 38	준주업농가 24	부업농가 38
맥 류	78	9	13
두 류	78	8	14
감 자 류	85	6	9
공예농작물	81	8	11
채 소	82	8	9
과 수	67	15	18
꽃	87	7	5
낙 농	95	2	3
비 육 우	91	4	6
돼 지	92	2	5

출전: 농림수산성 홈페이지
원자료: 농림수산성 「2005년 농림업센서스」 「2011년 경영형태별 경영통계」(개별경영) 주부업별 비율 추계를 표시한 것으로서, 자급적 농가, 토지를 가진 비농가 등의 비율은 제외

진행되고 있는 농지의 담당자로의 집적

일본에서는 농가의 농지에 대한 "애착심"은 극히 강한 점이 있어, 농지의 매매나 임차권의 설정 등 농지의 유동화는 좀처럼 이루어지지 않아 왔다. 특히 임차권의 설정에 있어서는, 농지를 잃게 되는 것이 아닌가 하는 불안이 뿌리 깊어, 이를 기피하는 경향이 강했나.

그러나 1975년의 농용지이용증진사업의 창설을 시작으로, 이용권(임차권 등) 설정에 의한 농지 유동화가 추진되고, 1993년 인정농업자제도의 창설, 1994년 슈퍼 L자금(인정농업자를 대상으로, 농지취득, 시설정비 등에 필요한 장기자금을 저리로 융통하는 제도자금)의 창설로 이용권 설정에 의한 농지 유동화는 가속하여 왔다.

농지 면적에서 차지하는 이용권 설정의 비율을 살펴보면, 1995년에 6.6%였던 것이, 2010년에는 21.4%까지 급상승하고 있다.

또 담당자(인정농업자, 특정농업단체, 집락영농 등)가 이용하고 있는 면적(소유권이 있는, 또는 이용권이 설정되어 있는 집적 면적)은 1995년에 17.1%였던 것이 2010년에는 49.1%로, 농지의 절반은 담당자에 집적되기에 이르렀다.

이것을 다른 각도에서 바라보면, 쌀을 중심으로 하는 토지이용형 농업의 농지 면적은 2010년에 368만 ha로 되고 있고, 평균 경영 경지 면적은 2.2ha에 머무르고 있지만, 20ha 이상 경영체가 경작하는 면적의 점유율은 119만 ha, 32%로 되고 있다.

이와 같이 농지의 유동화가 좀처럼 나아가지 않는다고 되어온 일본 농업도, 쇼와 1자리 세대와 이에 뒤따르는 세대의 고령화에 따라, 스스로 경작을 계속하는 것이 불가능하고, 후계자도 없기 때문에, 외부에 어떠한 형태로라도 경작을 맡길 수밖에 없는 농업인이 급증하고 있다. 농업소득의 침체에 따라 농지를 취득하는 것이 곤란한 한편, 지대는 내려오고 있기 때문에, 임대차권을 설정하는 것이 증가하고 있으며, 농지의 집적, 규모 확대가 진행되고 있다.

여기서 유의해 두어야 할 것은, 담당자에로의 농지의 집적이 진행하여 규모 확대가 계속되고 있는 것은 확실하나, 규모를 확대하고 있는 다수의 농가 또는 법인에 대한 청취 조사 결과에서는, 적극적으로 규모를 확대해 왔다기보다는, 수동적으로, 인근에서 부탁하여 어쩔 수없이 농지를 맡아, 결과적으로 규모를 확대해 온 경우가 대부분이었다는 점이다. 농지를 내놓는 측은 농지를 포기할 수 없어, 최대한 보존해 두고 싶다는 의향을 가지고 있으며, 또한 그 사람이기 때문에 맡긴다고 하는, 지목하여 의뢰하는 경우가 대부분을 차지한다. 농지를 위탁받는 측은 지역을 수호하기 위하여 농지를 맡고 있는 경우가 대부분이다. 일괄적으로 농지를 내놓는 경우도 있지만,

대부분은 자택 주변이나 조건이 좋은 곳은 자급용으로 농지를 확보한 위에서, 원격지나 조건이 나쁜 곳부터 내놓는 것이 많다. 그런 의미에서는 규모를 확대했다고는 해도 생산성 향상으로 직결되는 것이 아니라, 오히려 효율이 저하되는 경우가 보통이다. 그래도 농지를 맡아 달라고 부탁받는 것은, 그 지역에 사는 사람으로서는 자랑스러운 일로도 여겨지고 있다.

따라서 지금까지는 남아 있는 담당자의 노력에 의해 농지를 집적하고, 경작포기지의 발생을 어떻게든 저지해 오고 있으나, 지금의 담당자가 은퇴하는 경우에는, 과연 농지를 인수할 수 있는 농가가 존재할 수 있는지가 매우 우려되는 상황에 있다. 법인화 같은 정책 지원의 재검토 등에 의해 새로운 「계승」 시스템의 재구축이 강하게 요구되고 있다.

낮은 식료자급률

일본의 식료자급률은 칼로리(공급열량) 기준으로 39%, 생산액 기준으로 66%(모두 2011년)이다.

일본의 식료자급률(칼로리 기준)은 전후, 지속적으로 하락해 오고 있어, 이를 정책적으로 끌어올려 온 영국을 비롯한 서구 국가와는 현저한 비대칭성을 보여 왔다. 게다가 39%라는 수준이 선진국 중에서는 매우 낮은 수준에 있기 때문에, 낮은 식료자급률이 문제로 되어, 식료자급률 제고가 커다란 농정

과제로 되어 왔다.

이에 대해 생산액 기준으로 식료자급률은 66%이며, 결코 식료자급률은 낮지 않고, 오히려 「일본은 세계 제5위의 농업 대국~거짓말투성이의 식료자급률~」라는 책도 출판되어, 꽤 팔리고도 있는 것 같다. 문제는 「식료」를 포착할 때 칼로리(열량) 기준으로 파악하는 것이 적절한지, 금액 기준으로 파악하는 것이 적절한 것인가 하는 것이다. 농가경제를 중심으로 생각하면 금액 기준으로 파악하는 것의 타당성은 높다. 그러나 국민·소비자 입장에서의 식료라는 점에서 파악하면 식료의 안전보장과 안전성의 확보가 가장 큰 문제이고, 칼로리 기준으로 파악해 두는 의의는 크다. 요는 기후 불순 등에 의한 위기 상황 속에서도 국민이 필요로 하는 기초적인 식료가 확보되어 있는지 여부가 물어지게 된다. 따라서 일본 농업이 기초적인 식료를 어느 정도 생산하고 있는지를 칼로리 기준의 식료 자급률로 판단하는 것이 필요하다고 하는 것이다.

그런데 1960년도의 식료자급률(칼로리 기준)은 79%(1965년도는 73%)로서, 최근 반세기 동안 식료자급률은 거의 반감하여, 40% 포인트나 감소해 왔다. 그 주된 원인은, 1960년도 당시는 총 공급열량의 약 44%를 쌀이 차지했고, 게다가 쌀은 100% 자급하고 있었던 데 있다. 또 여기에 축산물, 유지류(油脂類), 밀, 설탕류를 포함하여 총 공급 열량의 약 80%를 섭취하고 있었으며, 축산물은 자급률이 47%나 되었고, 유지류, 밀 등도 30% 전후를 국내에서 자급하고 있었던 데 있다. 이에 비해 2007년도는, 쌀은 총공급 열량의 단지 23%를 차지하는 것에 지나지 않고, 게다가 무역자유화에 따른 최소시장접근 쌀 수입 때문에, 쌀 자급률은 96%로 저하되고, 한편으로는 쌀 생산 조정의 강화가 부득이하게 시행되어 왔나.

대신 공급 열량이 증가하고 있는 것은 축산물이며, 유지류이다. 그러나 축산물의 자급률이 16%로, 또 유지류에 이르러서는 3%까지 떨어져 버렸다. 게다가 축산물 자급률이 크게 저하하는 동시에, 국산축산물이라 하더라도 수입 사료에 의존하고 있는 부분도 늘어나고 있다. 즉 쌀 소비가 줄어든 만큼을, 축산물, 유지류가 증가한 형태로 되어 있으며, 축산물과 유지류의 소비 증가분은 수입에 의해 충당해 왔기 때문에, 자급률의 대폭적인 저하를 초래하게 된 것이다.

그리고 쌀의 감소와 축산물·유지류의 증가는 식생활의 변화, 음식의 서구화에 의해 초래된 것이다. 제2차 세계대전 패전에 따라 밀가루와 탈지분유 등의 식료 원조로, 학교 급식을 통해 빵과 우유가 보급되었다. 또 영양개선 운동, 생활개선 운동이라고 불리는 유지류 장려책이 대대적으로 전개되어, 일본 전역을 「키친 카」가 돌아다니고 「프라이팬 운동」이라고도 불린 것처럼 기름 볶음 등이 추진되었다. 그 후 고도 경제성장으

로 외식화가 진행되어, 더욱더 중식(中食)이나[6] 냉동식품 등
이 보급되어 가정에서의 식사가 감소함과 함께, 가정에서의
식사에 대한 노력이 있었어도 반찬이나 냉동식품을 전자레인
지로 데워 먹는 것이 일반화되어 버려, 음식 자체의 변화뿐만
아니라 식습관까지 크게 변화했다.

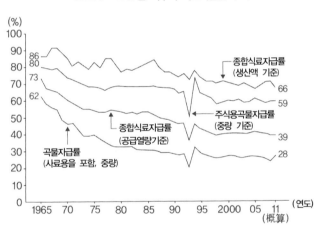

<도표 5> 1965년 이후의 식료자급률 추이

주: ① 자료 「식료수급표」 농림수산성
　　② 공급열량(칼로리) 기준 식료자급률은, 국내에서 생산된 식료의 총칼로리 중, 순수하게 국내에서 생산된 칼
　　　로리의 비율을 표시함

---

6) 중식(中食): 가정 밖에서 조리된 식품을, 구입하여 가져다 또는 배달 등으로 가
정에서 해먹는 식사 형태. 외식(음식점 등 가정 밖에서 조리된 음식을 가정
밖에서 식사하는 형태)과 내식(가정 내에서 조리를 하고 식사를 하는 형태)의
반대말임. 또한 비슷한 개념으로 미국 등에서 사용되는 HMR(Home Meal
Replacement)이 있으나 엄밀하게는 동의어가 아님. https://ja.wikipedia.org/wiki/中
食 -역자주.

식료자급률(칼로리 기준) 저하의 배경으로, 농산물 무역자유화와 식생활의 변화가 있음을 보여 왔지만, 실은 이것은 일본만의 현상은 아니고 동아시아 공통의 현상이기도 한 점에 유의할 필요가 있다. 한국도 일본을 뒤쫓아 식료자급률은 저하하고 있고, 대만에 이르러서는 30%까지 저하하고 있다. 일본의 국민 1인당 연간 쌀 소비량은 57.8kg(2011년도)으로서, 피크기(1965년도)인 111.7kg의 거의 절반 상태이다.

대만에서는 1인당 연간 쌀 소비량은 40kg을 향해 내려가고 있고, 쌀 생산조정도 약 50%나 된다. 확실히 동아시아에서는 경제성장과 함께, 쌀 소비량이 감소하는 한편, 음식의 서구화·다양화가 진행되어, 식료자급률 저하와 함께, 쌀 생산 조정을 확대해 왔다. 동아시아 각국으로의 미국의 식생활·식문화까지도 포함한 강한 영향을 더듬어 조사하고 확인하는 것이 가능함과 동시에, 쌀 생산조정에 따른 논의 유효활용이 동아시아 공통의 커다란 과제임을 확실히 인식해 둘 필요가 있을 것이다.

높은 푸드 마일리지 그리고 가상수

낮은 식료자급률은, 해외로부터 대량의 농산물을 수입하고 있다는 것이며, 특히 사료 곡물 및 유지류, 밀 등 토지이용형 농업의 농산품은 미국, 브라질, 호주 등 해외 중에서도 일본으로부터는 상당한 원격지로부터의 수입이 많아, 자연히 운송에 따른 에너지 소비량도 크다.

이를 명시하기 위한 개념으로 내세워, 잘 알려지게 되어 온 것이 푸드 마일리지(food mileage)로서, 이것은 <수입 상대국 별 식료 수입 중량×수출국까지의 수송 거리>로 표시된다. 이 것을 사용하여 시산 결과를 '농림수산정책연구소'가 공표하고 있지만, 국가별 총량에서는 많은 순서로 일본 9002.8억 t×km, 한국 3171.7억 t×km, 미국 2958.2억 t×km, 영국 1879.9억 t×km, 독일 1717.5억 t×km, 프랑스 1044.1억 t×km로서 일본 이 압도적으로 높은 수치를 보이고 있다. 단순히 해외에서 대 량의 농산물을 수입하는 데 그치지 않고, 이에 따라 대량의 에 너지도 소비하고 있는 것이 실태이며, 이러한 구조가 언제까 지나 허용되는 것은 아니라는 인식을 가져야만 할 것이다.

국민 1인당 푸드 마일리지도 함께 공표되고 있는데, 여기에 언급해 두고 싶다. 이것도 많은 순서로, 일본 7,093t×km, 한국 6,637t×km, 영국 3,195t×km이며, 이어서 독일, 프랑스, 미국 의 순이다.

푸드 마일리지와는 별도로 수입식료 생산에 필요한 물의 양 을 추정한 가상수(可相水, virtual water)라고[7] 하는 개념도 알

---

7) 가상수(可相水, virtual water): 우리 눈에는 보이지 않지만 어떠한 제품을 생산하 는 전 과정에서 사용되는 물. 가상수는 농산물뿐만 아니라 소고기, 닭고기 등 축 산물, 그리고 공산품 등을 생산함에 있어서도 모두 적용됨. 예를 들어, 쌀 1kg을 생산하기 위해서는 약 5,100l의 물이, 대두 1kg을 생산하기 위해서는 약 3,400l의 물이, 또한 돼지고기 1kg을 생산하기 위해서는 약 11,000l의 물이 필요하다. 이는

려져 왔다.

환경성(省)과 특별비영리활동법인인 일본물포럼이 산출한 2005년의 가상수 양은 약 800억 m3로서, 일본 국내에서 사용되는 연간 물 사용량과 같은 정도라고 되어 있다. 수자원이 계속 감소하여 「물 전쟁」이 우려되는 상황에서의 이야기로서, 이러한 관점도 가지면서 식료자급률을 꾸준히 향상시켜 나가는 노력이 국제적으로도 요구되고 있는 것이다.

토니 앨런(Allan, 1998) 교수가 물에 대한 경각심을 높이기 위해 제시한 개념이기도 함. 네이버 지식백과. 가상수에 관한 우리나라의 심각한 실태는 다음의 신문 칼럼에 잘 소개되어 있음. 김자겸, "수입농축산물의 '가상수'를 아십니까!" 환경미디어, 2014.2.12. -역자주.

04 | 불가결한 일본 농업의 특질 해명

　　앞 장에서 환상과 오해가 많은 일본 농업의 실상을 보아 왔는데, 농업 소득의 감소, 담당자의 고령화와 후계자 부족, 낮은 식료자급률, 세계에서 가장 큰 푸드 마일리지 등, 모두 구조적인 문제가 산적해 있다. 게다가 제1장에서 확인했듯이, 지금은 바로 전환점에 있어 큰 환경 변화의 와중에 있으며, 이러한 구조적인 문제는 심각한 정도를 더하고 있어 해결은 쉽지 않다.

　이러한 구조적 문제와 큰 환경 변화를 감안하여 과제를 정리하면, 농업 소득의 향상, 후계자의 확보, 농지의 보전·활용 등을 들 수 있다. 그리고 이들에 대한 대응은 아베노믹스에 의한 성장 전략의 제2탄, 농업의 경쟁력 강화로 대표되는 것처럼, 대규모화에 의한 생산성 향상과 경쟁력 강화, 6차 산업화, 수출 진흥 등을 기둥으로 하는, 시장 원리를 중시한 「공격적인 농업」이 지향되어 왔다.

　그러나 시장원리를 침투시킬수록 세계화의 파도에 삼켜져, 식료자급률을 저하시켜 온 것이 지금까지의 실정이다. 앞으로의 과제에 대한 대응, 즉 대책을 생각해 가는 데 있어서는, 시장 원리·경쟁 원리 이상으로 농업의 원칙, 일본 농업이 가지는 특성 내지 강점을 명확히 한 위에서, 이들을 살리면서 그랜드 디자인을 명확하게 하는 것이 요구된다.

농업은 자본, 노동, 토지의 삼요소로 이루어지지만, 토지 없이는 성립할 수 없으므로, 기본적으로는 전면적으로 자연에 의거한 산업이라 할 수 있다. 그 자연은 기후, 지리적 조건 등에 의해 다르며, 지극히 다양하다. 농업이 자연에 의거하고 있기 때문에, 자연 조건이 다른 토지마다에 다른 농업이 전개되며 이는 당연한 것으로 된다.

그러나 농업 근대화에 의해 관개 배수 시설이 대대적으로 정비됨과 함께 대형농기구가 도입되고, 또 품종 개량 등이 진행되어, 세계적으로 획일적인 농업이 전개되면서, 농업의 다양성이나 지역성은 점점 사라져 왔다. 그리고 획일적이 되면 될수록 그 나라의 농업, 그 지역의 농업은 비용만으로 평가되어 국제 경쟁에 노출되게 되고, 특정 국가, 특정 지역 이외는 국제 경쟁에 대응할 수 없어 축소를 강요받고 있다.

한편, 국제 분업이 진행되어, 무역 의존도가 높아질수록, 식료 안보가 소홀히 되고, 에너지를 대량으로 소비하여, 식품의 안전성이 흔들려 왔다.

이러한 사태를 방지해 나가기 위해서는, 농업의 원칙을 중시해 감과 동시에, 일본 농업이 가지고 있는 특질을 명확히 한 위에서, 이것을 강점으로 살려 나가는 전개가 요구된다. 자연히 지역성을 중시함과 함께, 소비자와 생산자와의 관계성을 중시한 농업을 목표로 해 가는 것으로 된다.

05

피할 수 없는 농업의 원칙

농업의 원칙 ① 커뮤니티와 자연 등이 있어야만 성립 가능한 농업

농업에는 무시해서는 절대로 안 되는, 몇 가지 원칙이 있다. 그 첫째는 농업 생산과 생활이 혼연일체화하고 있으며, 지역 커뮤니티나 자연·환경 등이 있어야만 성립 가능하다는 것이다. 농업의 기본 구조는 <도표 6>과 같이, 산업으로서의 농업은 그것만으로 자립해 존재해 나가는 것은 불가능하며, 논농사로 상징되는 것처럼, 협력하여 농작업이나 물 관리 등을 행하는 촌락 공동체·지역 커뮤니티가 필수적이다. 그리고 토지, 자연, 환경이 존재하고, 이들이 지켜지고 있는 것이, 농업이나 마을 공동체·지역 커뮤니티가 성립하기 위한 전제이기도 하다. 농업은 토지, 자연, 환경 그리고 촌락 공동체, 지역 커뮤니티에 의해 규정되고 있는 것이라 할 수 있다.

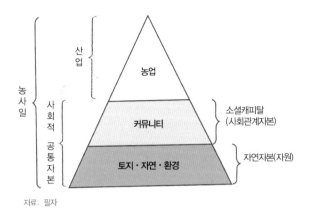

<도표 6> 농업─커뮤니티─자연의 관계성

자료: 필자

농업의 원칙 ② 지역성

원칙의 둘째는, 농업은 지역성을 벗어나지 않는다고 하는 것이며, 추상적인 세계 공통의 농업은 있을 수 없다.

농산물은 흙과 물과 빛과 온도가 있으면 성장 가능하지만, 땅에 의하여 토질은 점토에서 모래땅에 이르기까지 가지각색이며, 모래땅의 경우에는 매우 건조하여, 재배 가능한 농산물은 극히 제한된다.

물의 경우도 지역에 의해 수질이 다름과 동시에 강우량도 크게 다르다. 게다가 강우량이 많은 시기도 다르게 찾아온다. 예를 들어 일본을 포함한 아시아 몬순 지대에서는 늦봄과 초여름에 걸친 장마철에 비가 집중하는 반면, 유럽은 겨울에 비가 많다. 자연히 적지적작(適地適作)이 형성되어, 아시아 몬순 지대에서는 장마철을 끼고 논에 의한 벼농사가 행하여지고, 유럽에서는 겨울비를 활용하여 겨울 밀이 생산된다. 또한 몬순에 의한 고온다습한 여름이 불가피한 지역에서는 잡초가 많을 뿐만 아니라 병충해도 많다. 이에 대해 겨울에 비가 집중하고, 온도가 높은 여름은 건조한 기후가 되는 유럽에서는 잡초가 적고, 병충해도 적다. 이렇게 비 내리는 방식에 의해 기초 식량이 되는 농산물이 다르다는 것은 당연한 것으로서, 무농약·무화학 비료 재배에 의한 유기농업은, 유럽에서는 기술적으로는 상대적으로 용이한 데 반해, 아시아에서는 꽤 장애가 높다고 하는 점도 있다.

또한 온도대(帶)에 의해 재배 가능한 농산물은 변화하고, 사과나 귤 등의 과수는 물론, 사탕수수나 쌀 등에서 남방한계·북방한계가 존재한다. 감자는 홋카이도北海道가, 고구마는 가고시마鹿児島가 일본에서의 최대 산지인 것은, 지형은 말할 것도 없고 온도에 의한 바가 크다. 또한 온난화로 인해 산지는 이동하기도 한다.

빛도 빼놓을 수 없는 생산 요소로서, 매우 건조한 캘리포니아가 농산물의 중요한 산지가 되어 있는 것은, 원래 빛과 온도는 충분하게 존재하고 있으며, 부족해 왔던 물을 대규모 관개 시설을 설치, 로키산맥에서 눈 녹은 물을 끌어와서야 처음으로 가능하게 된 것으로, 지금은 찬란히 쏟아지는 빛을 살려 과수를 비롯한 생산이 한창이다.

물론 나라에 따라 지역에 따라, 기후, 지리적 조건, 풍토 등은 크게 다르다. 이에 따라 토양, 물, 빛, 온도도 달라지기 때문에, 자연히 각국·각 지역에서 지역성이 풍부한 다양한 농업이 전개되어 왔다. 그리고 이것이 농업 본래의 모습이며, 지역성을 무시한 획일적인 농업은 근대화의 산물일 뿐이라고 할 수 있다.

농업의 원칙 ③ 관계성과 순환·생명

셋째로, 농업은 생명 산업이며, 생명을 중시하고 이를 소중하게 키우는 것이야말로 농업이고, 생명이 지켜져 비로소 소비자의 건강을 지킬 수 있는 농산물의 공급과 함께 지역 순환을 가능케 한다고 하는 것이다.

여기서 확인해 두고 싶은 것이, 대량생산·대량유통을 전제로 화학 합성비료·농약의 대량 사용이나 광역 유통이 진전함과 함께, 농업은 국제 분업화하여 농산물의 수출입이 증가함에 따라, 농산물 생산 현장과 소비자와의 유통 거리는 확대되고, 유통에 소요되는 시간도 크게 증가해 왔다는 점이다. 이 거리와 시간이 확대될수록, 생산자와 소비자 등과의 관계성, 즉 사람과 사람과의 관계성, 혹은 생산자 등과 자연·환경 등과의 관계성, 즉 인간과 자연·환경 등과의 관계성, 더욱이는 생태계나 생물다양성, 즉 자연과 자연과의 관계성은 희박화·빈곤화해 왔다고 하는 사실은 중요하다(<도표 7>).

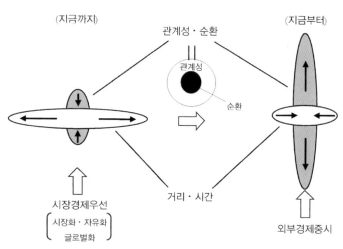

<도표 7> 거리·시간의 축소와 관계성·순환의 회복

(지금까지)

관계성·순환
=
관계성
순환

(지금부터)

거리·시간

시장경제우선
[시장화·자유화
글로벌화]

외부경제중시

자료: 필자

사람과 사람과의 관계성의 희박화·빈곤화는, 생산자와 소비자와의 얼굴이 보이지 않게 되고, 상품의 표시로서 알 뿐이라는 관계에 머물게 되어, 상호 간의 대화·교류의 장을 마련하는 것은 어렵게 되었다. 또 방제나 수로관리 등의 공동 작업, 차세대 담당자에로의 계승이 곤란해지고 있음을 의미하고 있다.

또 사람과 자연과의 관계성의 희박화·빈곤화는, 인류가 탄생한 이래, 수만 년 동안, 자연과 공생하여 살아온 인간이, 토지와 자연으로부터 분리되어 존재하게 되어 왔음을 보여 주고 있다. 자연과의 관계 맺기를 통해 감성이 닦이고, 자연 체험을 쌓는 속에서 지혜·궁리를 작용시키게 되고, 나아가 삶의 능력을 몸에 익혀 온 것이다.

이러한 감성, 지혜·궁리를 계속 상실해 가고 있는 것은, 인간이 본래 가지고 살아가는 능력과 인간성을 잃어 가고 있다는 것이기도 하다. 또 자연과 자연과의 관계성은, 생물다양성의 급속한 상실과 생태계의 빈곤화로 상징되고, 생물의 존재 환경은 크게 변화하여, 생물의 생존 자체가 위협받고 있음을 말해 주고 있다.

사람과 사람, 사람과 자연, 자연과 자연이라고 하는 세 가지 각각의 관계성을 성립시키고 있는 것은 순환이다. 즉 지역이 자립·발전해 나가기 위해서는, 사람·물자·돈을 순환시켜 나가는 것이 필수적이다. 그리고 물자에는 물이나, 농산물과 음식 등도 포함되는데, 크고 작은 다양한 순환이 있어 관계성은 성립하게 된다. 그리고 이 순환의 핵에 있는 것이 바로 이 생명인 것이다. 역으로 말하면, 생명이야말로 가장 존중되어야 하는 것이며, 생명이 생명인 까닭은 순환하고 있다고 하는 거기에 있다.

이 순환을 유지하고 확대해 나가는 그곳에야말로 관계성의 존재 의의가 있다. 많은 관계성이 있는 가운데, 어디까지나 순환을 가능케 하여 생명을 지키는 것을 가능케 하는 본래적인 관계성이라야, 그 의미를 가진다. 지금, 관계성의 희박화·빈곤화를 문제 삼는 것은, 순환을 상실하여 생명이 위기에 처해 있기 때문이고, 순환을 회복하여 생명을 소생시켜 나가는 것이 절실하게 요구되고 있기 때문이다. 지역의 순환을 회복시켜 생명을 소생시켜 나가는 것은, 거기에서 살아가고 있는 생산자, 소비자 등의 주민, 더욱이는 일본, 지구의 건강·건전성을 회복해 가는 것이기도 하다.

06

일본 농업의 특질

농업과 농산물 유통의 근대화는 많은 혜택을 제공해 왔지만, 한편으로는 적지 않은 폐해를 가져온 것도 사실이다. 농업의 국제 분업화와 농산물 무역자유화에 의한 세계화는, 앞서 살펴본 세 가지 관계성의 희박화·빈곤화를 초래해 온 것은 부정하기 어렵다. 관계성의 재생을 통해 순환을 회복하고 생명을 소생시켜 나가기 위해서는, 우선 농업과 자연과의 관계성을 중시한 적지적작(適地適作)이 그 출발점이 된다. 논을 중심으로, 밭, 초지, 임지를 이용하여 적지적작을 진행해 가면서, 일본의 특징, 즉 다양한 지역성을 근원으로 하는 몇 가지 특질을 살린 농업을 추구하는 것이 필요하다.

이 살려 나가야 하는, 농업에서 본 일본의 특징이야말로 일본 농업의 특질이 되는데, 이에 대해서는 졸저인 『일본 농업의 그랜드디자인』에서 언급한 바 있다. 여기서 다시 들어보면, ① 풍부한 지역성·다양성, ② 매우 높은 수준의 농업 기술, ③ 고소득을 가진 안전·안심에 민감한 대량의 소비자의 존재, ④ 도시와 농촌과의 매우 가까운 시간·거리, ⑤ 촌락·마을에서 가깝고 생활과 밀접한 낮은 산, 계단식 논 등의 뛰어난 경관, ⑥ 풍부한 숲과 바다, 그리고 물의 존재 등이다.

즉, ① 지금까지 대규모화·대량생산·대량유통을 곤란하게 만들어 온 지역성을 역이용하여, 그 지역 특유의 작목·품종에 특화해 나가는 것, ② 농지가 상대적으로 협소한 가운데, 높은 수준의 기술을 살려 집약형 농업에 주력하고, 쌀 등 토지이용형 농업에 대해서는 식료안전보장의 관점에서 정책 지원을 통해 일정 정도 이상의 생산을 확보해 나가는 것, ③ 소비자의 안전·안심과 맛 등의 니즈(needs)에 대응한 생산을 강화해 나가기 위해, 유기농업을 포함한 환경보전형 농업에 대한 대책이 중시되는 것, ④ 도시와 농촌과의 시간 거리는, 고속철(신칸센)과 고속도로 등의 교통인프라의 정비에 따라 크게 단축되었기 때문에, 생산자와 소비자와의 빈번한 교류, 또는 농업체험이나 식육(食育), 정년(定年) 귀농이나 반농반X(半農半X)[8] 등이 진전할 가능성이 높아질 수 있는 것을 보이고 있다.

⑤ 마을에서 가깝고 생활과 밀접한 낮은 산, 계단식 논 등의 경관은 유럽의 시골 풍경에도 비견될 만큼 매우 훌륭한 것이며, 다원적 기능을 더욱 발휘함과 동시에, 이들을 활용한 그린

---

8) '반농반X(엑스)'란 농업을 통해 필요한 것만 채우는 작은 생활을 유지하는 동시에, 저술 예술 지역활동 등 '하고 싶은 일과 해야 하는 일'(X)을 하면서 적극적으로 사회에 참여하는 새로운 삶의 방식이다. 개인의 삶뿐 아니라 새로운 공동체에 대한 대안이기도 함. 일본 생태운동가인 시오미 나오키가 본인의 저서인 '반농반X의 삶'에서 제시한 개념. -역자주.

투어리즘(green tourism) 등을 비롯한 관광자원화가 가능하다는 것, ⑥ 울창한 숲과 바다, 그리고 물이 존재하고 있다는 것은 '산-물-바다'라고 하는 커다란 순환이 아직 어느 정도 남아있다고 하는 뜻도 된다. 지구 인구의 증가에 따라 물은 더욱 희소가치를 더하게 될 것은 필지의 사실이며, 또 목재, 채종(푸성귀의 씨앗-역자주)을 비롯한 농산물, 해초 등은 바이오매스나 재생에너지원(源)으로서도 기대된다. 이들은 유역권(流域圈, 강물이 흐르는 언저리 지역-역자주)으로서 농업, 임업, 어업을 일체적으로 관리·연계해 나가는 것이 점점 중요해지고 있는 것을 나타내고 있다.

07│ 일본 농업의 그랜드 디자인

앞에서 본 세 가지 원칙을 최대한 존중해 감과 동시에, 일본 농업이 가지는 특질·특징을 살려 나가는 것, 그리고 환경 조건의 변화를 충분히 감안하여, 앞으로의 일본 농업의 장래 비전, 즉 그랜드 디자인을 그려 나가는 것이 큰 과제이다.

일본은 지역이 다양하여, 예를 들어 나가노현長野県을 보면, 나가노 평지, 마츠모토 평지, 우에다 평지, 사쿠 평지, 스와 평지, 이나 평지 등과 같이 분지마다 자급의 정도가 강한 경제권이 형성되어 왔다. 또 각각의 하천마다에 유역권도 형성되어 왔다. 이러한 자급권·유역권을 기반으로, 지역 순환을 중시한 지역농업을 형성하는 것이 기본으로 된다. 확실히 일본 농업은 지역농업(地域農業)의 복합체로서 틀어쥐고 가는 인식이 필요하다.

그 위에서 중장기적 관점에 입각하여 사람·담당자와 농지의 매칭을 도모해 감과 동시에, 그 농지에서 무엇을 어떠한 농법으로 생산해 갈 것인가, 더욱더 이것을 어떻게 판매해 갈 것인가가 계획에 들어가 있지 않으면 안 된다. 크게는 토지이용형 농업과 고도기술집약형 농업을 프로(professional) 농가가, 자급적 농가나 정년(定年) 귀농자 등이 '보람 농업'을[9] 분담하는 것으로 되는데, 각각이 생산하는 농축산물은 적지적작에 의해 지역특성을 발휘할 수 있는 것을 선택해 감과 동시에, 육종이나 농법 등을 고도의 장인기술을 가지고 개발해 간다. 이 것을 유기농업이나 다양성 농업 등에 의해 몰두해 감으로써 지속성·순환성을 확보해 간다.

이러한 한편에서, 지산지소(地産地消)나 직판, 도시농촌교류 등에 힘을 기울여 감으로써, 안전·안심이나 품질에 민감하고, 높은 소득수준을 가진 소비자와의 관계성을 창출하여, 재생산 가능한 가격에 의한 구입의 비율을 올려 간다. 또 생협이나 유통전문업자를 중개로 한 판매의 증가, 양판점과의 계약재배 등의 증가 등을 획득한 위에서, 시장유통도 능숙하게 이용해 가는 것이 필요하다. 이제까지의 시장유통을 전제로 해 나가면서도, 힘을 다해, 생산자와 소비자와의 직접적인 관계성을 우선한 유통의 비율을 끌어올려 간다고 하는 것에 다름 아니다. 그리고 소비자·시민이 시민농원이나 정년귀농 등에 의해 농업에 참여하여 인수함과 동시에, 지역의 식문화 등에도 입

---

9) 보람농업: 원문은 生きがい農業. 생계 유지 목적이 아닌 취미, 위안, 체험, 치유 등을 위한 농업을 의미함. -역자주.

각한 건전한 식생활에 의한 건강한 생활이 영위되고, 농업이 가진 복지·교육기능도 살려 나감으로써, 식료를 포함하여 자급도·자립도가 높은 지역을 목표로 해 가는 것으로 된다.

사람·농지 플랜은, 이는 이로써 중요하기는 하지만, 어디까지나 담당자와 농지의 관계를 중장기적인 것으로 정리한 것에 지나지 않는다. 이에 더하여, 혹은 병행하여, 사람·농지 플랜에서 명확하게 된 담당자와 농지에서, 무엇을 생산해 갈 것인가, 이것을 어떻게 판매하여 유통시켜 갈 것인가, 상류로(농업생산-역자주) 부터 하류(소비-역자주)까지, 더욱이는 식생활이나 복지·교육까지 포함한 지역플랜으로 들어 올려 가는 것, 그것이야말로 사람·농지 플랜도 사는 길이다.

이러한 지역플랜을 집성(集成)한 것이 그랜드 디자인이 된다. 지역플랜은, 거기서 생산된 농축산물 등은 각각 다 다르고, 지역특성을 농후하게 반영한 것으로 되나, 그것을 관통하는 원칙에는 변함은 없다.

지역자원·지역 매니지먼트(management)

이 그랜드 디자인이나 지역플랜에서 대단히 중요한 의미를 가져오는 것이 지역자원이라고 하는 사고방식이며, 지역 매니지먼트라고 하는 발상이다.

지역자원은, 사람(人)·모노(物, 물질)[10]·돈(가네, カ ネ)의 세 가지로 나누는 것이 가능하다. 자칫하면 모노(물질)만에 주목하는 경향이 있으나, 모노(물질)와 마찬가지로 사람과 돈도 매우 중요하며, 이 세 가지가 함께 이루어짐에 의해 모노(물질)가 되살아나게 된다. 많은 우수사례에는 반드시라고 해도 좋을 정도로, 선발된 인재, 리더의 존재가 있다. 그리고 선발된 리더일수록, 인재의 육성에도 열심인 경우가 많다.

또 모노(물질)는, 농축산물 식료로 사람이 소비해 가는 것은 물론이고, 사료용 쌀, 사료용 벼 등과 같이 가축에 소비되고, 거기로부터 식육(食肉)으로서 먹는 것, 더욱이는 바이오매스로서 에너지와 동시에 퇴비 등으로서 이용·재이용해 가는 것까

---

10) 모노(モ ノ): 物(물건)을 가타카나로 표기한 단어. 이 단어가 특별한 의미로 사용되고 있음을 표시. https://ja.wikipedia.org/wiki/モ ノ -역자주.

지 포함된다. 이러한 직접적인 물자(모노)에 더하여, 풍경이나 경관을 필두로 하는 다원적 기능, 또 역사나 전통, 문화도 넓은 의미에서 물자(모노)로 간주할 수 있을 것이다. 바꿔 말하자면, 온갖 것이 지역자원이며, 여기에 착목(着目)하는 것이 가능한지 어떤지, 또 이를 유효하게 이용·활용할 수 있는지 어떤지가 물어지게 된다.

그리고 돈(가네, カ차)도 빠질 수 없는 중요한 지역자원으로 된다. 이 돈을 지역 가운데에서 순환시켜야만 지역자원이 되는 것인데, 실태를 보면「지방에서 도쿄로」, 또는「도쿄로 집중」으로 상징되는 것과 같이, 지역의 돈은 지역 외로 유출돼 버리고 있다. 이를 힘을 다해 지역 내에서 순환시켜 지역 내에 머물게 하고, 보통의 돈뿐만 아니라 지역통화도11) 포함시켜 지역 내 순환을 활발하게 해 가는 것이 필요하다.

이러한 사람·물자(모노)·돈(가네, カ차)을 지역자원으로 평가하여, 지역 내 순환을 창출해 가는 데 필요한 것이 지역 매니지먼트라고 할 수 있다. 가지각색인 지역자원을 여하히 되살려 갈 것인가, 이를 위해서, 어떠한 지역을 지향할 것인가, 명확한 지역 디자인을 그려 가는 것이 전제로 된다. 이 지역

---

11) 지역통화는 특정지역이나 단체에서 청소, 탁아 등 서비스를 제공받을 수 있는 쿠폰성격의 화폐를 말함. 에코머니로도 불림. 좀 더 자세한 설명은 역자가 번역한 동일 저자의 책자인 『협동조합 시대와 농협의 역할』(2013, 한국학술정보)의 128, 134쪽 참조. -역자주.

디자인을 그리고, 지역자원을 살려 나가는, 혹은 조합시켜 가기 위한 구상력(構想力)과 실천력이 필요하나, 특별한 재능·능력 이상으로, 지역에 대한 애정과 긍지가 매우 중요하다.

그런데 앞서 일본 농업의 특질에서도 언급한 바와 같이, 방치해 놓아도 풀이나 나무가 우거져 크게 되는 나라는 세계적으로 드문데, 그러한 일본에서 농업이 성립하지 않는다고 하면 농정이 기능하지 않았다고 밖에는 달리 말할 수 없다. 또 지역성이 풍부하다고 하는 것은, 지역마다에 기후 풍토, 식생(植生, 일정 지역에 많이 모여 자라는 식물의 집단), 더욱이는 문화나 전통 등이 다르다고 하는 것이며, 그만큼 지역자원의 질·양도 풍부하다고 하는 것을 보여 주고 있다. 확실히 일본은 "지역자원의 보고(寶庫)"라고도 말할 수 있다.

그러나 대량생산·대량유통, 글로벌화를 판단의 근거로 삼았던 분업화·효율화라고 하는 관점에서 지역을 조망한 바로 그 순간, 일본의 풍부한 지역자원은 자원이 아니고, 효율화를 저해하는 장해물로밖에 여겨지지 않게 될 것이다. 효율화를 겨냥하여 대규모화를 한다 해도 미국, 호주, 브라질 등 농산물 수출국을 따라잡을 수 없다. 일본의 특질인 풍부한 지역자원을 살리고, 이것을 커뮤니티농업으로 받쳐 나가는, 이것만이 일본 농업의 재생을 위한 그랜드 디자인의 골격이다.

제3장

커뮤니티농업이
기축이 되는 근거

01 커뮤니티농업의 개념과 다양한 형태

커뮤니티농업이야말로 일본 농업 재생의 기축이 된다는 것이 본서를 관통하는 기본적인 생각이다. 커뮤니티농업은, 관계성, 특히 생산자와 소비자와의 관계성을 바탕으로 형성되는 농업을 중심으로 하는 관점에서 정리한 사회시스템이며, 사람·물건·돈을 순환시켜 가는 대목에 그 핵심이 있다. 따라서 일본 농업의 특성을 충분히 감안한 것임과 동시에, 다양한 관계성을 중시한 것이기도 하다. 자연히 각각의 지역농업에 고유의 가치·의의를 두게 된다. 그리고 커뮤니티농업의 성립에는 철학과 비전(계획)과 경영의 세 가지가 요구된다.

이 커뮤니티농업은 세계화·시장 원리주의와는 정반대를 이루게 됨과 동시에, 지역농업 그리고 가족농업의 위치도 명확하게 주어지게 된다.

여기에서는 커뮤니티농업이 무엇인가를 확인하고, 아울러 커뮤니티농업의 상징적 노력이기도한 농산물직매소와 농상공제휴에 대해서도 다룬다.

우선 커뮤니티농업의 개념을 밝혀 두고 싶다. 커뮤니티농업
이란,「관계성, 특히 생산자와 소비자 또는 지역 주민, 도시와
농촌과의 관계성을 살려 전개되는 농업의 통합적 개념, 총칭」
이다. <도표 8>이 그 내용을 이미지화한 것으로, 가장 상징적
인 위치를 차지하는 것이, 생산자·소비자 제휴(산소제휴, 産
消提携)로, 생산자와 소비자와의 교류를 바탕으로, 생산자는
소비자의 안전·안심 니즈(needs)에 대응한 생산을 하고, 소비
자는 그 대가로 생산된 농산물을 재생산 가능한 가격에 구입
하여 생산자를 지지(支持)해 가는 것이다. 산소제휴(産消提携)
에 비하면 관계성은 약하지만 직매소(直賣所), 지산지소(地産
地消), 농상공제휴(農商工連携)(6차 산업화)도 같은 관계성 위
에 이루어지는 유통·가공이라 할 수 있다. 굳이「커뮤니티농
업」이라는 개념을 제시한 것은, 산소제휴나 지산지소 등 다수
의 유사한 개념이 있으면서도, 각각이 반드시 통합적으로는
전개되고 있지 않은 현 상황 때문에, 이들을 개별적으로가 아
니고 통합적으로 추진하여, 국민들이 가까운 곳에서 다소라도
농업에 관계하고, 다양한 관계 맺기를 해 갈 수 있도록, 굳이
플랫폼적 개념이 필요하다고 생각했기 때문이다.

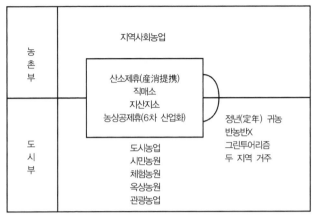

자료: 필자

커뮤니티농업의 생산 측면에서 핵심에 위치하는 것이 요시
다 키이치로吉田喜一郎 씨가 제창한 개념 「지역사회농업(地域
社會農業)」으로, 이것은 「생산자, 지역 주민에 의한 커뮤니티
를 기반으로 한 지역농업은 물론이고, 복지 개호(介護)나[1] 교
육 등도 포함한 생활·생계에 대응한, 지역사회에 확고하게
자리매김한 농업」(츠타야 에이치蔦谷榮一 저, 『공생과 제휴의

---

1) 「개호」와 「간호」는 모두 노인과 장애인 등의 일상생활을 지원하는 것이라는 점
에서는 같음. 그러나 다음과 같은 차이점이 있음. 개호는 「일상생활을 안전하고
편안하게 영위하기 위한 지원」이 주이고, 개호복지사나 헬퍼 등의 자격을 가진
복지(福祉) 전문 자격인이 수행. 이에 비해 간호는 「질병이나 부상 등의 치료나
요양 지원」이 주로서 간호사나 보건사 등의 의료(醫療) 전문자격을 가진 경우가 서
비스를 제공함. https://sumai.panasonic.jp/agefree/qanda/answer-2-02.html -역자주.

커뮤니티농업에로』, 창삼사, 160쪽)을 가리킨다. 농업이 가진 식료공급 기능은 물론, 복지·교육적 기능과 문화적 기능 등을 포함한 다원적 기능을 발휘시켜, 지역 전체에서 이를 지지하고 협력해 나가는 지역농업을 말한다.

지역사회농업(地域社會農業)은 기본적으로 지방이나 농촌지역을 이미지화한 것이나, 도시 지역에서 전개되는 두시농업, 시민 농원·체험 농원 등도 생산자와 소비자와의 농후한 관계성을 가진다. 즉, 「가장 가까운 곳에서 생산자와 소비자, 농가와 지역 주민이라는 관계성을 살리고, 또한 보이기 쉬운 농업으로 전개되고 있는 것이 도시농업」(같은 책, 161쪽)이라고 할 수 있다. 또한 정년 귀농이나 반농반X, 그린투어리즘, 두 지역 거주2)도 관계성을 전제로 성립하는 농업 또는 교류이며, 넓은 의미에서 커뮤니티농업이라 할 수 있다. 커뮤니티농업을 Our Agriculture in the Community for the community, by the community로 영역하고 있는 바와 같이, 커뮤니티의, 커뮤니티를 위한, 커뮤니티에 의한 농업인 점에 커뮤니티농업의 본질이 있다.

---

2) 두지역 거주: 일본에서 도시에 살고 있는 은퇴한 단카이세대에 퍼지고 있는 생활양식. 주말이나 연중 일정기간을 농어촌에서 생활하는 것. 시골에서 기거하는 기간은 "연간 1~3개월 연속" 또는 "매월 3일 이상 통산 1개월 이상"이 보통임. 일본 위키피디아. -역자주.

02 | 비전·경영·철학

관계성을 기본 요건으로 하고 있는 것이 커뮤니티농업이지만, 확실한 관계성을 살려 나가기 위해 빠뜨려서는 안 될 것이 비전(plan)과 경영, 그리고 철학의 세 가지 요소이다.

비전(plan)은 2012년도부터 일본 정부가 추진하고 있는「사람·농지 플랜」을 포함하지만, 중장기의 앞을 보고 추진시키면서 담당자와 농지를 이어주는 데(매칭) 그치지 않고, 농지 이용 계획, 거기서 생산된 농산물의 판매 계획까지도 포함한다. 농지 이용 계획도, 소비자 니즈에 입각하여, 구체적으로 어떤 농지에서 무엇을 생산해 갈 것인지, 관행 재배로 갈 것인지 저농약·감(減)화학비료 재배로 갈 것인지 유기농업으로 갈 것인지 등등이 정해지고, 지역 영농 비전으로 종합된다. 이와 병행하여, 생산된 농산물을, 어디로 판매해 갈 것인지 하는, 판매 계획도 작성된다. 지역의 생산자·담당자끼리의 관계성이 있기 때문에 지역영농 비전의 작성, 그리고 그것으로의 노력·실행이 가능하며, 생산자와 소비자와의 관계성이 있기 때문에 소비자 니즈를 감안한 판매 계획의 수립도 가능해진다.

경영(經營)도, 국가로부터의 지원을 전제로 해 가면서, 생산자는 생산비를 비롯한 경영 정보를 공개하고, 이를 소비자가 이해·납득함으로써, 최대한 재생산 가능한 가격에 농산물 거래를 계속해 나감으로써 경영이 성립해 가는 것이다.

그리고 그 기본 철학(哲學)은, 생산자와 소비자를 포함한 인간과 인간의 관계성, 인간과 자연과의 관계성, 그리고 자연 상호 관계성인 생태계와 생물다양성 등을 중시하는 것으로, 저절로 공생과 협력으로 이어지게 된다. 그 근저에 있는 것은 사람·물건·돈의 순환이며, 순환시켜 가는 것에 생명이 깃들고, 새로운 생명이 창조되는 것이다.

03 | 커뮤니티농업과 일반농업과의 비교

여기에서 커뮤니티농업의 내용에 대해, 좀 더 살펴보고 싶다. 커뮤니티농업을 일반농업과 비교해 본 것이 <도표 9>이다. 먼저 대처 방식을 보면 일반농업의 경우, 시장 유통·광역 유통을 전제로 한 농업이 이루어지고 있다. 이에 비해 커뮤니티농업에서는, 그 소비자의 입장에서 보면 지역 내 또는 지역 외의 생산자가 있어도, 소비하는 농산물이 특정 생산자가 특정 지역에서 생산한 것임을 전제로 하고 있다.

따라서 커뮤니티농업의 관계성은, 특정 생산자와 소비자와의 관계성이며, 불특정 다수 간의 막연한 관계와는 질을 달리 한다. 그리고 생산자와 소비자는 강하고, 게다가 기브 앤 테이크의 대등한 관계성으로 연결되어 있어, 품질과 안전·안심을 중시함으로써, 농산물은 단순한 음식이 아니라, 생명을 가지고 있는 먹을거리로서 주고받는 것으로 된다. 볼품(모양)이나, 획일화에는 가치가 놓이지 않고 배제된다.

가격은, 일반농업에서는 경쟁에서 이기기 위해 최대한 낮은 가격이 요구되고, 시장 가격에 연동한다. 커뮤니티농업에서는,

	커뮤니티농업	일반농업
대처	· 산소제휴(産消提携, 생산자 소비자 제휴) · 지산지소, 직판	· 광역유통이 전제 · 시장유통
관계성	· 특정소비자(업자)와의 관계성 · 생산자와 소비자는 대등의 관계 · 품질, 안전, 안심 중시 · 먹을거리 · 생산자와 소비자의 강한 관계성	· 불특정 다수의 소비자(시장·업자) · 양판점·외식산업이 「소비 니즈」로 리드 · 볼품(모양) · 식품 · 관계성 희박
가격	· 코스트(비용) 중시 · 재생산지지적	· 저가격 지향·시장 연동
유통	· 지역 내 유통 · 상대판매	· 위탁판매
농업 생산	· 소량다품종 생산 · 중소규모 · 지속적·환경친화적 · 지역성이 강함 · 지역 순환	· 대량소품종 생산 · 대규모 · 환경부하가 큼 · 지역성 부족 · 지역순환 부족
기타	· 식료안전보장 · 각국·각 지역 농업과 공생 · 지역자원과 조화, 식문화, 그린 투어리즘 · 교육·복지 등과의 cross · 농상공 제휴	· 수출지향적 · 각국·각 지역 농업과 경쟁 · 단작형 · 분업적 · 대기업이 참입(entry)

자료: 필자

시장 가격을 무시하는 것은 허용되지 않지만, 비용을 중시하고, 최대한 재생산 가능한 가격에서의 거래를 기본으로 한다. 커뮤니티농업 최대의 의의는 농업 경영의 지속성을 획득해 가는 것에 있고, 재생산 가능한 가격에 의한 거래가 요건으로 된다.

유통은, 일반농업에서는 광역 유통이 전제로 되고, 시장을 통한 위탁 판매가 중심이 된다. 따라서 가격 결정에 생산자·

소비자가 참여하는 여지는 없고, 어디까지나 가격은 사후적으로, 더욱이 수동적으로 결정되는 것에 지나지 않는다. 이에 비해 커뮤니티농업은 지역 내 유통, 더욱이는 생산자와 소비자와의 상대판매(相對販賣)가 기본이 되고, 생산자가 소비자의 의향도 포함시켜 가면서 가격을 설정하는 것이 가능하다.

또한 농업 생산은, 일반농업의 경우, 대량생산·대량유통을 전제로, 대규모화한 대량 소품종 생산이 중심이 될 수밖에 없다. 자연히 대형농기구를 도입하고, 농약·화학 비료를 많이 사용하게 되어, 환경에 미치는 영향(환경 부하)도 크다. 한편, 커뮤니티농업은, 소량 다품종에 의한 지역성이 풍부한 생산을 행하고, 중소규모에서의 순환형 농업을 통해 환경에도 친화적이다.

그리고 일반농업은 국내산뿐만 아니라 수입산과의 경쟁·충돌이 불가피해, 자연히 획일적이고 분업적인 농업이 되어 가는 것을 방지하기 어렵다. 이에 비해 커뮤니티농업은, 원래 식료 안전보장과 지역 자급을 기본으로 하고 있으며, 각국·각 지역의 식량안전보장·식량주권을 존중하는 것으로, 각국·각 지역의 농업과 공생해 가는 관계에 있다고 할 수 있다. 또 지역의 식문화, 교육·복지, 더욱이는 상점은 물론 장인도 끌어들이는 농상공 제휴도 가능하게 하고, 농업뿐만 아니라, 사람·물건·돈의 지역 순환을 가능하게 한다.

이처럼 생산자와 소비자가 접근하여 직접적인 관계성을 확립해 나감으로써, 대량생산·대량유통, 글로벌화 가운데에서의 분업화·획일화된 농업과는 정반대에 있는, 전혀 질이 다른 농업을 전망해 가는 것이 가능하게 된다. 그 생산자와 소비자와의 연계를 필요로 하는 큰 요인 중 하나는 안전·안심에 있고, 또 한 가지 요인은 소비자에 의한 재생산이 가능한 가격으로의 구매를 통한 생산 지원이다. 바로 커뮤니티농업이, 안전·안심이고 동시에 지속적으로, 순환형, 환경친화적인 일본 농업으로 재생해 가는 기축이 되는 까닭이다.

커뮤니티농업을 기축으로 해 가면서 전개해 나가야 하는 유기농업 등으로 상징되는 또 하나의 첨단기술집약형 농업과, 방목을 본격적으로 도입한 토지이용형 농업의 확립 등과, 이를 경영으로 성립시켜 나가기 위한 요건에 관해서는 다음 장 이하에서 구체적으로 전개해 나갈 것이며, 여기에서는 생산자와 소비자와의 직접적인 관계성에 의한 대처인 산소(産消) 제휴 및 농산물직매소에 대하여 살펴보고자 한다.

04 산소(産消) 제휴의 의의와 전개

　　　　　커뮤니티농업의 가장 상징적인 위치를 차지하는 것이 산소(産消) 제휴다. 산소제휴란 문자 그대로 생산자와 소비자에 의한 제휴관계를 목표로 하는 운동이며, 생소(生消) 제휴라고도 한다.

　일본에서는 1961년에 농업기본법이 제정되었지만, 50년대 후반에는 전쟁 전 수준까지 식량 생산은 회복하고, 경제성장에 따라 식생활도 변화하고 있었다. 그래서 생산성과 생활수준(소득)의 농공(農工) 간의 격차를 시정하기 위해, 이제까지의 미맥(米麦) 중심의 농업에서 수요가 늘어나는 축산, 채소, 과수로의 생산 전환(선택적 확대)이 도모되었다. 이 생산 전환을 위해, 농기계의 도입이나 농약·화학비료의 사용 등에 의한 농업근대화가 강력하게 추진되게 되었다. 이로 인해 농업생산성이 향상하는 한편으로, 농약이나 화학비료의 사용에 따른 인체에 대한 피해·영향이 발생함과 동시에, 생물의 감소, 생태계의 빈곤화를 초래하게 되었다.

　이런 가운데 농산물·식품의 안전성에 불안이나 의문을 가진 소비자도 늘고, 그러한 소비자의 일부는 안전한 농산물·식품을 찾아 직접, 생산 현장까지 찾아가, 농사를 도우면서(援農) 농산물·식품을 확보하게 되었다. 생산자도 소비자의 안전성 확보에 대한 강한 요구에 대응하여, 무농약·무화학비료 재배인 유기농업으로 대처하게 되었다. 이것이 산소제휴의 시작이다.

이러한 움직임을 감안하여, 1971년에「유기농업의 탐구, 실천, 보급 계발, 교류 등을 목적」으로 생산자와 소비자, 연구자를 중심으로 결성된 것이 일본유기농업연구회다. 1978년 11월에 열린 이 일본유기농업연구회 제4회 대회에서 발표된 것이「생산자와 소비자의 제휴 방법」이며, 이것은 나중에「제휴 10원칙」「제휴 10개조」라고 불리게 된다. 그 내용은, ① 상호 부조의 정신, ② 계획적인 생산, ③ 전량 인수, ④ 호혜에 기초한 가격 결정, ⑤ 상호 이해 노력, ⑥ 자주적 배송, ⑦ 위원회의 민주적 운영, ⑧ 학습 활동 중시, ⑨ 적정 규모 유지, ⑩ 이상을 향해 조금씩 나아감(漸進)이라고 되어 있으며, 지금도 산소제휴의 기본 내용을 보인 것으로 받아들여지고 있다.

산소제휴의 흐름은 소비자 그룹의 노력에 힘입어, 생협과 농협에 의한 협동조합 간 제휴, 그리고 대지를 지키는 모임, 래디쉬보야주식회사(らでぃっしゅぼーや株式会社)[3] 등 택배

---

3) 유기·저농약 채소, 무첨가식품 등을 판매하고 있는 일본 회사. -역자주.

를 이용하는 유기농 식품 전문유통업체로 확산되어, 최근에는 개별적으로 지역에서 CSA(Community Supported Agriculture, 지역공동체지원농업. 필자는 '지역에서 지원하는 농업'으로 표기)를 전개하는 경우도 증가하고 있다.

미국에서 확산되는 CSA

산소제휴는, 일본에서 일정한 확산과 영향력을 보이고 있지만, 증가의 정도는 완만하고, 분위기 고조에는 다소 부족한 것이 사실이다.

이런 가운데 주목받고 있는 것이 미국의 CSA(Community Supported Agriculture, 지역에서 지원하는 농업)이다. 일본의 산소제휴가 유럽을 경유하여 미국에서 발전한 것인데, 농장을 중심으로 하여 소비자가 그룹을 만들고, 계약생산을 한다. 농장의 규모에 따라, 수십 명에서 수백 명의 그룹화한 소비자가 함께 되어 생산자와 계약을 교환하며, 기본은 ① 생산자와 소비자가 의논하여 소비자의 니즈에 입각하여, 한편 무슨 농산물을 생산할지, 어떻게 재배할지(재배 방법) 등을 포함한 연간 작부 계획을 수립한 위에서 생산한다, ② 생산된 농산물은 소비자가 전량 구매한다, ③ 구입 대금은 재생산이 가능하도록 경비 플러스 일정한 소득을 가산하여 결정한다, ④ 구입 대금은 작부 전에 선불된다고 되어 있다. 그리고 CSA 중에는, 농작업의 일부를 소비자가 분담하는 것도 의무로 부가하고, 생산 기획에 참여해 달라고 하는 규칙을 마련하고 있는 곳도 많다. 또한 CSA의 대부분은 유기농업에 종사하고 있다.

1985년에, 매사추세츠에서 로빈 방 엔(Robin Van En)이 「인디언 팜」을 만든 것이 최초인데, 1993년에 400개 남짓, 2000년 봄에 1,019개에서, 2010년에는 1만 2,500개로 급격한 확대를 보이고 있다. 뉴욕에서만 약 100개의 농장, CSA가 있다고 되어 있는데, 총 회원 수는 2만 5,000명에 달하고 있는 것으로 알려져 있다. 한 CSA당 회원 수는 250명인데, 이에 전국에 있는 CSA 수를 곱하면 312만 5,000세대가 가입하고 있다는 계산이 된다. 미국 총세대 수인 1억 1,718만 세대(2009년)에서 차지하는 비중은 2.7%에 이른다. 대형농기계, 농약·화학비료, 유전자 조작 작물 등을 구사하여 대규모 생산, 현대화 농업을 리드하고, 세계 식량 기지 지위를 계속해서 확보하고 있는 미국 농업이지만, 발밑에서는 이와는 정반대의 움직임이 급속하게 확대되고 있는 것이다.

이러한 미국의 움직임은 유럽에 역수입되어, 프랑스에서는 AMAP(가족농업을 지키는 모임),[4] 이탈리아에서는 GAS(연대

---

4) 안전한 먹거리를 확보하기 위해 생산자와 소비자가 제휴하는 시스템인 AMAP (Association pour le Maintien de l'Agriculture Paysanne)는 불어로서 '농업을 유지하고 관리하는 네트워크'란 의미임. 프랑스에서는 남부 지방에서 2001년도에 처음 만들어져 지금은 프랑스 전역으로 확대되었음. 한국농어민신문, 2015.9.11. -역자주.

구매 그룹) 등의 모습으로 계속 확산되고 있다. 이러한 움직임은 일본에서도 알려지게 되어, 각지에서 CSA적인 활동으로의 시도가 이루어짐과 동시에, 세계 최초로 산소제휴를 추진·실천해 온 기존의 생협(生協) 등을 비롯한 조직의 활동 전개의 올바른 모습 등을 생각게 하고 있다.

〈사례 ①〉 사이타마현埼玉県 오가와마치小川町·시모 사토霜里 농장

커뮤니티농업이 통합적인 개념인 만큼, 그 활동 내용은 각기 다르다. 전국에서는 다양한 노력이 전개되고 있는 가운데, CSA임을 명확히 하면서 착실히 커뮤니티농업에 종사하고 있는 하나로서 사이타마현 오가와읍의 시모사토霜里 농장이 있다.

지역(地區) 전역에서 유기농업

오가와마치小川町는 사이타마현埼玉県의 중앙에서 약간 서쪽에 위치하고 있으며, 도쿄에서 60km 권역에 있다. 이케부쿠로池袋에서 도오부테東武 동상선(東上線)에서 약 1시간, 도시 근교에 있으면서도 재래식 일본 종이, 주조(酒造), 비단(裏絹), 창호 등의 전통 산업이 지금도 남아 있고, 거리도 옛날의 운치를 남기고 있다.

그 오가와의 남동쪽 끝에 위치하며, 소토치치산(外秩山)에 둘러싸여, 쓰키천(槻川)이 흐르는 자연이 풍부한 농산촌 지역이 시모리下里 지구이다. 여기서 시모사토霜里 농장주로서 40년 이상 유기농업에 힘써 온 사람이 가네코 요시노리金子美登 씨이다. 가네코 씨는 전국유기농업추진협의회의 이사장이기도 한데, 지금은 시모리 지구의 거의 전역에서 유기농업이 이루어지고 있다.

이 유기농업으로의 대응을 기반으로, ① 지역의 상공업자가 지원하고(농상공 제휴), ② 기업이 사회 공헌으로서 농업 지원(소비자 제휴)을 하며, ③ 지역행정기관 등의 지원에 의해 CSA가 진행되고 있다. 여기에서는 ①의 농상공 제휴와 ②의 소비자 제휴에 중점을 두고 소개하고 싶다.

지방고유산업연구회로부터의 농상공 제휴

가네코 씨는, 시모리下里 지역의 농가와 함께 마을 일으키기에 노력해 왔으며, 그 일환으로 1981년에 지역의 유기농업 동료와 함께 '지방고유산업연구회'를 발족시켰다. 1988년에는 동네 양조장·세이웅晴雲 주조(酒造)가 유기농 쌀을 원료로 무농약 술을 생산·판매하고 있었는데, 이것이 농상공 제휴의 선구가 되었다. 그 후, 밀과 관련해서는 간장·제면업자, 제빵업자와, 보리를 가지고는 그 고장에서 생산되는 맥주업체와 농상공 제휴를 확대해 왔다. 모두 가격은 재생산을 가능하게 하는 가격으로 설정되었는데, 예를 들면 세이웅 주조에 들어가는 유기농 쌀은 kg당 600엔에 거래를 시작하고 있다.

이러한 흐름 속에서 2001년에, 「내력을 알 수 있는 원료를 사용한 안심감이 있는 식미 우선의 두부 만들기」를 목표로 하고 있는, 도키가와읍(町)에 있는 두부 공방 와타나베와의 거래를 시작하고 있다.

두부 공방 와타나베는 매출이 약 4억 엔, 종업원 30명인 하나의 커다란 지방고유기업(地場企業)이며, 주말(토, 일요일)에는 1,000명의 손님이 몰리고, 객 단가는 대략 1,500엔 전후로, 주말의 하루 매출이 150만 엔에 달한다. 판매는 자동차로 하는 이동 판매와 공방에서 하는 직매로 나누어지는데, 공방에서의 관광객을 포함한 직매에 비하면 이동 판매의 객 단가는 낮지만, 손님들은 사람과 만나, 이야기를 하는 것을 제1의 즐거움으로 생각하고 있어, 이 만남을 기반으로 한 이동 판매야말로 두부가게의 출발점이라는 것이 와타나베 사장의 철학이다. 그렇게 하여 오너십이 두부가게의 원형이라고도 한다. 옛날에는 오가와마치小川町에만도 두부가게가 10개 있었다고 하는데, 지금은 거의 남아 있지 않고, 두부가게는 대형 양판점과 거래하고 있던 곳만 살아남았다. 소매가 통하는 시장을 확고하게 유지해 가기 위해서는 이동 판매가 반드시 필요하며,

이동 판매와 소매점의 성격을 모두 가지고 있는 공방의 직매에 의한 쌍검법을, 경영 스타일로 하고 있다.

이 두부 공방 와타나베도 이전에는 대량 생산에 의한 저가로의 제조·판매를 지향해 왔으나, 가네코金子 씨 등이 유기농법으로 재배한 콩 「아오야마 자이라이青山在來」를 만난 것이 전환점이 되었다. 파랑콩인 「아오야마 자이라이」는, 단위면적당 수확량이 낮아 경제성이 맞지 않는 것으로 거의 채택되어 오지 않았으나, 만생종으로 개화기가 늦기 때문에 교오비츠 해충의 피해를 피해 가기 쉽고, 유기재배에 적합하다는 점, 또한 단백질 함량은 높지 않지만, 당도가 높아 단맛이 있다는 특성을 가지고 있다. 이 「아오야마 자이라이」를 사용하기 때문에 「유래가 확실한 원료를 사용한 안심할 수 있고 맛있는 두부 만들기」로 전환을 도모해 온 것이다. 초년도인 2001년은 「아오야마 자이라이」를 250엔/kg으로 거래하고, 이후, 매년 50엔씩 가격을 인상, 재배 기술이 안정된 6년째부터는 500엔/kg으로서 관행 재배 콩으로 만든 두부의 2배 이상의 가격에 거래되고 있다.

농가가 정성을 기울여 생산한 것을 가공하여 판매하면, 두부 공방 와타나베도 번성하고, 농가도 건강해진다. 확실히 지역에서 생산-가공-판매를 실시함과 동시에, 유기재배와 품종을 고집하여, 지역 순환과 상호 간의 공생 관계를 실현해 온 것이다. 앞으로도 이러한 관계를 유지해 가고 싶은데, 이를 위해 중요한 것은 농가의 생산 및 가공과를 균형에 맞춰 나가는 것, 그리고 생산 능력의 신장과 판매 능력의 확대를 도모해 나가기 위한 쌍방의 꾸준한 노력과 협력이 필요하다고 와타나베 사장은 말한다.

직원들에게 유기농 쌀 제공

소비자 제휴에 있어 가네코 씨는 소비자에의 직접 판매를 바탕으로, 한노시飯能市의 자유의 숲(自由の森)학원을 비롯한 학교 급식이나 직매소에 공급을 계속해 왔다.

이에 더하여 소비자 제휴가 크게 전진한 것이 2009년 1월부터의, 사이타마 시에 있는 리폼회사(회사 이름)의 사회 공헌에 의한 유기농 쌀의 대량구매가 시작이다. 리먼 쇼크로 유기농 쌀의 매출이 줄어들어 왔던 터에, 리폼회사 사장으로부터 「유기 농산물의 안정적인 판매가 가능하고, 경영의 안정화가 실현될 수 있도록 농가를 지원하겠다」는 제의가 있었고, 회사는 이백 수십 명의 직원에게, 월급의 일부로 유기농 쌀을 현물 지급하기로 한 것이다. 사장의 역할은, 종업원들에게 가치 있는 일을 주는 것, 그리고 건강한 음식을 종업원에게 제공하는 것, 이것이 지론으로서, 머뭇거리지 않고 즉각적으로 유기농 쌀 구입에 의한 농가 지원을 결정했다고 한다. 이 리폼회사와의 CSA에 의해 시모리下里 지구에서의 유기재배가 단번에 퍼지게 된다.

그리고 이 제휴를 통해 직원 가족들하고의 모내기 체험과 수확 축제 등도 이루어지게 되는 등, 한층 도농 교류가 촉진되고 있다. 아울러 2012년부터는 시모사토霜里학교·유기농채소학교(사설 학교)도 개교했으며, 식농(食農) 교육에 대한 대책도 강화하고 있다.

〈사례 ②〉 아키타현秋田県 오가타무라大瀉村·오가타무라 마츠하시(松橋) 농장

젊은이이기 때문에 할 수 있는, 젊은이가 아니면 할 수 없는 발상과 행동력이라는 것이 있다. 이것은 모든 세계에 타당하며 당연히 농업의 세계에도 예외는 아니다. 이것은 커뮤니티 농업에 젊은이들이 분투하고 있는 사례이다.

식과 농의 일체화

마츠하시 타쿠松橋拓郎 군은 26세(취재 당시)로, 와세다 대학 교육학부 졸업생이다. 필자는 와세다 대학 비상근 강사이며, 마츠하시 군은 거기의 제자이며, 고향의 오가타 마을로 돌아와 농업에 종사하고 있다.

재학 시절부터 대학 구내에 있는 오쿠마 정원 안쪽에 있는 "와세 논"을 관리하는 농악숙(農樂塾)의 멤버로 활약. 또한 4학년 때 이탈리아를 비롯한 유럽의 농촌을 돌며 유기농업 등도 실습. 또한 졸업 후 곧바로 홋카이도로 건너가, 비바이시美唄市의 아스파라거스 농가 밑에서 농업연수를 받으면서 오가타 마을의 생가로 돌아와 본격적으로 취농하였다. 교사가 되려고 교육학부에 진학하였으나, 재학 중에 농업에 흥미를 가지기 시작하였다. 대학에서 공부한 교육학과 중·고등학교 교원 자격도 살려 농업이라는 지역 활동에 몰두하고 있다.

현재, 부모님과, 같은 와세다 대학 농악숙(農樂塾) 후배인 아내 아키코 씨 등 4명으로 가족농업을 전개하고 있다. 경영면적은 벼(수도) 18ha, 콩 2ha, 채소 0.6ha이며, 채소는 아스파라거스, 호박, 토마토 등 소량다품목으로 생산하고 있다. 채소재배는 오랫동안 모친 중심으로 30가지 정도의 채소생산에 노력해 왔지만, 젊은 부부가 되면서 농약이나 화학비료의 사용을 최대한 억제할 뿐만 아니라, 병충해의 발생을 억제하기 위한 컴패니언플랜츠(混作)나 흙을 노출시키지 않도록 풀 등으로 덮는 커버크롭(cover crop) 등5) 새로운 시도에 적극적으로 도전하고 있다.

---

5) cover crop: 피복 식물. 토양 침식, 양분의 유실 등을 방지할 목적으로 지표면을 피복하기 위해 재배하는 식물. 예초 후 토양에 투입하면 녹비가 됨. 토양비료 용어사전, 한국토양비료학회, 2012.12., 농촌진흥청 국립농업과학원. -역자주.

마츠하시 군은 이 지역은 물론, 도시도 포함하여 자신들의 네트워크를 만들고, 또 이를 커뮤니티화함으로써 식과 농을 일체화시켜 나가는 것을 목표로 하고 있다. 또한 자신들이 즐겁다고 생각하는 것을 주는, 모든 사람과 공감할 수 있는 것에 노력하는 것을 신조로 하고 있다. 이 철학과 신조에 따라, 다양한 도전을 거듭하고 있다.

농가가 만드는 일본 술 프로젝트

그중 하나가 「농가가 만드는 일본 술 프로젝트」이다. 취농 1년 차에 구상을 하고, 취농 2년 차에 프로젝트를 시작하고, 취농 3년 차인 2013년부터 자신의 논 1.1ha에 술을 만들기 위한 쌀 「아키타 사케 코마치」를 생산하고, 이를 원료로 한 순미음양주(純米吟釀酒)를 계절에 따라 「갓 나온 생주(生酒)」「여름 술」「차가운 즙」으로 연 3회에 나누어 전달하는 것이다. 이 흐름 속에서, 프로젝트 참가자들은, 모내기와 벼 베기를 실시하지만, 아울러 채소 수확 작업의 경험을 할 수도 있다. 그리고 제휴하고 있는 양조장인 행복장수주조(福禄長壽酒造)의 술 담금 견학회, 심지어는 자신만의 작은 술잔을 만드는 도예 체험도 세트로 되어 있다.

재미있게도 프로젝트 참가는 세 가지 과정으로 나누어져 있으며, 한 사람당 1만 엔으로 순미음양주(純米吟釀酒) 720ml 3개와

300ml 3개가 제공되는 <초보자 코스>, 한 사람당 1만 2,000엔으로 순미음양주 720ml 6개가 제공되는 <많이 취하는 코스>, 한 사람당 3만 엔으로 순미음양주 1,800ml 9개가 제공되는 <폭주 코스>로 되어 있다. 약 140명의 신청이 있고, 이벤트 등에서의 사용하는 양을 포함하여 예정수량에 도달하고 있다.

즐거운 일을 한다

둘째가, 지역 슈퍼 등과 제휴해 판매하는 경우이다. 지역 슈퍼에는 「마츠하시 팜 코너」가 설치되어 있으며, 여기에 아침에 수확한 신선한 야채를 출하하고 있다. 아침에 수확하는 것이 매우 힘든 일이지만, 시장에 출하하는 것보다는 높은 가격을 실현하고 있다. 또한 지산지소를 소중하게 생각하고 반찬가게나 음식점 등으로도 출하하고 있다.

또한 지역 슈퍼와 공동 주최하는 요리 교실도 열려 있는데, 우선은 밭에서 수강생 모두가 농산물을 수확하고, 수확한 농산물을 재료로 전문강사를 초빙하여 요리 공부를 한다. 즉 마츠하시 농장에서 수확 체험을 하면서 마츠하시 군 부부의 얼굴, 그리고 오가男鹿 반도의 밑동 부분에 있는 간푸산寒風山을 멀리 바라보는 넓은 시골 풍경을 눈(目)에 새겨 달라고 한 후, 철저히 마츠하시 농장에서 생산되는 농산물의 조리 방법을 배우려는 것이다.

셋째, CSA에도 시도하고 있으며, 도쿄와 요코하마橫浜를 중심으로 야채 세트를 택배로 배송하고 있다. 여기서 특기해야 할 것은, 고객의 중심이 되고 있는 것이 마츠하시 군과 동 세대인 20대 중심의 젊은 층이라는 점이다. 상대적으로 경제적으로 힘겨운 젊은 층의 직접 판매는 어렵다고 생각할 수 있지만, 같은 젊은이이기 때문에 공감할 수 있는 무엇인가가 있는 것 같다. 또한 실제로 현지에 직접 와 교류를 하거나, 수확 축제를 도쿄에서 하거나 하고 있다.

모두 마츠하시 군의 즐거운 일을 한다, 즐겁지 않은 것은 되도록 하지 않는다는 신조를 바탕으로 한 기획밖에 없음에도, 이에 현지 슈퍼 사장과 음식점 주인 등이 공감하고, 함께하여 실현시켜 온 것이다.

IT의 활용

이러한 새로운 도전을 지원하고 있는 것이 IT(정보기술)의 활용이다. 자신의 홈페이지를 개설하고 있는데, 그중 「농장(農場) 나우(now)」에서 농산물의 생육 상황을 화면에서 볼 수 있도록 하고 있으며, 정기적으로 생육 상황을 업데이트하고 있다. 또한 생산 관리, 경영 관리, 고객 관리 등에도 IT를 활용하고 있는데, 예를 들면 요일별 매출 비교나 고객의 재주문율 등에 대해서도 즉시 화면에서 확인할 수 있도록 되어 있다.

지금으로서는 밤 10시경까지 PC 사무 작업에 쫓기고 있는 상황이다. 생산성을 올려서 기본적으로 밤에는 사무 작업을 하지 않아도 좋은 상태를 목표로 하고 있다. 일만 즐길 뿐만 아니라, 더욱 생활도 즐기고 싶은, 그를 위한 시간을 확보해 나가고자 노력하고 있다.

농산물 직매소

농산물직매소(이하 직매소)는 전국에 산재하고 있다. 2011년 7월에 농림수산성이 공표한 바에 따르면 전국에 총 16,816개가 있으며, 편의점 업계의 최대 업체인 세븐-일레 븐도 크게 상회하는 수치이다. 또 연간 총판매액은 8,767억 엔 에 달하고 있고, 대체로 농산 부문 유통의 1할이 직매소에서 판매되고 있는 것으로 추산되고 있다.

직매소는 그 수가 증가함에 따라 공공사업으로 건설된 청 사·학교·회관 우선의 대형화 그리고 매상고 경쟁에 뛰어드 는 경향이 있고, 점포 운영도 획일화하여 개성적인 면이 감소 하고 있다. 지역성이 있는 농산물·특산품의 판매, 생산자와 소비자와의 상호 접촉 등의, 직매소가 가진 매력이 충분히 발 휘되지 못하고 있다.

용돈벌이 목적의 판매로부터 시작한 직매소이나, 시장유통 과는 다른 직매소만의 매력·개성, 즉 생산자와 소비자와의 관계성과 지산지소, 보다 더는 지역문화도 중시해 가면서, 안 정적인 판매를 확보해 가는 것이 요청된다고 말할 수 있다.

〈사례 ③〉 나가노현長野県 이나시伊那市 · 산지직판시장 (産直市場) 그린팜

중산간지역에서, 민간이 독자적으로 지산지소를 축으로 하면서 커뮤니티농업을 선도하여, 국내뿐만 아니라 해외에서도 뜨거운 시선을 모으고 있는 것이 나가노현 이나시에 있는 산지직판시장 그린팜이다.

솔직하고 숨김이 없는 커뮤니티의 장

이나시의 중앙을 흐르는 텐류천天龍川의 서쪽에 있는 언덕에 그린팜이 설치되어 있다. 1994년 고바야시 후미마로小林史麿 씨가 사재를 털어 약 200제곱미터의「산지직판시장」을 건설하고, 현지 농가를 중심으로 생산한 농산물을「값싸고 신선하며 안전한 농산물을 직접 소비자에게 제공」하는 것을 목표로 시작했다.

당초 약 200제곱미터이던 매장은, 그 후 1,330제곱미터까지 확장되고, 처음에 200명이었던 등록된 출하농가는 카미이나上伊 지역을 중심으로 2,150명으로 늘어났다. 출하 농가는 소규모 · 겸업농가가 많고, 또 직장(샐러리맨)을 정년퇴직 하고 귀농한 사람들도 많이 포함되어 있다. 판매 품목은 채소뿐만 아니라 꽃, 버섯류, 가공식품, 종묘, 닭, 염소, 농자재와 모든 것이 판매되고 있다. 내점 고객은 카미이나 지역이 주이지만

20% 이상은 카미이나 지역 외에서 온다. 연간 입점객 수는 58만 명으로, 5월 등 연휴 때에는 하루에 3,000명을 초과하고 있다. 연간 매상고는 10억 엔, 그린팜에서 일하고 있는 사람은 59명으로 귀중한 지역 고용 창출의 장으로도 활용되고 있다.

중산간지역농업을 떠받친다

산지 직판시장 그린팜의 특징을 몇 가지 들어 보면, 우선 첫째로 그린팜에서의 판매가 중산간지역의 농업을 뒷받침하는데 매우 큰 기여를 하고 있다. 소규모이지만 지역 특성을 살려 다품종 소량 생산을 하고 있는 농가가 많고, 그 생산물의 확실한 판로를 확보할 수 있어, 판매의 실현을 가능하게 하고 있다. 둘째, 농산물의 판매뿐만 아니라 지역의 생활문화와도 일체화하고 있는 것이다. 채소·꽃나무·축산은 물론, 할머니들의 수제 가공품, 집을 철거할 때 나온 가구라든지 살림살이 등, 지역의 문화가 거기에 죽 늘어놓은 제품을 통해 전해져 온다. 또한 그린팜 2층의 한 쪽에는 책방 「코마 서점」이 있고, 특히 아동 도서는 충실하게 갖추어져 있다. 셋째, 지역 네트워크의 중심이 되고 있는 점이다. 소비자, 출하자의 만남의 장소인 동시에 대화의 장으로도 활용되고 있다. 그리고 넷째로, 정보 발신의 핵심이 되고 있다. 별도로, 산지직판 신문사를 만들어, 「현(県) 구역에서 산지직판 시장·직매·수제(手製) 가공소 등의 네트워크를 만들어 내는 것을 목표로」월간지「산지직판(産直) 신문」을 발행해 오고 있다. 이를 연 4회 무료 신문으로 발행하는 것과 병행하여, 새롭게 격월간 잡지「산지직판(産直) 코페르」를 창간했다. 지금까지는 기본적으로 나가노현 내의 정보로 한정하여 구체적·실천적인 기사를 추구하여 왔지만, 이것에 그치지 않고 전국의 직매소, 지산지소, 가공소 등에 관한 정보 발신을 단행하고 있다.

또한 그린팜이 중심이 되어, 신슈信州 대학(국립대학)과 나가노현 등을 끌어들여, 2006년 이후, 매년,「나가노현 산지직판·직매 서밋(summit, 정상회담)」을 개최하고 있으며,「농·관·학 제휴」에 의한 산지직판을 추진하여 왔다. 이것도 나가노현에 그치지 않고, 전국의 중산간지역과 연계하여, 큰 영향을 미치고 있다. 또한 브라질, 과테말라, 중국, 한국 등과의 교류도 실시하고, 세계에 직매소를 통해 농가의 자립과 지역 활성화의 궤를 넓혀 가고 있다.

06 | 농상공 제휴

　　　　　　농산물을 허비하지 않고, 가능한 한 1년 내내
먹을 수 있도록 궁리하여 가공품이 만들어져 왔다. 이것이 오
늘날에는 농산물에 부가가치를 더해, 소득을 향상시켜 가는
수단으로 되어 왔다.

　6차 산업화의 추진 등에 의해, 초기투자에 필요한 자금의
확보가 용이하지는 않았으나, 자칫하면 기업과의 조인트에 의
해 과도한 투자로 치닫는 경향이 있다. 기본은 가능한 한 지역
의 농·상·공이 제휴하여, 그 지역의 농산물을 식당이나 여
관 등, 혹은 두부집이나 과자점 등에서 이용하여 순환시키고
있는 것에 있다. 농상공의 각각이 지역의 맛이나 상품을 목표
로 하고, 당사자 의식으로 참여하고 기획하여, 지역이 우선 활
성화해 가는 것에 1차적인 의의를 두고 노력해 온 것이 중요
하다.

〈사례 ④〉 히로시마현広島県 세라쵸世羅町

마을의 가치를 올리고 농지의 집적과 생산성 향상, 산지 역량

강화를 도모하는 등 농업 진흥에 힘을 쏟는 동시에, 6차 산업화에 의해 상품 개발과 서비스 창출 등을 통한 고부가가치화, 관광·교류, 인구의 증가, 그 성과로서의 농업 소득의 향상을 목표로, 지역 경제 활성화를 실현하고 있는 곳 중 한 곳이 히로시마현 세라쵸町이다.

교통이 편리한 중산간지역

세라쵸는 히로시마현의 중동부에 위치하여, 읍 전체가 내해로 흐르는 아시다천芦田川 수계와 동해로 흐르는 고노천江の川 수계의 분수령이 되고 있다. 동쪽은 후츄시府中市, 남쪽은 오노미치시尾道市·미하라시三原市, 서쪽은 히가시히로시마시東広島市, 북쪽은 미요시시三次市에 둘러싸여 있으며, 인근 중소 도시에서 20~30km 거리에 놓여 있다.

또한 세토瀨戸 내해연안을 달리는 산요도山陽道와 주고쿠산맥中國山脈을 달리는 주고쿠도中國道의 정확히 한가운데에 위치하고 있으며, 오노미치尾道와 마츠에松江를 잇는 오노미치 도로는 2010년에는 오노미치에서 세라 IC까지 개통하고, 간사이關西권 기타큐슈北九州권 등과도 고속도로로 연결되어 있다. 또한 히로시마 공항까지 약 32km로 비교적 가깝고, 플라이로드(주요 지방도로 혼고야마토선本郷大和線)을 차로 달릴 경우 소요 시간은 약 40분이며, 비행기를 이용하면 도쿄와의 시간 거리도 멀지는 않다.

2004년에 (구)세라쵸世羅町, 고장쵸甲山町, 세라사이쵸世羅
西町의 3개 읍(町)이 합병해 (신)세라쵸世羅町가 되었고, 인구
는 1만 7,550명이다(2010년 인구센서스). 지형은 "세라 테라
스(고원)"라는 해발 350~450m의 작은 기복(起伏) 산지와, 거
기에 접한 작은 계곡이 아시다천芦田川과 미하라천美波羅川의
원류지대로서 전개되어 간 낮은 지대로 크게 나뉜다. 세라 테
라스에서는 나시 포도 등의 과수, 토마토 등의 채소, 꽃 농원
등의 대규모·기업적 농업이 전개되는 한편, 선상지(부채꼴
모양의 지형)성 저지대에서는 논농업이 기본이 되고 있다.

농업 생산액은 105.5억 엔으로, 이 중 벼농사 22.4억 엔, 채
소 15.0억 엔, 축산 56.5억 엔, 과수 6.5억 엔이며, 구성비를
보면 53.6%로 축산이 과반을 차지하고 있으며, 벼농사는
21.2%에 그쳐, 채소(14.2%)와 과수(6.1%)를 합친 것이 벼농
사와 비견되는 형태로 되어 있다.

집락법인 등에 의한 농지 집적

세라쵸 농업의 특징 중 하나는, 벼농사가 집락법인(집락이
나 인정농업자인 담당자)으로 집적되고 있다는 점이다. 판매
농가 가운데 중소규모 경영체인 부업적 농가의 비중이 여전히
높긴 하지만, 농가 고령화가 급격하게 진행되고 있어, 지난 10

년간 소규모 경영체 비중이 크게 감소하면서, 호당 경영규모가 증가하고 있다. 다만 협소한 포장(圃場)이나 물대기가 나쁜 산 논 등은 인수자가 없는 실정이다.

2010년 현재 전체 논 면적은 2,850ha인데, 30개소 집락법인의 672ha, 93호 인정농업자의 286ha 등 총 967ha로, 이들 담당자로의 경지 집적률은 34%이다. 2013년까지 새로이 5개의 농사조합법인이 설립되었으며, 35개소의 집락법인까지 합계한 구성원 수는 1,014명이며, 그 이용권 설정을 중심으로 한 경영면적이 781ha에 이르고 있다.

집락법인 제1호는 1999년에 설립된 농사조합법인 '사와야카 도우치田打'이며, 그 후, 꾸준히 집락법인 수를 늘려 왔다. 앞으로도 세라쵸에서는 벼 식부면적 규모에서 가장 비율이 높은 1.0ha 미만의 소규모 경영층을 중심으로 집락법인을 설치하여 규모 확대를 촉진시키기로 하고, 2020년의, 인정농업자도 포함한 담당자로의 농지집적률 목표를 60%로 설정하고 있다.

이러한 집락법인은 벼를 중심으로 하면서, 콩, 보리, 사료작물 등으로 이루어진 전작(轉作)을[6] 진행시켜 왔는데, 최근에

---

6) 전작(轉作)이란, 같은 농지에서 지금까지 생산하여 온 농작물과는 다른 종류의 농작물을 생산하는 것임. 광의로는, 여러 종류의 농작물을 몇년마다 생산하는 윤작과 같이, 어느 농작물을 나중에 다시 생산하는 것을 전제로 그 종류를 바꾸는 것이 포함됨. 협의로는, 현재 생산하고 있는 농작물을 나중에 다시 생산하는 것을 전제로 하지 않고, 생산하는 농작물의 종류를 바꾸는 것만을 의미함. 특히, 벼 농사를 지어 온 논에서, 보리, 콩, 채소, 사료 작물, 원예 작물 등 다른 농작물을 생산하는 것을 말함. 1970년대 이후 일본에서는 쌀 잉여 현상에 대한 대책으로

는 양배추, 아스파라거스 등의 채소와 포도 등의 상품성이 높은 작물에 적극적으로 임하는 움직임이 현저하며, 이에 따라 판매처의 다변화도 진행되고 있다.

하나의 큰(一大) 농업 단지

이러한 집락법인은 대체로 저지대에 분산되어 있지만, 세라 테라스에 들어가면 양상은 변한다. 세라 고원(臺地)에는, 제2차 세계대전 패전 직후의 현(県)이 운영하는 시범개척 사업, 그리고 1977년부터의 국영농지개발 사업으로 357ha의 농지가 조성되어 왔다. 여기에 현 내외로부터 38개소의 농장이 정착하여, 대규모 경영에 의한 축산, 채소, 과수 재배 등이 전개되어 왔다. 이 중에는 경영에 실패하여 폐업한 것도 있지만, 다른 사람이 이러한 농지를 활용함으로써 하나의 큰 농업 단지를 유지·발전시켜 왔다.

예를 들면 농사조합법인 세라코스이世羅幸水 농원(農園)은 배(pear)만으로 52ha를 생산하고 있어, 배밭이 끝없이 이어진다. 가고메(주) 회사에 공급할 토마토를 생산하고 있는 세라채

감반정책(減反政策. 이는 전후, 즉 제2차 세계대전 후 일본에 있어서, 쌀 생산 조정을 행하기 위한 농업정책을 말함)이 채택되어, 논으로부터의 전작지에는 전작 장려금을 보조하는 한편, 목표 면적분의 전작을 달성하는 것을 벼농사에 대한 보조금의 지급 조건으로 하는 것 등을 통해, 반 의무적인 전작이 진행되었음. 전작한 농지는 전작지, 논은 전작논으로 호칭됨. https://www.weblio.jp/wkpja/content/転作_転作の概要 -역자주.

소농원(주)은, 8만 5,000㎡(8.5ha)에 이르는 유리 온실을 자랑하고 있으며, 일대에 전개되는 유리 온실의 위용은 단연 압권이라 할 수 있다. 또한 꽃 관광농원 중 하나인 농사조합법인 세라고원(高原)농장은, 약 15만㎡(15ha)의 농원 내 총면적 중 꽃 식부면적 8만㎡(8ha)에, 봄에는 튤립, 여름에는 해바라기, 가을에는 달리아, 심지어는 딸기, 옥수수, 수박, 무 등 농작물도 생산하고 있으며, 「계절에 맞춘 꽃밭」이 펼치는 경치는 훌륭하고 동시에 웅장하기까지 하다.

실제로 필자가 직접 방문한 곳만을 살펴보았는데, 이러한 농원이 세라고원 곳곳에 퍼져 있다. 여기에서 바로 새로운 형태의 농업이 전개되고 있는 모습을 감상할 수 있는 것이다.

「읍 전체가 농촌 공원!」이 세라쵸世羅町의 핵심 개념이며, 지역 자원을 활용한 관광・교류가 세라쵸 시책의 큰 기둥의 하나가 되고 있다. 가능한 한 많은 관광객이 과수 관광농원, 꽃 관광농원, 심지어는 산지직판시장, 온천, 기타 시설 등으로 발길을 옮길 수 있도록, 배려가 살아 있는 「세라 꿈 고원 로드맵」이나 「세라 고원 관광지도」 등이 만들어져, 여러 지점에서 손에 넣을 수 있게 놓여 있다.

꿈 고원시장(夢高原市場)

세라쵸世羅町의 또 다른 하나의 기둥이 6차 산업화에의 노력이며, 그 거점 시설로 되고 있는 것이 「협동조합 꿈 고원시장」이다.

세라쵸읍은 1999년에 「세라 고원 6차 산업 네트워크」를 설립하고, 관광농원·과수농원, 산지직판 시장·농축산 가공 그룹 등, 63개 단체의 농업자가 제휴하여, 「안전·안심을 모토로 "판매하고·구입하고·먹고·접촉하고·만들고·숙박하는" 것이 가능한 "읍 전체가 농촌공원!"을 목표로 활동을 전개」하여 왔다. 참여하고 있는 단체를 중심으로, 2006년에는 「협동조합 꿈 고원시장」을 발족시켜, 「세라 와이너리」 내에 시설을 오픈했다. 6차 산업 네트워크의 안테나숍(antenna shop)에서[7] 회원이 생산한 많은 「신선·안전·안심」의 식재료·가공품들이 진열되어 판매되고 있다. 아울러 정보 발신 기능도 담당하고 있으며, 또한 체험교실 개최, 직접 만든 향토 음식의 테이크아웃, 고향 소포(小包)의 발송 등 다양한 활동을 전개하고 있다.

「협동조합 꿈 고원시장」을 핵으로 많은 단체가 제휴하여, 농업과 음식, 그리고 그린투어리즘이 연동하면서 지역 순환이

---

7) 안테나숍(antenna shop): 소비자의 선호도나 반응 등을 파악하여 상품개발이나 판매촉진방안 등을 연구하기 위해 개설된 전략점포를 의미. -역자주.

이루어지고 있다. 지산지소는 물론, 현(県) 내외로부터 약 190만 명의 사람이 세라쵸世羅町에 직접 찾아와, 여기에서 소비를 하고 숙박도 하고, 또 그 후에도 택배 등을 이용하여 구입을 유도하고 있는 등, 광역에서의 순환, 생산자와 소비자, 도시와 농촌과의 관계성의 유지·강화를 가능하게 하고 있다.

제4장

다양한 담당자 만들기와
떠맡는 곳 만들기

농업담당자와 영농을 떠맡는 곳의 확보

여기에서는 직면하는 가장 큰 문제인 토지이용형 농업, 특히 논농사에 있어서 농지의 집적과 담당자·떠맡는 곳의[1] 확보에 대하여 살펴보고자 한다. 일본 농업의 규모의 협소성 때문에, 규모 확대는 전후의 농지개혁 이래, 오랜 세월에 걸쳐 최대의 과제로 여겨져 왔다. 그러나 고도 경제성장에 따른 지방으로의 공장 진출에 따라 겸업농가에 의한 논농사가 널리 침투하게 되면서, 중소 영세규모의 논농사가 안정적으로 유지되어 왔다. 그러나 이제는 영농담당자가 고령화되고, 또 경기 침체와 공장의 해외 이전에 따른 농촌공업의 공동화로 겸업농가가 현저히 감소하게 되어, 논 벼농사의 겸업농가 시스템이 크게 흔들리고 있다.

이에 따라 농지의 수급이 크게 완화되면서, 규모 확대를 넘어, 농지를 집적해 주는 담당자를 찾는 움직임이 표면화하고 있다. 제대로 된 영농을 떠맡는 곳으로서 집락영농을 포함한

---

1) 떠맡는 곳: 원문은 受け皿(우케 자라). 이의 사전적 의미는 받침 접시, 받아들이는 곳, 떠맡는 곳임. 가령 우케 자라 은행이라 하면 부실은행의 채무를 인수하는 은행을 말함. 따라서 역자는 이를 떠맡는 곳으로 번역하였음. -역자주.

법인화가 피할 수 없는 과제가 되고 있다. 여기서 유의해야 할 것은 농지의 집적을 담당해 온 경영체는, 규모 확대가 아니라 지역농업의 유지를 목표로 하고 있으며, 또한 경영의 다각화 등에도 노력하고 있지만, 영업이익은 적자로서, 보조금 수입으로 경상이익에서의2) 흑자를 확보하고 있는 경우가 많은 것이 현실이라는 점이다.

---

2) 경상이익=총매출-매출원가-관리비-판매비+영업 외 수입-영업 외 비용이며, 영업이익=총매출-매출원가-관리비-판매비임. 즉, 경상이익=영업이익+(영업 외 수입-영업 외 비용)으로서 경상이익은 영업이익에 영업 외 손익을 가감한 이익임. -역자주.

02 | 겸업농가의 감소

전겸업별 농가 수의 추이를 본 것이 본 책자 앞
부분(93쪽)의 <도표 3>이다. 농가 수는 지속적인 감소 추세를
걷고 있으나, 그 내용은 1980~85년을 경계로 크게 양상을 달
리하고 있다.

1960년 이후, 겸업농가 수는 증가하고, 1970년을 정점으로
완만한 감소세로 돌아섰다고는 하지만. 400만 호를 초과하는
겸업농가가 존재하고 있었다. 그동안 전업농가는 지속적으로
감소해 왔다.

그런데 1985년에 겸업농가 수는 급격한 하락세를 보이고,
그 후 감소 경향을 보여 왔다. 이에 비해 전업농가는 1980년
이후, 감소의 정도가 완만해지고, 오히려 안정적으로 추이해
오고 있다.

이를 농가 수 대비 전업농가의 비율로 살펴보면 1960년
34.3%, 1970년 15.6%, 1980년 13.3%, 1990년 15.8%, 2000
년 18.4%, 2009년 23.5%이며, 1980년의 13.3%를 바닥으로
최근의 2009년에는 23.5%까지 회복하여, 전겸업농가의 4분의

1 정도를 전업농가가 차지하고 있다. 즉 겸업농가의 급격한 감소에 따라, 상대적으로 전업농가의 비중이 증가하고 있는 것으로, 이에 따라 담당자(인정농업자, 특정농업단체, 집락영농 등 주력농가 -역자주)로의 농지 집적도 진행되고 있다.

정부미 값은 1984∼1986년이 피크로, 이 후, 쌀값은 하락을 계속해, 1995년에는 식량 관리제도가 폐지되는 한편, 벼농사 장치산업화가[3] 진행되면서 농기계 구입에 거액의 지출이 필요하게 되고, 또한 버블 붕괴에 따른 공공사업의 감소와 공장의 해외 이전도 겹쳐, 농외고용이 불안정하게 되어, 농외수입 감소를 피할 수 없게 되어 왔다. 고령화에, 쌀값 하락, 농외수입 감소가 더해져 세계에서 으뜸가는 일본의 겸업 시스템이 크게 흔들리고 있는 것이다.

---

3) 장치산업(process industry)이란 생산수단으로서 각종 대규모 장치를 설치함으로써 경상적(經常的)인 생산이 가능해지는 산업. 장치산업화에 의한 경영상의 이점은 양산(量産)에 의한 코스트 절감의 효과가 크므로, 거액의 자본을 필요로 하는 것이 많음. 두산백과. -역자주.

품목횡단적 경영안정대책과 호별소득보상제도

이러한 수도작에 걸쳐 있는 구조적인 문제에, 좀처럼 방법이 강구되어 오지 않았다. 본격적인 대처는 2007년의 자민당 정권의 논·밭 농사 경영소득안정대책(이른바 품목횡단적 경영 안정대책)이다.

이는 해외와의 생산조건 격차를 시정하는 격차시정대책과 수입(收入)변동의 영향을 완화하기 위한 변동완화 대책을 일체화한 직접지불(Direct Payment)이지만, 그 대상을 철저히 한정하여 국제 경쟁력을 가진 담당자를 육성하는 것을 목적으로 했다. 대상은 4ha 이상(홋카이도는 10ha 이상)의 인정농업자로서,[4] 이에 미치지 못하는 담당자에 대해서는 20ha 이상의 집락영농조직을 만드는 것을 조건으로 대상으로 하였다.

원래 농기계공동이용이나 전작(轉作)의 공동작업 등을 위해, 집락영농이 조직되어 왔으나, 이를 계기로 새로이 집락영농을 만드는 움직임이 강해졌다. 그러나 한편, 담당자를 한정한 것

---

4) 인정농업자(認定農業者)는, 농업경영기반강화촉진법에 근거하는 농업경영개선계획의 시정촌(우리의 시읍면)의 인정을 받은 농업경영자 또는 농업생산법인을 의미. -역자주.

에 대한 농가의 반발이 강하여, 선거 공약으로 대상을 전체 판매농가로 확대한 호별소득보상제도를 내건 민주당이 상당 부분 이에 힘입어 2009년에 정권을 탈환하게 되었다.

2010년도에 호별소득보상제도 모델 대책으로서 쌀에 대한 직접지불을 선행시키고, 2011년도부터는 대상을 밭작물로도 확대해 호별소득보상제도가 본격 실시되었다. 그러나 2012년 12월의 중의원 선거에서 자민당이 압승해 정권에 복귀했다. 자민당 정부는 2013년도에는 명칭을 경영소득안정대책으로 변경하는 것에만 그치고 실질적으로는 호별소득보상제도를 계속 유지하면서, 경영소득안정대책의 재검토로서 일본형 직접지불의 창설에 대하여 검토하였다. 2013년 11월 하순에는, 쌀 생산조정에 참가하고 있는 생산자에 대한 직접지불교부금을 10a당 7,500엔(현행 15,000엔)으로 감액하고, 게다가 5년 안에 폐지하는 것으로 결정되었다. 이를 병행하여 다원적 기능직불의 창설과 사료용 쌀에 의한 논 활용대책을 충실히 해 가는 것이 강조되고 있다.

이러한 환경 변화 속에서 현장이 어떻게 대응해 왔는지, 법인(주식회사), 집락영농(농사조합법인 등-역자주), 인정농업인의 사례를 다음에서 살펴보고자 한다.

〈사례 ⑤〉 이와테현岩手県 기타카미시北上市 · 서부개발농산(西部開發農産)

우선은 700ha라는 전국에서도 손꼽히는 규모를 자랑하는 법인경영의 사례이다.

700ha 규모의 논농사

(주)서부개발농산은, 이와테현岩手県 중남부인 기타카미시北上市 와가쵸和賀町에 소재한다. 현재 기타카미시는 1991년 4월, 구(舊) 기타카미시, 와가쵸, 에즈리코무라江釣子村의 세 시정촌이 합병해 탄생했다. 기타카미시와 와가천和賀川이 합류하여 비옥한 전원지대가 형성되어 있지만, 그 서쪽에는 오우산맥奧羽山脈, 동쪽에 기타카미산맥北上山脈이 남북으로 달리고 있다.

따라서 논을 기반으로 하면서도 지역은 다양하며, 지역에 따라 그 특징을 살린 다양한 농업이 전개되고 있다. 쌀을 중심으로 대파, 피망, 완두콩 등의 채소, 사과, 라 프랑스(프랑스 원산의 서양배), 포도 등의 과수, 용담(龍膽, 용담과의 다년초-역자주), 터키도라지꽃(학명 Eustoma) 등의 화훼, 밀, 사료 작물 등이 생산되며, 또 「기타카미北上 소」와 돼지 등의 축산도 활발하다.

현재 기타카미시를 중심으로, 하나마키시花卷市, 가네가사키쵸金ヶ崎町, 오슈시奥州市 반경 35km 지역에 있는 667호로부터의 농지와 자신의 농지도 포함하여 648.9ha를 경작하고 있다(2012년도. 최근에는 약 700ha).

트랙터(45~140PS=마력) 26대, 보통형·自脱型5) 도합 콤바인 16대, 승용이앙기 4대 등의 농기구, 라이스센터 1동(1,300입방미터),6) 우사 5동(1,584입방미터) 등의 시설을 이용하여 벼, 콩, 밀, 메밀, 양배추, 육우 등을 생산하고 있다. 임원 4명, 정규사원 33명, 파트타임직원 70명 이상의 체제로 생산 등에 임하고 있다.

나온 농지는 모두 받는다

현재 회장을 맡고 있는 데루이 고이치照井耕一 씨는, 1962년, 기타카미北上농업고등학교 졸업과 동시에 취농하고, 밭작

---

5) 자탈형 콤바인은 포장을 이동하면서 벼, 보리 등의 예취·탈곡·선별·짚 처리 등을 한 번에 처리하는 능률적인 기계로서, 특히 벼 수확작업에 가장 탁월한 성능이 있음. 자탈형 콤바인은 작물의 이삭부만을 탈곡부에 투입하여 탈곡하는 면에서 서양에서는 주로 맥류 수확용으로 사용하고 있는 보통형 콤바인과는 예취반송부, 탈곡선별부, 짚처리부, 주행부에서 다른 특징을 갖고 있음. [네이버 지식백과]. -역자주.

6) 라이스센터(rice center)는 수확한 쌀의 건조·현미 만들기·선별·출하의 네 단계를 행하기 위한 공동시설을 말함. 저장시설은 갖추고 있지 않음. 이에 비해 컨트리 엘리베이터(country elevator)는 곡물의 건조·저장·도정을 위한 시설임. 저장용 사일로를 포함한다. 일본에서는 쌀을 자동으로 건조·저장하고 필요에 따라 현미 또는 백미로 도정하고 포장 등을 실시하는 시설을 말함. -역자주.

물 생산과 낙농에 종사해 왔다. 1971년 낙농의 규모를 키우고 개간으로 일군 논에 벼 재배를 시작했다. 또 1978년에는 전작 (轉作) 밀농사의 농작업수탁을 시작했다.

그리고 1986년에 (유한회사)서부개발농산(西部開發農産)을 설립하고, 벼, 전작 밀, 콩 등의 재배 이외에, 개별 경영하고 있던 육우 생산을 법인 경영에 통합해서 경영의 양대 산맥으로 삼아 왔다.

1986년부터가 회사로서의 초창기라고 하면, 1995년 이후가, 농지의 임차나 농작업수위탁의 증가에 따라 생산 규모가 확대되고, 곡류 생산 및 육우 비육에 채소 생산 등의 원예 부문이 더해져, 500ha 규모의 경영(생산 및 판매)이 확립된 시기라고 할 수 있다. 현재는, 100명이나 되는 고용 조직으로서 경영의 안정화로 일정 목표를 이루어 갈 수 있는 상태에 있다.

규모 확대는 전작(轉作)의 강화와 병행하여 진행돼 왔다고 할 수 있다. 당초 지역에서는 80명이 전작(轉作)으로 밀을 생산하고 있었는데, 연작 장애로 수확량 감소가 초래되기도 하여, 전작으로 밀 생산을 계속한 경우는 3명에 그쳤다. 전작을 하려고 해도 할 수 없는 이러한 농지는 이 법인이 맡았다. 「나오는 농지는 나쁜 곳에서 나오지만 "전부 받는다"고 말해 왔다. 나온 것은 순순하게 받는다. 상대도 어려움을 겪고 있기 때문에 내놓는다. "지역을 위해" 또는 "자신만의 이익을 좇는 것은 좋지 않다"라는 생각을 실천함으로써 우리 회사는 신뢰를 획득하고, 여기까지 성장해 왔다.」

또, 그 후, (유한회사)서부개발농산은 주식회사로 변경하였다.

사람은 성장하는 것

「회사 경영은 하나의 가속 같은 것」으로, '100인의 가족을 지킨다」라고 하는 것이 데이루照井 회장의 신념이다.

그리고 직원 교육에 대한 생각은 실로 뜨겁다.「월급은 계좌로 입금되지만, 상여금과 수당은 회장, 사장이 직원 개개인에게 현금을 직접 전달하고, 한마디 노고를 치하하고 위로하며, 임무 같은 것을 덧붙여 얘기하고 있다.」 또한 회장도「모내기가 끝나면 직원과 함께 온천에 가거나, 직원을 4~5명의 그룹으로 나누어 거리까지 마시러 나가」기도 한다고 한다.

이러한 한편,「700ha에 이르게 되면, 리더의 지시·명령만으로 운영해 나가는 것은 불가능하며, 효율화, 비용 절감 등에 대하여 사원 스스로가 생각할 수 있어야 한다.」 즉「사람은 성장해 가는 것으로서, 키워지는 것은 아니다」가 지론이며, 각자가 직원으로서, 경영자로서 자립해 나가는 환경 정비에 노력하고 있다.

지역 경영에 의한 고용 창출

700ha 정도 규모가 되면 지역 주민들과의 관계가 어떻게 되고 있는지 궁금한데, 이에 대해 데이루照井 회장은「지난번 신세를 졌던 사람의 장례식이 있었을 무렵, 참례자 중 한 사람으로부터, 이와테岩手 지역의 농업을 이끌고 있는 것은 서부개발농산이라고 하더라」라고 말한다.「지역도 함께 잘될 수 있도록 하기 위해 농지를 맡아 왔는데, 이에 대해 모두 평가해 주고 있는 것은 아닌가」라고 받아들이고 있다.

농지를 인수 맡아 경작하는 한편, 논두렁의 풀베기는 고용의 형태로 지역 주민에게 부탁하고 있다고 한다. 그리고「지역의 중핵농가로서 끝까지 노력하고 있는 사람도 있다. 그 중 4명은 자신의 일이 끝나면 당사에서 아르바이트로 일하고 있다. 물 관리도 현지인을 고용하여 주고받고 있다. 이러한 분들이 있으면 서로 도움이 된다. 당사의 사람들로만 하면 옥신각신 하는 경우도 생기지만 그런 게 없다.」

농지를 집적하여 대규모화는 하여도, 지역의 중핵농가나 자급적 농가와 경합을 피하고 각각의 영역에서 공존할 뿐만 아니라, 경작과 그 이외의 작업과로 나누어 분담 관계를 구축하고 있다.

또,「채소 생산으로 당사에 와서 100일 이상 일하고 있는 파트타이머는 60명. 그 30%는 농지를 당사에 빌려주고 있는 사람들. 파트타이머의 형태로 고용하고 있다. 채소 부문은 적자이지만, 지역 경영을 생각하면 필요한 부문이다」라고 하고 있다. 꼭 벼농사 등의 경영에만 그치지 않고, 이제는 지역 경영이라는 기본자세(stance)에서 경영을 전개하고 있다고 볼 수 있다.

규모의 이점으로 독자(獨自) 판매

판매는 독자 판매를 기본으로 하고 있다. 또 이전에는 영업사원도 있었으나, 지금은 두고 있지 않다. 「이 정도 규모가 되면 상대방(쌀의 대형 도매상 등)이 찾아오기 마련」이어서, 특별히 영업 사원을 붙일 필요는 없다고 한다. 바로 「규모의 이점을 발휘」하고 있다고 할 수 있다.

채소 중 일부, 아스파라거스, 양배추 등에 대하여만 JA(농협)를 이용하여 판매하고 있다. 채소에 대해서는 쌀과는 다르게, 어디까지나 독자 판매에 의한 고가 실현을 목표로 하고 있다.

이러한 결과로 경영 내용은 2011년도의 사업총수입으로 7억 56백만 엔, 경상이익은 47백만 엔이며, 흑자 결산을 확보·계속하고 있다.

분사화(分社化)에 의한 경영자의 육성

현재 상황을 보면, 반경 35km 범위에서 경작하고 있는데,

이미 니시와가西和賀 지구에서는 15명이 1,500만 엔을 출자해 별도의 회사를 만들어, 독립시키고 있다. 「더 먼 곳에서도 100 ~150ha 정도가 확보되면, 사람을 파견하여 관리시키는 동시에, 분리·독립시켜 현지인을 채용하고 싶다」고 말한다. 이렇게 경영자의 육성을 도모함과 동시에, 지역 현지에서의 고용을 확보해 가고 싶다는 희망을 나타내고 있다.

〈사례 ⑥〉 오카야마현岡山県 쓰야마시津山市·농사조합법인 아그리호리사카 Agri堀坂

다음의 사례는 중산간지역에 있고, 게다가 46ha 규모로, 앞서 언급한 (주)서부개발농산과는 크게 다르지만, 오히려 중산간지역에서는 일반적인 사례라고 할 수 있다.

이것이야말로 일본의 풍경

오카야마현 북부에 있는 쓰야마津山역과 돗토리鳥取역을 잇는 JR 인미선(因美線)이 북쪽을 향해 달려가고 있는데, 쓰야마역에서 셋째 역으로 미마사카타키오역美作滝尾驛이 있다. 이 역을 완만하고 경사지게 논이 둘러싸고 있어, 한가로운 경관을 만들어 내고 있다. 이곳은 영화 「남자는 괴로워」 시리즈의 최종작 「도라지로 쿠레나이노하나寅次郎 紅の花」의 첫 장

면에 나오는 목조 역사(驛舍)이며, 전원 풍경이다. 바로 이것
이야말로 일본의 풍경이라는 느낌이다.

기반정비사업으로부터의 농사조합법인

농사조합법인 · 아그리호리사카Agri堀坂는, 이 쓰야마시의 시
가지에서 북동쪽으로 12km 정도 들어간 해발 150m 정도의 중
산간지역에 있고, 사무실에서 미마사카타키오美作滝尾역과 주
위의 논을 조망할 수 있다. 호리사카堀坂 지구는 세대수 140호
에 인구 540명을 갖고 있고, 정확히 그 60%에 해당하는 84가
구가 농가인데, 아그리호리사카는 그중 80가구와 지구 밖의
경작자 8호를 조합원으로 하고 있다.

2003년에, 여섯 개였던 전작(轉作) 조합을 통합하여 호리사
카영농조합을 출범시켜, 콩을 주된 전작 작물로 하여 전작 할
당 달성에 노력해 왔다. 그 호리사카영농조합을 2005년에 조
합원 88명이 출자금 566만 원으로 농사조합법인 아그리호리
사카로 법인화시킨 것이다. 아그리호리사카는 주식용 쌀과 사
료용 벼(벼 발효 조사료), 가공용 쌀, 비축미 등의 벼농사와
밀, 콩을 대상으로 하는 이 지역의 토지이용형 농업을 혼자서
도맡아 왔다. 법인화로의 생각은, ① 포장 정비 사업의 담당자
확보 요건을 충족, ② 법인화에 의해 후계자 확보라는 걱정을
불식하고 농지의 황폐화를 방지, ③ 농지의 집적에 의한 농작

업의 효율화, ④ 대형 농기계의 도입에 의한 농작업의 생력화 (省力化) 및 생산비용 절감의 네 가지로 정리된다. 이러한 노력을 유도해 온 최대 요인은, 2000년부터 2007년까지 계속되어 온 기반정비사업이며, 정비면적은 34ha이다. 좁거나 경사지여서 도무지 농기계가 들어갈 수 없는 12ha가 미 정비지로 남아 있긴 하나, 이를 더한 합계로서의 정지(整地)면적은 46ha이다. 이용권의 설정은, 아그리호리사카의 요청에 따라 1년간 설정하는 경우와, 고령화 등에 따른 농지소유권자의 요청에 의해 장기간 설정하는 경우의 두 패턴으로 나뉜다. 또한, 이 지방에서는, 경사지가 많아 포장 경사면의 비율이 높고, 단순히 논 면적만으로는 실질적인 작부면적과 아무래도 큰 차이가 나기 때문에, 굳이 정지(整地)면적으로 계산한다.

전작(轉作) 달성이 최우선 과제

호리사카堀坂 구역은 한 블록당 15~16ha 크기의 세 블록으로 나누어, 블록 로테이션을 하고 있으며, 3년에 한 번은 각 블록이 전면적으로 전작(轉作)을 함으로써 할당된 전작을 해내고 있다. 나중에 보는 바와 같이, 교부금(交付金)[7] 없이는

---

7) "교부금(交付金)"이라 함은 국가 및 공공 단체가 특정 목적을 가지고, 법령에 따라 다른 단체에 교부하는 금전 전반의 것을 말함. 한편 '보조금(補助金)'은, 특정 사업을 보조하기 위해, 국가·지방 공공 단체가 공공 단체·기업·개인에게 교부하는 금전임. "교부금"은 신청이 접수되면 기본적으로 전액을 지불하는 반면(※

벼농사, 더 나아가서는 농업의 유지가 어렵기 때문에, 교부금 등을 받기 위한 절대 조건이 되는 전작의 달성은 최우선 과제가 되고 있다. 전작은 지금까지 콩을 중심으로 해 왔지만, 단위면적당 수량이 적고 의외로 관리가 힘들고 수익도 낮아, 밀로의 전환을 진행시켜 왔다. 또한 아그리호리사카의 협력 조직으로서 별도로, 여성부(생산된 콩을 두부, 된장, 떡 등으로 가공·판매), 브로콜리 부회(部會. 어느 조직을 여러 개의 부문으로 나눈, 그 하나하나 -역자주), 채소 부회(급식용 채소의 생산), 실버 부회(정월용의 장식물 등 생산)가 설치되어 있으며, 아그리호리사카와 제휴해 가면서 생산 등을 행하고 있지만, 경영은 분리하여 독립 채산제를 취하고 있다.

아그리호리사카는 이사 8명과 감사 2명의 임원에 3, 4명을 더한 13, 14명이 실제 생산에 임하고 있으며, 그 평균 연령은 67세로 높다. 당연히 후계자의 확보가 큰 문제로, 농외취업하고 있던 사람이 60세가 되어 귀농하여, 10년간은 버티어 줄 것을 계속 촉구해 오고 있다. 이 지역에서는 농가라고 해도 겸업농가가 많은데, 우리들의 견학에 즈음하여 응대해 주었던

보조금과 유사한 성격의 것도 있음), '보조금'은 특정 사업을 이루기 위해 부족한 만큼만이 보충된다는 차이가 있음(https://nipponianippon.or.jp/local-creation/news/1574.html). 한편 조성금(助成金)도 있는데 이는 새로운 일자리 창출이나 고령자의 고용 안정 등을 목적으로, 주로 후생노동성이 마련하고 있는 제도임. 일정한 조건을 충족한 직원의 채용이나 정년연장, 또는 회사의 창업이나 신규 사업으로의 진출 등이 조성금 지급의 대상이 됨(https://airregi.jp/magazine/guide/2929/). -역자주.

대표 사코左子 씨는 JA(농협) OB이고, 기획담당 이사 카네다 (兼田) 씨는 시(市) 직원 OB로서, 정년을 하고부터 본격적으로 농업에 힘써 온 경우이다.

농외수입으로 생활비 확보

여기서 2011년도의 결산을 살펴보면, 매출액 24.9백만 엔에 대해, 제조원가는 25.4백만 엔, 일반 관리비는 3.4백만 엔으로서, 영업이익은 3.9백만 엔의 적자를 기록하고 있다. 이에 전작 조성금(助成金) 등의 교부금 등이 13.5백만 엔이 있었기 때문에, 경상이익은 9.6백만 엔의 흑자를 기록하고 있다. 교부금 등이 없으면 흑자 확보가 매우 어려운 실정이다. 제조원가 25.4백만 엔 중 노임 부분은 4.5백만 엔으로, 시급(時給)이 900엔이므로 총 연간 노동 시간은 5,000시간이 된다. 실제 노동에 종사하는 인원이 13~14명이기 때문에, 일인당으로는 많은 사람이 연간 45만 엔 정도를 받는다. 가능하면 연간 100만 엔은 벌고 싶다는 말이 뒷받침하듯, 생활비의 대부분은 연금 등의 농외수입으로 충당되고 있다는 계산이 나온다. 또한 인당 연간 노동시간을 단순히 계산해 보면 350~380시간, 벼농사에 관련된 일에 종사 하는 것은 반 년, 그렇지만 하루 2시간 정도의 노동시간에 불과하게 된다.

농지를 집적해 농사조합법인에 의한 일괄된 농사로 전환시킴과 동시에, 농기계 개인 구매는 멈추고 법인에 의한 구매로 전환했지만, 중산간지역에서 교부금 등 없이 식부면적[8] 46ha 정도로 벼농사 경영을 해 나가는 것 자체가 원래 어려운 것임을 나타내고 있다. 실제 노동 인원수가 줄면, 기계화에 의해 이를 커버해 나갈 수밖에 없게 되는데, 이에 따라 기계화 투자를 피할 수 없게 되고 따라서 비용이 상승하게 된다.

또한 벼농사는 기계화가 진행되면서, 일 년 내내 작업을 할 필요가 없기 때문에, 원래대로라면 채소와 축산 등도 아우르는 복합 경영인 쪽이 효율은 좋다. 그러나 복합 경영을 가능하게 하기 위해서는, 젊은 노동력이 요구되는데, 결국은 젊은 노동력의 확보가 가능하지 않아 옴짝할 수도 없어, 모순은 심화하는 것이 현재의 상황이라고 할 수 있다. 고령이라고는 하지만 자신들이 건강한 한 채산이 맞지 않는다 해도 벼농사를 계속해 간다고 하는 것이 여기 호리사카堀坂도 포함한 일본 논농사의 일반적인 실정이다.

경관 유지와 지산지소 추진

이런 가운데 아그리호리사카堀坂는, 매년 논 아트[9]를 하여,

---

8) 원문에는 水張り面積으로 표현돼 있음. 이는 논(또는 밭) 면적에서 논(또는 밭)두렁을 제외한 실경작면적을 의미함. -역자주.
9) 논을 캔버스에 비유, 고대미(古代米)도 포함하여 다른 색깔의 벼를 심어서 그림을 그리는 것. -역자주.

경관의 유지와 도시 주민과의 교류 촉진에 노력해 왔다. 이와 관련하여 2012년의 논 아트는 마징가 Z로, 아이들에 그치지 않고, 성인도 포함하여 꽤 큰 반향을 불러일으켰다. 또한 전작(轉作)으로서의 밀 재배에서는 「후쿠호노카」라는 품종의 생산에 주력하고 있으며, 쓰야마津山 신산업창출기구 등과 연계하여 쓰야마 만두와 쓰야마 롤 등을 개발하면서, 지산지소의 추진에 한 몫을 맡아 왔다.

또한 아그리호리사카는 독자적으로 라이스 센터를 보유하고 있으며, 생산자별로 쌀의 선별·보관이 가능토록 되어 있기 때문에, 스스로 만든 쌀을 스스로 먹을 수 있으며, 이것이 농업을 계속하는 커다란 즐거움으로 되고 있다고도 말한다.

〈사례 ⑦〉 도야마현富山県 뉴젠마치入善町·다나카 요시하루田中吉春 씨

지금까지의 사례는 법인이었지만, 이번 사례는 법인화하고 있지 않은 개인이다. 도야마현이라는 벼농사 지대인 평지에서 벼농사를 하는 인정농업자의 사례이다.

겸업농가를 중심으로 감소

뉴젠마치入善町는 도야마현富山県의 북동부, 니가타현新潟

県 근처에 위치하며, 동해에 접해 있다. 쿠로베천黑部川이 만든 광대하고 비옥한 선상지의 중앙 부분을 차지하고 있으며, 완만한 경사가 계속되고 있지만, 그 대부분은 평지로 분류된다.

농가 수는 1,278가구로, 이 중 전업농가 123호, 농업소득이 농외소득보다 제1종 겸업농가 수 126호, 농외소득이 농업소득보다 많은 제2종 겸업농가가 1,029호로서, 겸업농가 비율이 90%로 높다(2010년). 겸업농가를 중심으로 농가 수가 계속 감소하고 있는데, 연간 50~60호의 농가가 이농하고 있다.

논 면적은 3,721ha로서, 벼 생산 면적은 2,501ha, 전작(轉作) 면적은 1,218ha로서, 전작 비율은 32.7%이다(2013년산). 평균 경지 면적은 2.0ha지만, 0.2ha에서 2.0ha의 규모의 농가가 전체의 73%를 차지하고 있다. 한편, 인정농업자는 118경영체로서, 37개의 농업법인도 포함 시, 인정농업자에 대한 농지집적률은 65%이다.

쌀에 대해서는 품질, 수량 모두 매년 현의 상위에 있고, 현 내 제일의 곡창으로 평가되고 있다.

왕성한 규모 확대 지향

뉴젠마치入善町의 나카자와中澤 마을(集落)에서 논농사로, 인정농업자로서 노력하고 있는 사람이 다나카 요시하루田中吉春 씨(취재 당시 43세)이다. 나카자와 마을은 60가구로 구성되며, 논 면적은 52ha이다. 다나카 씨는 자작지 1.5ha와 이용권 설정 면적 18.5ha 등 총 20ha를 경작하고 있는데, 마을 내의 또 한 농가가 역시 20ha를 경작하고 있다. 40여 가구는 토지를 소유하고 있으나 직접 농사를 짓지 않는 비농가이기 때문에, 나머지 논 12ha는 14농가가 경작하고 있다.

집락 내의 농지를 어떻게 할 것인가에 대해서는 이미 방향성이 나오고 있으며, 현재 14호 농가가 경작하고 있는 12ha를 머지않아 누구에게 맡길 것인가가, 남겨진 과제로 되고 있다. 지금까지는 받는 쪽도 여력이 있었고, 내는 사람도 쉽게 맡길 수 있었지만, 가족 경영체에서는 20ha가 한계이며, 물 관리 등을 농지 소유자가 해줄 것인지가, 농지 집적의 관건이 되고 있다.

또한, 나카자와 마을을 포함한 이 근처는, 평지라는 점도 있고, 기왕의 농기구의 사용이 이용 가능한가에 있어서는, 규모 확대가 손익분기점을 낮추는 것으로 이어지기 때문에, 집락법인이나 개별 경영체 가운데에는 규모 확대 의욕이 강한 것도 있어, "격전지"가 되고 있다고 한다. 이 일대에서는 타인의 농지를 맡는 것은 나름대로의 신용이 있기 때문이며, 명예로 받아들이는 것이 보통이라고 한다.

토요일 · 일요일은 쉬는 농업으로

현재 20ha라는 규모는 단번에 확대한 것은 아니고, 아버지

대부터 타인의 농지를 맡아 조금씩 규모를 확대해 온 것이다. 그중 15ha에서 벼를, 나머지에서 콩, 메밀, 고구마, 토란 등을 생산하고 있다.

담당자는 다나카 씨와 그의 어머니 이 두 사람이 중심으로서, 정년퇴직 한 1~2명이 뭔가 있으면 손을 빌려주는 것 외에, 필요에 따라 근처의 이웃에게 파트타임을 부탁하고 있다.

경영적으로는 사치를 할 정도는 아니고, 그렇다고 큰 어려움도 없는 상황에 있다고 한다.

그런데 도야마현富山県은 풍부한 물과 전력을 활용하여 알루미늄 제조가 번성, 다나카 씨도 알루미늄 제조 공장에서 일하고 있으며, 농업은 주말에 부모님을 돕는 정도였지만, 아버지가 65세가 되어 농업인 연금을 받을 수 있도록 되었을 때, 아버지로부터 「후사를 너에게 맡기겠다」라는 말을 들었다고 한다. 농업을 이어 나갈 생각은 있었지만, 이대로 겸업을 하면서 해 나갈 것인지, 이것을 기회로 전업으로 갈 것인지를 생각했다고 한다. 겸업으로 가면, 토요일, 일요일에도 쉬지 못하고, 농업에 전념해야 하므로 진짜 휴일이 없어져 버린다는 점, 당시 있던 농기구 차입금은 모두 상환되어 농업소득으로 생활비를 조달할 수 있게 된 점 등에 힘입어 공장 근무를 그만두고 전업으로 농업을 계승한 것이다. 그리고 2001년에는 인정농업자로 되고, 차입금을 유효하게 활용하여 농기구와 설비를 확충해 갔다.

다나카 씨에게 겸업농가로 갈 것인가 전업농가로 갈 것인가를 결정함에 있어 토요일, 일요일에 쉴 수 있는가가 판단의 분기점이었는데, 또 다른 다나카 씨라고나 할까, 중견 무렵의 생각·감각을 상징하는 이야기를 소개해 보겠다. 다나카 씨는 2012년 한 해 동안 대체로 전농(全農, 전국농업협동조합)(도야마현 본부)의 상업 영화에 계속 출연해 왔고, 여러 가지 장면·상황에서 촬영한 모습이 방영됐다. 그때, 다나카 씨는 농가의 괴로운 모습은 보여 줄 필요가 없다고 판단하여, 모두 각각 훌륭하고, 아름답게 보이도록 유념했다고 한다. 농업에서 괴로운 일이 없는 것은 아니지만, 멋있고, 아름답고, 게다가 휴일로서의 토요일, 일요일이 있는 농업이라면, 젊은이들도 분명 농업에 매력을 느낄 것이며, 해 보고 싶어 할 것이라고 하는 확신은 그 조금 전 세대에서는 가질 수 없는 귀중한 감각이라고 생각한다.

진지하게 대응하는 농협

이런 가운데, 「다나카 요시하루田中吉春의 쌀을 갖고 싶다」라고 말하는 사람에게는 쌀을 직접 팔고 있지만, 그 이외, 판매의 90% 이상은 농협을 이용하고 있다. 경영의 실태로 볼 때 슈퍼마켓등 상계(商界)로[10] 출하·판매할 일손도 없고 물량

---

10) 상계(商界): 상계유통이라 하면 농협을 통하지 않고 슈퍼마켓등과 계약하여 농

크기도 안 되기 때문에, 농협 이외를 이용하려고 해도 단점 쪽이 더 커진다고 한다. 그렇다고는 해도 농협에는 상당히 주문도 들어오는 것 같고, 이에 농협은 진지하게 대응해 오고 있음과 동시에, 때로는 "모험(리스크)"도 감수해 준다고 한다. 어쨌든 농협에는 이야기하기 쉬운 측면이 있어서 좋다고 하는 것이 기본적인 농협관인 것 같다.

이미 경영 규모도 20ha를 넘고, 행정에서도 다음 단계로 법인화를 진행하고 있다고 한다. 아버지로부터 그대로 경영을 이어 받는 것이기 때문에, 승계하는 시점에서 법인화에 대해 구체적으로 생각해 본 적이 없는 것 같고, 승계가 아닌 「처음부터의 시작이었다면, 결의 표명으로서 법인화를 했을지도 모른다」라고 말했다. 세제 면에서의 임원 보수를 급여소득으로 함으로써 기할 수 있는 절세나 슈퍼 L 자금의 융자한도액 확대, 고용자를 후계자로 하는 것에 의한 경영의 지속성 확보 등, 법인화의 장점은 충분히 이해하고 있으며, 적당한 타이밍이 오면 법인화에 대해 구체적으로 검토할 가능성이 큰 것으로 보였다. 현재, 논 12ha를 경작하고 있는 14호의 경영 동향이, 이와 밀접한 관계를 가지며 오고 있는 것 같기도 하다.

산물을 유통하는 것을 의미. http://ritorifarm.com/blog/2017/03/16/農産物流通の基礎①%E3%80%80系統流通と商系流通/ -역자주.

04 | 법인화의 동향과 실태

　　이상, 세 가지 사례를 봐 왔지만, 앞으로의 담당자 문제를 생각해 감에 있어서, 법인화 문제를 피해 갈 수는 없다. 여기에서는 법인화에 대한 기본적인 사항에 대해서만 확인해 두고 싶다.

법인의 종류와 법인화의 장점

　　농업경영체는 개별농가와 농가 이외의 농업사업체로 양분된다. 또한 농업사업체는 농업법인과 그 이외로 나뉜다. 이에 따라 농업법인은 크게는 개별농가가 법인화한 1가구 1법인과, 판매 목적의 사업체가 법인화한 것으로 대별된다.

　　또한 농업법인은 회사법인과 농사조합법인(농협법 72조8)으로 나뉘며, 회사법인은 주식회사, 합명회사, 합자회사, 유한책임회사(합동회사)로 다시 분류된다. 또한 이 분류와는 별도로 농업법인은, 농지를 필요로 하는 농업생산법인과 농지를 필요로 하지 않는 일반농업법인으로 나뉜다. 법인화하는 경우, 어떤 유형의 법인을 선택할까는, 각각의 법인형태의 특색과 스스로의 경영 전망 등에 비추어 선택하게 된다.

법인 경영의 장점은, <경영상의 장점>으로 ① 경영관리능력 향상, ② 대외 신용도 향상, ③ 경영 발전 가능성 확대, ④ 농업종업원의 복리 후생 면의 충실, ⑤ 경영계승의 원활화, <지역농업상의 장점>으로서 신규취농자의 취업처, <제도상의 장점>으로서 ① 세제(임원 보수를 급여소득으로 하는 것에 의한 절세 등), ② 융자 한도액의 확대 등을 들 수 있다.

법인화의 동향

법인화는 1962년의 농지법 및 농협법의 일부 개정에 따라, 농업생산법인, 농사조합법인에 관계되는 제도가 시작된 이후에 추진되기 시작하였다. 이제까지의 발전 경과를 보면 처음에는 가족농업경영의 발전 등에 이바지하기 위한 협력의 촉진을 취지로 시작됐지만, 그 후, 임차 및 고용노동력에 의한 경영 규모의 확대, 더욱이는 농지 등의 권리를 가지고 있지 못한 농업후계자 등이 농업생산법인의 경영에 참여할 수 있도록 하기 위해, 점차 규제·요건이 완화되는 등에 의해 농업법인의 설립이 촉진되어 왔다.

품목별 동향을 보면, 법인화로의 대처의 움직임이 가장 빨랐던 분야는 축산으로서, 이에 따라 축산에서 생산 집약화, 규모 확대가 진행하였다. 축산에 이어 과일, 그리고 채소가 그

뒤를 잇고, 가장 늦었던 것이 벼농사·밭농사였다. 그러나 벼농사·밭농사도 1996년 이후의 증가는 현저하다.

집락영농의 동향과 법인화

이러한 농업법인과는 별도로, 법인화되지 않은 임의조직으로의 집락영농이 있다. 집락영농은 2007년부터 품목횡단적 경영안정대책의 전개와 함께 증가하여 왔지만, 그 이전부터 전작(轉作)논의 단지화, 농기계의 공동이용, 생산·판매 등의 공동화 등에 힘써 왔으며, 형태나 활동 내용이 다양하고, 또한 그 역사도 길다.

집락영농의 수는 2007년, 2008년에 대폭으로 증가하여 왔지만, 2013년에 감소로 전환한 반면, 법인의 비율은 꾸준히 증가해 가고 있는 추세이다.

집락영농은 인정농업자와 함께 품목횡단적 경영안정대책의 지원 대상이 되어 왔다. 그러나 집락영농은 임의조직이어서 법인격과 고용의 확보 등의 면에서 여러 가지 한계성을 가지고 있기 때문에 동 대책의 지원대상이 되기 위해서는 5년 이내에 법인화하는 것을 요건으로 하고 있어, 법인화를 진행시켜 가는 중간 단계로 자리매김되어 있다.

법인화함으로써, ① 농지 이용권의 설정이 가능해지며, ② 임원의 권한이 명확하고, ③ 경영 판단을 임원이 상황에 따라

조직적으로 재빠르게 할 수 있게 되며, ④ 내부 유보가 가능하고, ⑤ 고용보험·산재보험 등의 복리 후생이 구비되어, 청년을 고용하기 쉬워진다는 등의 장점이 있어, 집락영농의 법인화를 촉진해 가는 것이 필요하다.

05

담당자를 둘러싼 주요 논점

세 가지 사례를 비롯한 현장의 상황 등에서, 법인화의 동향과 장점도 감안하여, 시론(試論)적으로 담당자 문제에 관한 주요 논점에 대한 정리를 이하에서 전개하고 싶다.

법인화를 어떻게 생각하는가

농가의 자제이기 때문에 농업을 계승한다는 시대는, 오래전에 지나가 버렸다. 외부고용도 고려한 농업경영의 지속성 확보, 농지의 집적, 경영 관리의 강화 등을 도모해 나가기 위해서는, 법인화가 필수적인 시대로 되어 왔다.

패전 직후의 농지개혁으로 다시 출발한 일본 농업은, 담당자의 고령화와 후계자의 부족, 그리고 농업소득 감소에 직면해 있다. 이 때문에 담당자의 확보와 농지의 집적, 농업 경영의 확보는 불가피하게 역사적인 중요한 과제이며, 법인화가 큰 열쇠를 쥐고 있다.

한편, 농업은 산업인 동시에 생활·생계와도 일체화되어 있고, 또한 지역 커뮤니티와의 공생을 떠나서는 성립되지 않는 점 등을 감안하면, 담당자의 기본은 가족경영에 두지 않으면 안 된다.

법인화라고 하면, 자칫 외부로부터의 기업 참입(entry)을 떠올리는 경향이 있지만, 농업의 본질상 담당자의 기본이 되는 것은 가족 경영체이다. 또한 사례 등에서 확인해 온 것처럼, 현재 존재하는 법인은, 이익 우선이라기보다는 지역 우선인 점이었기 때문에 오늘의 지위를 쌓아 왔다고 할 수 있다.

농업의 유지, 농업경영의 지속성을 확보해 나가기 위해서는, 외부로부터의 고용이 절대적으로 필요하고, 또한 농업경영을 확보해 나가기 위해 농업경영의 근대화가 피할 수 없는 것이라고 한다면, 가족경영의 법인화, 즉 1가구 1법인을 법인화의 축으로 해 나가는 것이 필요하다.

집락영농의 법인화는 가능한가

2007년에 시작된 논·밭 농사 경영소득안정대책(품목횡단적 경영안정대책)에 따라, 4ha 이상의 인정농업자를 제외한 소규모 농가는 합해서 20ha 이상의 집락영농을 만들어야 한다는 것이 대책의 조건으로 되었다.

이를 계기로 전국에서 많은 집락영농이 만들어졌는데, 집락영농의 요건으로서 특정농업단체와 마찬가지로 ① 농지의 이용집적 목표(지역농지의 3분의 2 이상), ② 규약의 작성, ③ 경리의 일원화, ④ 주된 종사자의 소득 목표, ⑤ 농업생산법인화 계획(5년 이내) 등이 부과되고 있다. 그런데 이들 중 5년 이내에 만드는 것으로 되어 있는 농업생산법인화 계획의 작성이 늦어지고 있는 실정이다. 이 때문에 법인화를 서둘러 추진해 가는 것이 필요하게 된다.

여기서 유의해 두어야 할 점은, 현지의 사정을 거듭 듣는 가운데 강조되었던 것이, 집락영농과 집락법인과의 사이에 큰 질적 차이가 있다는 것이었다. 집락영농(營農)은 중소농가의 집합체이기 때문에 의사결정구조는 복잡하고, 신속한 의사결정이 어렵다. 반면, 집락법인(法人)에서 요구되는 것은 관리 능력을 가진 인재, 경영자의 확보이다. 따라서 임의법인인 집락영농을 겉모양만 법인화한다고 해서 끝나는 것이 아님에 유의해야 한다.

집락영농 안에서 관리 가능한 인재를 등용해 나가고, 육성을 서둘러야 한다는 것이다. 그러나 「리더는 있어도 경영자가 없는」 것이 많은 지역의 실정이며, 인재는 하루아침에 육성되기 어렵다. 원래 먼저 인정농업자가 있었고, 중소 규모의 농가가 별도 집락영농을 만들어 가는 것이 부득이하게 되어 온 과정을 돌이켜 본다면, 집락영농에 따라서는 다시 지역 내의 인정농업자와 함께 되어 재편하고, 법인화를 도모해 가는 것도 하나의 현실적인 선택지로서 자리매김해 나가는 것도 필요하다.

대규모 농가만으로 괜찮을까

같은 지역이라고 해도 농지의 조건은 다양하며, 대규모화에 적합하지 않은 농지도 적지 않다. 대규모 생산자뿐만 아니라, 자급적 농가 등을 포함한 중소규모 생산자의 존재는 불가결하다.

그런데 이농과 규모 축소가 증가하는 상황하에서, 농지를 집적하고 농지의 보전을 도모하기 위해서는, 규모를 확대하는 농가의 존재가 전제로 된다. 규모를 확대해 나갈 때에는 비용 증가를 초래할 수 있음과 아울러, 논둑의 풀베기 작업과 물 관리 분담의 문제가 나온다. 특히 물 관리는 지역의 눈이 엄하고, 규모를 확대한 법인 등의 직원이 직접 하는 것보다 현지 농가에 해 달라고 하는 편이 안심할 수 있는 것으로 알려져 있다. 이처럼 규모를 확대해 나가는 데 있어서는, 일정 정도의 현지 농가가 존재하고, 이들과 연계를 도모하는 것이 필수적이다.

또한 대규모 벼농사로 알려진 아키타현秋田県 오가타무라大潟村에는 500가구가 넘는 농가가 존재하지만, 지역의 리더이기도 한 T씨는 「규모 확대가 진행되고 오가타 마을에 50호의 농가밖에 남지 않게 되면, 그런 오가타 마을에는 살고 싶지 않다」 「벌기 위할 뿐이라면 농업은 하지 않는다. 밖에 나오면 더 돈이 되는 일은 얼마든지 있다」라고 말했다. 농업 생산을 행하는 장은, 지역 커뮤니티를 기반으로 한 생활을 영위하는 장소이기도 하여, 특정 대규모 농가만으로는 지역 커뮤니티의 성립이 어렵고, 지역을 유지할 수가 없다.

또한, 대규모화하여 쌀 생산을 하고 있는 곳의 경영 실태를 보면, 규모 확대가 효율성·생산성 향상으로 반드시 이어지진 않고, 오히려 비용 증가를 초래하고 있는 곳도 많다. 물론, 평지 등에서, 지금까지의 설비 투자 등을 감안하면, 규모를 확대함으로써 손익분기점을 인하할 수 있다고 하는 곳도 있다. 그러나 집적하고 있는 논은 원격지이거나 조건이 나쁜 경우가 많고, 이들이 효율화·생산성 향상으로 결합되는 구획 정리·대면적화가 될 때까지에는 더욱더 통합의 진행을 기다려야 한다. 따라서 규모를 확대하여 생산성 향상을 실현시키기 위해서는, 장기적인 관점을 가지고, 현 단계에서 집적에 의한 농지 보전의 단계에 머물고, 다음 단계에서 생산성 향상을 전진시켜 나가는 두 가지 방안 전략으로 나가는 것이 중요하다.

겸업농가는 불필요한가

겸업농가는 지금까지의 일본 농업, 특히 논농사를 떠받쳐 왔다. 이에 대해, 겸업농가가 채산을 도외시하고 논 농업을 계속하기 때문에, 전업농가 등의 규모 확대를 저해하고 왔다는 비판도 뿌리가 깊다.

논농사의 장치산업화가 진행하고, 겸업농가에 의한 벼농사가 가능하게 되는 한편, 쌀값은 하락을 계속하여, 농업소득이 감소함에 따라, 농외수입으로 충당하여 벼농사를 계속하고, 논을, 그리고 지역을 지켜온 것에 대해 비판받을 이유는 없다. 오히려 겸업농가의 역할은 평가를 받아야 마땅하다.

본질적인 문제는, 간신히 겸업농가가 지켜 온 논농사가, 겸업농가의 감소로 담당자 부족이라는 위기를 맞고 있는 것에 있다. 겸업이 가능한 동안은, 최대한 겸업을 계속해 달라고 하면서, 한편으로, 법인화와 집락영농에 의해 새로운 담당자와 이들을 수용할 수 있는 영농체를 확보하고, 농지 집적을 서둘러 가는 것이 요구된다.

또한, 원래 대규모 농가와 겸업농가와는 이해관계가 대립하는 존재가 아니라, 지역에서 농작업을 분담·연계함과 동시에, 지역 커뮤니티를 함께 형성하고, 공생하고 있는 존재이기도 하다.

기업의 농지 취득은 필요한가

농업법인의 대부분은, 수동적으로 농지를 맡아, 지역 일자리 창출을 위해 다품목화와 경영의 다각화를 도모하고, 지역과의 관계를 최우선으로 하는 행동을 전개하고 있다. 이것이 있어서 비로소 지역농업은 유지되고 있다고 할 수 있다.

이에 반해 일반 기업은 스스로의 이익 확보를 최대의 목적으로 하고 있으며, 자신의 이익 확보에 지장이 없는 범위에서 지역과의 관계를 존중하고 있는 것에 지나지 않는다.

농지의 인수자를 확보하는 것이 어려워지는 가운데에서는, 기업이 농지를 취득하여 규모 확대를 도모해 가는 것은 바람직한 것같이 생각되기도 한다. 그러나 이익이 확보될 수 없는 경우에는, 지역의 사정을 무시하고서라도 농지를 매각 처분하는 것은 필연이다. 기업이 농지를 취득함으로써 형성된 농지의 수급 균형을 되돌리기는 매우 어려워, 지역 자체의 붕괴로 이어질지도 모른다.

또한, 2009년 농지법 개정으로 기업의 농지 임차가 가능케 되었다. 취득을 할 수 없으면 기업이 안심하고 농지에 투자할 수 없다는 목소리도 있기는 있다. 그러나 기업과 농업법인 간에는 기본적인 성격에서 지역과의 관계에 있어서 큰 차이가 있어, 이것을 동일시하는 것은 말이 되지 않는다.

06

담당자 문제에 대한 기본 정리

이상의 담당자를 둘러싼 주요 논점을 바탕으로, 다시금 담당자 문제 전반에 대해서 정리해 보면 다음과 같다.

진행되고 있는 담당자의 양극화

법인을 포함한 인정농업자와 집락영농에 의한 농지집적·규모 확대가 진전되고 있는 동시에, 겸업농가가 감소하여 자급적 농가로 바뀌고, 정년 귀농 등을 포함한 시민의 농업 참여가 증가하고 있다. 고도기술집약형 농업뿐만 아니라 토지이용형 농업에서도 인정농업자 등 전문(professional) 농가에 의한 생산이 증가하고 있다.

다양한 담당자에 의해 다양한 농업(<도표 10>)이 전개되고 있지만, 그 내용은 토지이용형 농업·고도기술집약형 농업과 자급적 농업·시민참여형 농업에 의한 "보람농업(취미, 위안, 체험, 치유 등을 위한 농업-역자주)"과로 농업 그 자체가 양극화하고 있는 동시에, 전문 농가와 자급적 농가, 시민이라고 하는 담당자의 양극화가 진행되고 있다고 할 수 있다.

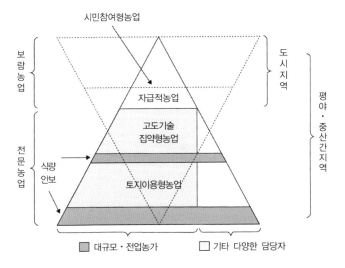

<도표 10> 다양한 담당자에 의한 다양한 농업

시민참여형농업

보람농업

도시지역

평야·중산간지역

자급적농업

고도기술
집약형농업

전문농업

식량안보

토지이용형농업

■ 대규모·전업농가　　□ 기타 다양한 담당자

(주) 실선 삼각형은 면적 기준. 점선 삼각형은 담당자 수 기준.
자료: 필자

농사일의 평가

지금까지 농업·농정을 둘러싼 논의에서, 농업은 오로지 산업으로서만 얘기되어 왔다. 그러나 농업은 지역 커뮤니티에 의해 지탱되고 있으며, 토지·자연·환경이라는 지역 자원에 의해 이루어지고 있다고 할 수 있다. 이러한 토지·자연·환경의 관리에 의해 자연 순환기능과 경관을 비롯한 다원적 기능의 발휘를 가능하게 하고, 지역의 정을 지켜 온 것이 바로,

금전으로서는 평가되지 않아 왔던 "농사일"이다(<도표 6>)(109쪽).

농사일은 "일손을 먹는다" "품이 든다"는 데서 알 수 있듯이, 경제 베이스에서는 평가되기 어려우나, 외부 가치는 높고, 지속성을 온전하게 간직하기 위해서는 필수적이다.

사회적 협동경영체

토지이용형 농업의 법인경영의 실태를 보면, 지역을 우선하여 경영을 전개하고 있는 곳이 많음을 알 수 있다. 또한 집락 영농에서는 1층(階) 부분을 지역영농조합 등에 의한 농지이용조정, 2층(階) 부분을 경영이나 농작업을 행하는 담당자로서 위치시키는 2개 층 방식을 취하는 곳도 많다. 농업법인도 집락영농도, 구스모토楠本雅弘 씨가 그의 저서 『진화하는 집락영농』에서 말하는 「사회적 협동경영체」(사적 이익을 추구하는 「사적 자본」과는 다른, 지역사회의 공익을 목적으로 축적·관리되는 「사회적 자본」에 의해, 지속적으로 「경영체」로서 운영되는 자치적 조직)로서 기능하고 있다고 할 수 있다.

또한 가족경영체는, 생산과 생활이 불가분·일체로 된 경영이기 때문에, 이러한 기능이 분화되지 못하고 있다고 할 수 있다.

경영과의 균형(balance)

농사일을 평가함과 동시에, 농업법인의 사회적 협동경영체로서의 측면을 강조하고, 이를 정책적으로 지원해 가는 것이 필요하다고는 해도, 자본주의 세계에 존재하고 있는 한은 자기 노력에 의해 채산을 확보해 나가야 하는 것은 피할 수 없다. 사회적 협동경영체 등으로서의 역할 발휘와 경영의 균형을 잡아 나가는 것이 요구된다.

이를 위해서는 매출의 증가, 부가가치의 향상을 도모하는 동시에, 비용 저감(低減)에 노력해 나가는 것은 필수적이다. 자칫하면 지금까지의 농업경영은 "주먹구구"로 빈정거림을 받아 온 것처럼, 숫자 등의 사용을 통한 "가시화"의 노력이 결여되어 온 것은 인정하지 않으면 안 된다.

"가시화"를 통하여 경영관리, 생산관리, 판매관리 등을 실시하여, 비용 절감과 품질 향상 등에 의한 부가가치 향상을 도모해 가는 것이 필요하다. 또한 소비자를 위한 정보발신·경영공시 등을 통해 "생산자와 소비자와의 관계성"을 확립하고, 재생산 가능 가격을 지지(支持)하여 주는 소비자를 획득해 나가는 것이 더욱 중요한 시대가 오고 있다. 그 포인트가 되는 것이 IT의 활용이며, 최근 클라우드를 포함한 IT의 진전과 동시에, 사용성(사용하기 편리한 정도)도 현저히 개선하고 있다.

담당자의 양극화가 진행되고 있는데, 자급적 농업·시민참여형 농업에 의한 "보람 농업"자는 말고라도, 전문 농업인에게 있어서는 IT를 활용해 나가는 것이 필수가 되어 가고 있다.

기업과의 연계

기업의 농지 취득에 대해서는 반대이며, 기업의 농지 임차에 의한 직접적인 농업진출에 대해서도, 열렬히 찬성하기는 어렵다.

그러나 기업이 농업에 진출하는 경우, 직접적인 진출뿐만 아니라, 지역농가를 고용하여 생산을 전면적으로 맡기는 것으로부터 계약생산에 이르기까지 그 내용은 다양하다. 기업이라고 무조건 반대할 것이 아니라, 기업이 지닌 경영 능력과 판매 능력을 활용하여, 농업 쪽에서도 장점을 획득해 가는 것이 필요하다. 기업 측면에서도 자연에 크게 의존하고 공업적 생산에 익숙해 어려운 농업생산 부문을, 전문인 농업인에게 맡기고 가는 편이 리스크도 적고, 경영의 안정도 도모될 것이다.

제5장

데이터화 · IT화로
농업소득 향상을

경영관리와 IT의 활용

이제까지의 일본의 농업경영은, 생산에 주력했고, 게다가 좋은 것을 만들기에 극히 강한 집착을 보여 왔다. 즉 토양 만들기로부터, 비배관리(농작물의 씨를 뿌려서 거두어들일 때까지의 모든 손질-역자주), 품종개량에 이르기까지에, 농가는 자신들 에너지의 대부분을 쏟아 왔다. 그 결과로, 맛있고 우수한 품질의, 게다가 지역성이 풍부한 농산물이 생산되고, 또 이 농산물들을 이용한 식문화도 형성되어 왔다. 여기에 일본 농업의 강점이 응축되어 있기도 하지만, 한편으로는 좋은 물건을 만들어 가는 곳에 가치가 부여되어, 생산에 들어가는 비용(cost) 등에 대해서는 경시되는 경향이 강했다. 이것도 자급적 색채가 강한 시대에는, 그 지속성에 그다지 문제가 없었다고 할 수 있으나, 자본주의사회에서는, 비용, 채산, 이익을 경시하는 경영은 허용되지 않게 되어 버렸다. 특히 농업 소득은 침체를 계속하고 있어 농업 경영의 지속이 의심되는 것도 많다.

현대의 이익 지상주의는 너무 지나치지만, 일정 정도의 이익을 확보해 나가는 것은 경영 유지의 전제이다. 즉 경영 의식, 경영 마인드가 농업의 세계에서도 불가결한 시대로 변해 버렸다고 할 수 있다. 하지만 농업은 공익적 역할의 발휘도 요구되고 있으며, 그렇기 때문에 보조금 등의 정책 지원이 이뤄질 필연성을 가지고 있다고 할 수 있어, 이익 확보와 사회적 역할 발휘 양쪽 모두를 균형을 이뤄 가는 것을 빠뜨릴 수 없다.

이익을 확보해 나가기 위해서는, 생산 관리에 그치지 않고, 판매 관리, 경영 관리 등이 필요하게 되며, 최근의 IT의 진화는 눈부시어, IT를 활용함으로써 이러한 관리에 필요한 데이터의 입수는 극히 용이해지고 있다. 경영 의식의 양성(釀成, 어떤 분위기나 기분을 자아냄-역자주)과 IT의 활용은, 앞으로의 일본 농업에 빠뜨릴 수 없는 중요한 과제이다.

수치에 근거한 경영 의식의 양성(釀成)

　　　　농업경영은 생산관리, 판매관리, 경영관리로 대별된다. 생산관리는 토양관리, 비배관리 등으로 나뉘고, 판매관리는 재고관리와 연동하여, 판매선관리 등이 주 내용이 된다. 경영관리는 경영방침, 경영계획 그리고 인사관리 등으로 나뉜다.

　작물, 규모 등에 따라 그 중점이 되어야 할 사항이 달라진다. 그런 의미에서는 규모가 커질수록, 관리를 용이하게 해 나가기 위해서는 법인화가 유력한 도구가 될 것은 틀림이 없고 그 필요성은 제4장에서 언급한 바 있다. 우선은 경영이라고 하는 눈, 의식을 갖는 것이 출발점이며, 이를 위해서는 기초적인 활동 내용을 데이터(data)화하여, 경영 상태를 숫자로써 "가시화"해 나가는 것이 요건이 된다고 하는 것을 기본 인식으로 한다. 농업자, 경영자가 스스로의 경영 상황을 가늠하는 데 "가시화"가 필요함은 물론이고, 고용주, 직원, 심지어는 관계선, 소비자 등에게도 "가시화"에 의해 경영 상태를 공개함과 동시에, 활동목표 설정과 판매전략 구축 등으로 이어 나가는 것이 필요하다.

 지금까지 일본인은 생산에 대한 집념이 강한 반면, 판매와 경영에 대해서 경시하는 경향이었지만, 판매 및 경영을 중시해 나갈 뿐만 아니라, 지금까지의 걸핏하면 "감(느낌)"으로만 그것을 판단하고, 그것을 말하는 것에서 탈피하여, 수치에 근거하여 생가하고 판단해 나가가는 것을 통해 경영 의식을 양성해 나가는 것이 요구된다. 이것이 단단히 다져지기만 하면, 생산관리, 판매관리, 경영관리도 되살아나게 된다.

 아울러 경영의 포인트로서 많은 사례가 가리키는 것은, 지역과의 좋은 관계의 유지와 동시에 인재 육성의 중요성이며, 농업경영 가운데서도 이들에 커다란 에너지를 할애해 나가는 것이 필요하다.

〈사례 ⑧〉 도치기현栃木県 나스마치那須町・나스那須 하트풀팜(Heartful Farm)

 그 상황, 환경, 사람의 조합 등에 따라 해결해야 할 경영 과제와 대응 방안은 크게 달라진다. 그러한 중에서, 젊은 나이에 농업 경영에 종사하여, 몸으로 경영 감각을 익혀, 10년 만에 채소 생산을 17ha까지 확대하고, 지역에 하나의 커다란 고용의 장을 만들어 온 사례이다.

처음 10년은 축적 기간

원예에 실질적으로 신규 진입한 지 10년 만에,「마나코愛込 시금치」브랜드를 확립함과 동시에, 연중 약 100명이나 되는 인원의 지역 고용을 실현하고 있는 것이 도치기현栃木県 나스마치那須町의 나스那須하트풀팜이다.

나스마치는 나스 지역의 최북단에 위치하고 있으며, 후쿠시마현과 경계를 접하고 있다. 서북부에 나스 산맥이 펼쳐져 고원 지대를 이루고 있으며, 혼슈本州에서는 굴지의 낙농 지대를 형성하고 있다. 이 해발 500~800m의 준고랭지에서, 아침과 저녁의 기온차가 큰 조건을 살려, 10년 전부터 채소 재배에 힘써 온 것이다. 다양한 채소를 시험 재배한 결과, 비가림하우스 시금치가 기상 조건의 영향도 적어, 시금치를 중심으로, 현재는 토마토, 파와 함께 세 종류의 채소를 생산하고 있다.

당사의 대표이사인 이소 히로히사磯裕久 씨(49세)는, 25살 때 취농하고, 경영 위양을 받아 6.5ha의 논에서 벼농사를 하면서, 가축상(家畜商)도 영위해 왔다. 히로히사 씨가 40세 무렵, 고용 환경이 더욱 어려워져, 일하고 싶어도 일할 곳이 없는 사람들이 많이 있는 가운데, 이 같은 사람들이 일할 수 있는 일자리를 만들려고 시작한 것이 채소 생산이다. 가축상으로서 발길을 옮겨 왔던 나스마치那須町 오시마大島지역의 경관이 홋카이도와 비슷한 데에 마음이 끌려, 여기에 1.5ha의 땅을 자기 자금으로 구입하고, 친구 두 명과 채소 생산을 시작한 것이 발단이었다. 그러나 친구 두 명과는 생각이 맞지 않아, 1년 반 만에 협동 채소 생산은 중단했다. 그 후, 친구를 대신하여 지금까지 건설 회사에서 근무해 왔던 동생 데루오輝男 씨가 회사를 그만두고 취농하여 현재는 전무 겸 농장장으로 현장 일을 맡아서 처리하고 있다.

채소 생산을 시작한 지 10년째로서, 규모 확대를 계속하면서, 지금은 임직원 8명에 파트타임 근무자가 연중 100명을 넘고, 다섯 개 농장에서 300동의 하우스, 그리고 파를 더해, 소유 농지와 임차지가 반반으로 17ha의 농지를 경작하기에 이르고 있다. 이소 히로히사 씨는 「지금까지는 선행 투자, 축적의 기간이며, 이제부터가 전투를 시작하는 때다」라고 말한다.

지역 고용의 장

나스 하트풀팜은, 앞서 언급한 대로 제1의 목적을 지역 고용의 장 제공에 두고 있다. 「지원(support)은 하지만, 일을 맡기는 것이 기본」이라는 데 두고, 「파트타임으로 일하러 온 사람은 모두, 일을 하려고 와 있는 것이기 때문에 일을 하라고 할 필요는 없다」. 어쨌든 「즐겁게 일해 주었으면 좋겠다」「건강관리에 주의하라」고 말할 뿐이라고 한다.

파트타임으로 근무하는 사람에 대한 임금 지급은 능력급으로 하며, 시금치의 경우, 수확하여 봉지작업을 마치면 한 봉지당 30엔이 지급된다. 기본은 파트타임으로 일하는 경우 하루 7,000엔에서 7,500엔의 임금 확보를 기준으로 하고 있으며, 230봉지에서 250봉지의 수확·봉지작업을 상정하고 있다. 이것은 어디까지나 기준이며, 더 많은 돈이 필요한 사람은 300봉지의 일을 해도 좋고, 돈보다는 여기에 와서 이야기를 하고 있는 것이 목적인 사람은 100봉지 작업도 좋다면서 하고 있다. 어디까지나 농업다운 일을 하는 것으로서, 할당된 노동 기준량이 아니어서, 압력(pressure)도 없으니, 자신의 페이스로 해 달라고 하고 있다. 파트타임으로 근무하는 사람이 서로 책임을 가지고 일 조정을 도모하고, 소정의 시간까지 일이 끝나지 않을 경우 잔업을 부탁할 수도 있지만, 이는 아주 가끔 있을 뿐이라 한다.

필자가 방문했을 때는 시금치를 수확하는 날이 아니었기 때문에, 파트타임으로 일하는 사람들과 만날 수 없었지만, 어쨌든 와자지껄하다고 한다. 「침묵 속에서 일을 하지 말기 바란다. 말을 해 가면서 일을」이라고 하는 것에서, 「여기서 일하기 시작하면서 약을 먹지 않게 되었다」는 사람도 많고, 「우울증이 있는 사람도 일 년 만에 변하더라」고 하는 것에서, 원예 요법 등이라고까지는 말하지 않아도, 그 효과는 아주 분명하다. 파트타임으로 일하는 사람들은 정년을 지나 집에 있던 사람이 대부분으로, 최고령은 87세로 부부가 함께 오고 있는 경우도 있다. 「TV를 보는 것에 싫증난」 사람이 많고, 돈보다는 대화 상대를 찾고 싶어 여기에서 일하고 있다는 것이 본심인 것 같다.

송년회는 그야말로 떠들썩하고 매우 고조되고 그렇지만, 겨울에는 일이 없기 때문에, 봄이 오는 것이 몹시 기다려져 「칼을 갈고 기다리고 있다」고 한다. 수확시기에는 바빠 그렇지 않지만, 농장에서 작업을 하고 있으면, 왠지 사람이 그리워 모이러 오는 일도 잦다고 한다.

앞으로의 시대는 회사 조직으로

나스 하트풀팜은, 4년째인 2006년에 법인화하였다. 법인화를 한 것은, 가축상(家畜商)으로서 홋카이도에 발길을 옮길 기회가 많고, 「전국에서 홋카이도로 모여든 매우 훌륭한 사람들」을 보고, 「앞으로의 시대는, 농업도 회사조직으로 수행해야 한다」고 생각했기 때문이라고 한다. 「농업을 직업으로서 인정받을 수 있게 되기 위해서도 필요」하기 때문임과 동시에, 「파트타임으로 일하는 사람들도, 회사 조직이라면, 가슴을 펴고 회사에 다니고 있다고 말할 수 있다」는 데 그 이유가 있는 게 아닐까라고 한다. 그러나 「법인화했기 때문에 경영이 잘된다든가 후계자를 확보할 수 있게 된다는 것은 아니다. 요는 하고 싶은 마음의 문제이며, 좋은 일을 할까 어떨까가 관건이다」라고 한다.

아울러 「회사는 누구의 것도 아니고 모두의 것이며, 지속 가능한 것이 중요하다」. 게다가 「회사 조직으로 만들어 타인을 사용하는 것도 좋지만, 혈연은 중요하다」고도 한다. 「타인이라고 서로 어리광이 나온다. 집안만큼 엄격할 수 있으며, 책임을 제대로 느낄 수 있다」라고 하는 것도 재미있다. 일반적으로 이 이야기가 타당한 것인지 여부는 조금 의문이 들지만, 이 히로히사裕久, 테루오輝男 형제에게는 사실일 것이다. 히로히사 씨가 19살 때 아버지를 여위었다고 하니, 6살 아래의 테루오 씨에게 히로히사 씨는 형 이상으로 아버지 같은 존재이며, 그만큼 어려운 긴장 관계를 유지하면서 성장하여, 나스 하트풀팜 일을 분담해 온 것으로 볼 수 있을 것이다.

인재육성과 비즈니스 모델

히로히사裕久 씨에게도 테루오輝男 씨에게도, 채소 생산은 전혀 처음의 경험이며, 또한 이곳은 낙농 지대로서 인근에 채소 생산 농가도 없고, 가까이서 지도해 줄 사람도 없는 가운데에서 하는 채소 생산이었다. 매일 매일이 공부이며, 또한 생육은 매년 동일하지 않아, 어쨌든 열심히 공부하는 날들이 계속되었다고 한다. 이 공부가 축적되어 생산 기술에 자신감을 가질 수 있게도 되었다.

특기해 두고 싶은 것이, 젊은 직원 육성에 관해서이다. 직원에게 책임을 가지고 일할 수 있도록 근무환경 정비에 노력하여 왔는데, 그 포인트로서 직원이 새로운 작물을 도입하고 싶다고 희망하면, 농업대학교에 파견하고, 수료 후 1년간을 연수기간으로 각지로 발길을 옮기도록 하는 등, 기술의 습득, 마음가짐이나 경영에 대한 공부를 시켜 왔다. 그 성과가 토마토의 도입이며, 토마토는 젊은이들이 반을 만들어 전부를 수행하고 있다. 「젊은 사람이 기분이 좋고 건강하게 일하고 있는」 상황으로, 히로히사 씨는 경영의 기반이 착실히 만들어지고 있다는 것을 실감하고 있다.

히로히사 씨가 다음의 구상으로 마음속에 그리고 있는 것은, 나스를 거점으로 해 가면서 각지에 하트풀팜을 만들어 지역 고용의 기회를 늘려 나가는 데 있다. 축적하여 온 기술과 경영관리 등을 구사해 가면서, 젊은이에게 각지에서 농장 경영을 시키고자 하는 것으로, 나스에서 전적으로 처음부터 쌓아 왔기 때문에 방대한 축적이 가능하게 되었다고 한다. 게다가 지금의 농장은 히로히사 씨의 지역에서 멀리 떨어져 있으며, 매일 40km의 거리를 차로 왕복하고 있다고 하는 데에서, 또 거의 지연이 없는 곳에서 나스 하트풀팜을 여기까지 키워온 실적을 감안하면, 단지 꿈이 아니고, 이미 비즈니스 모델을 확립해 왔다고 봐도 무방할 것이다. 이것을 각지에서 전개해 나갈 시기가 익어 가고 있는 것으로도 생각된다.

〈사례 ⑨〉 아키타현秋田県 오가타무라大潟村・하나사 키농원花咲農園

이와같이 생산·판매를 일체화시켜 경영을 확립하는 것이 일반적이지만, 생산과 판매를 분리시켜, 인근의 판매도 해결하면서 기능을 강화해 나감으로써, 지역의 농가경영 확립에 기여하고 있는 예도 적지 않다.

자신감과 프라이드(자존감)를 갖고

하나사키花咲 농원은 1998년에 시작하여, 2000년에 유한회사가 되어 오늘에 이르고 있다. 사장은 도자와 후지히코戸澤藤彦 씨(53세)로, 14.5ha를 소유하고, 쌀을 중심으로 생산하고 있는데, 아직도 도자와戸澤 씨의 아버지는 정정하기 때문에, 판매를 도자와 씨가 담당하는 가운데, 영업을 스스로 익히고, 회사를 시작하여 오늘에 이르고 있다.

현재, 35명의 생산 회원이 있으며, 매입한 농산물을 판매함과 동시에, 기리탄포[1] 등 가공품의 제조를 위탁하고 있다. 매상고는 약 4억 엔, 그중 쌀이 85%, 콩 10%, 기타 채소·가공

---

[1] 밥을 지어 반 정도 으깨어 꼬치에 꿰워 구운 것. 또는 이것을 닭고기, 채소 등을 넣고 끓인 요리. 아키타秋田 지방의 특산 음식. -역자주.

품이 5%로 구성되어 있다.

도자와 씨의 기본 아이디어는, 첫째로 회원에게는 자신이 있는 것만 출하하도록 하고, 그리고 자신이 만든 것에 자부심을 갖게 한다는 것이다. 둘째가, 대형 가공 업체가 속한 씨름판에서는 직접 씨름판에 뛰어들지 않고, 가공은 위탁을 하든지, 직접 생산한 콩을 사용한 된장은 유기JAS(Japanese Agricultural Standard, 일본농림규격)로 하는 것, 이것과 관련하여 호박과 마늘 등은 보통 재배로서는 가격이 좋지 않기 때문에 유기JAS로 생산하는 등, 유기재배로 차별화를 도모함으로써 부가가치를 실현하고자 하는 것이다. 타 농장의 경우 6차 산업화에 뛰어들어 가공에 관여하는 경우도 적지 않지만, 가공을 위탁하거나, 또는 계약 생산에 의해 좋은 원료를 안정적으로 사서 쓰는 편이 좋고, 오히려 떡은 떡집에서 하듯이, 각자가 적성을 발휘하여, 서로 장점을 획득해 나가는 것이 중요하다고 그는 판단하고 있다.

하나사키 농원이 사들인 농산물은, 생협이나 유통전문회사에 판매하고 있는데, 지금까지「동료가 동료를 불러 온다」는 흐름이 계속되고 있고, 회원으로부터도「가격이 좋다」고 하는 반응이 많고, 특별 재배 쌀은 1만 6,500엔/60kg, 유기농 쌀은 2만 3,000엔/60kg으로 판매할 수 있는데, 유기재배에 의한 비싼 것은 팔리지 않는다고 한다.

도자와 씨는 생협 등의 회의나 소비자들과의 교류회에 매우 열심히 참여해 오고 있으며, 또 현장 견학 등도 적극적으로 해 왔다. 이러한 교류가 안정적이고, 게다가 유리한 가격의 실현을 가져왔다고 할 수 있다. 그러나 생협과의 산지직판의 역사는 오래되었음에도, 실태는 여전히 단짝 클럽 수준에 머무르고 있어, 앞으로 농산물 무역자유화가 진행되고, 산지직판의 진가가 거론되리라는 것이 불가피함을 생각해 본다면, 더욱더 소비자에게 생산 현장을 이해하게 해 줄 필요가 있다고 말한다.

함께 살아 소생시키는 농촌

여기서 참고로 지역, 그리고 지역농업에 대하여 도자와戸澤 씨와 대화하는 가운데 인상에 남는 몇 가지를 소개하고자 한다.

첫째로, 오가타 마을만 좋으면 된다는 식은 소용없다. 또한 오가타 마을의 특정 농가만이 살아남으면 좋다고 하는 것도 안 된다. 오가타 마을이 100호의 농가로만 되었다면 바람직스럽지 않다. 그런 오가타 마을은 살맛이 나는 곳이 아니다.

둘째로, 농촌은 돈 벌기 위한 장소가 아니다. 농업으로 부자가 된 사람은 없다. 가공 등에서 벌이가 되었을 뿐이다. 서로 손해 없는 살기 좋은 농촌 만들기가 필요하다.

셋째, 위의 둘째 사항을 위해서라도, 그렇게 사치는 하지 않는 것이 좋다. 가장 중요한 것은 사람들의 커뮤니티이며, 또

벌어들인 돈은 순환시켜야 한다.

경영자 의식은, 자칫 이익 중시, 생산 확대를 전제로 하기 쉽지만, 본 사례가 보여 주는 것은 생산자가 좋은 것을 만들고, 스스로 생산한 것에 자부심을 가질 수 있도록 이끌어 가는 것, 그리고 좋은 것을 만들어 가는 중심에 유기농업을 자리매김해 부가가치 창조를 도모하는 것, 그리고 쓸데없이 스스로 가공에 빠질 것이 아니라 위탁을 능숙하게 사용한다는 것 등이다. 계수 관리도 필수적이지만, 그 전에 자신의 지역에서 출하해 나갈 농산물에 일정 이상의 품질을 확보하고, 이에 대한 회원의 책임감, 프라이드를 이끌어 나가는 것의 중요성을 가르치고 있다. 그리고 이러한 농업을 전개해 나가기 위해서는, 생산과 생활이 하나가 되어, 모두가 사치는 하지 않고 적당히 살아가는, 공생할 수 있는 농촌으로 만들어 가는 것이 필요하다는 것을 보여 주고 있다.

오가타 마을이라고 하면, 가장 농업근대화가 진행된 곳이나, 그 오가타 마을에서 경쟁 원리가 아니고, 공생 원리를 바탕으로, 오가타 마을을 이끌고 있는 리더가 존재하고 있는 것은, 시대의 변화를 크게 느끼게 한다.

03 | IT와 농업 경영

농촌에서도 도시 못지않게, PC와 휴대폰을 비롯한 IT 기기가 상당히 보급되어 있다. 그러나 이 기기들은 개인 정보 교환 등에는 자주 활용되면서, 농업경영에의 활용이라고 하면, 일부 젊은 경영자 등을 제외하고 그다지 사용되고 있지 않는 것이 현 실태이다. 이것을 농업경영에 활용해 가는 것은, 농업경영에 있어서 새로운 과제이며, 농업경영을 크게 향상시켜 나갈 잠재력을 지니고 있다고 할 수 있다.

현저한 진전을 보이고 있는 IT화

먼저 IT를 둘러싼 최근의 정세를 보면, IT에 관한 기술혁신은 눈이 어지러울 정도로, 새로운 기종의 등장이 잇따르고 있다. 예를 들면 노트북 PC의 보급에는 놀라운 것이 있는데, 불과 몇 년 전에 등장한 태블릿 PC의 증가는 현저하고, 2016년에는 태블릿 PC의 출하량이 노트북 PC의 출하량을 넘어설 것으로 예측되고 있다.

이러한 가운데 IT 업계는, 세계경제가 정체하고 있는 환경하에서, IT화가 늦어지고 있는 영역과 향후 성장이 기대되는 분야에 대한 관심을 높이고 있으며, 의료·건강, 에너지, 환경, 관광 등과 함께 농업 분야에 대한 공세를 강화하고 있다.

그 공세의 지렛대가 되고 있는 것이 클라우드 시스템에 의한 이용 형태의 보급이다. 지금까지의 컴퓨터 이용은, 사용자가 컴퓨디의 하드웨어, 소프트웨어, 데이터 등을 보유하고 관리하는 자기완결형이었다. 반면 클라우드 시스템에서는「사용자는 인터넷 건너편에서 서비스를 받고, 서비스 이용 요금을 지불하는」형태가 된다. 즉 사용자는 컴퓨터 처리를 네트워크를 경유하여, 서비스로 이용하는 것이며, 스스로 시스템을 구축할 필요가 전혀 없고, 이용료의 부담은 발생하지만, 사용자로서 용이하게 고급 시스템을 이용할 수 있게 되었다.

또 하나의 큰 변화는, 최근, 소프트웨어의 수준이 비약적으로 향상되어, 사용 편이성이 크게 증대되어 온 점이다. 지금까지는 어느 정도 익숙한 사람이 아니면 잘 다루는 것이 쉽지 않았던 IT가, 누구나 지시대로 조작하면 대체로 사용할 수준에 도달하고 있다. 이 조작이 용이하게 되어 온 것이, IT의 보급과 IT 붐을 크게 지탱해 온 것은 의심할 여지가 없다.

농업 분야의 IT화

농업 분야에서 IT 활용은 폭이 넓고, 다방면에 걸쳐 있다.

예를 들면, ① 농작업의 경로화(輕勞化)를 위한 농업자동화·어시스트 시스템으로서의 로봇 트랙터, 모내기 로봇, 로봇 콤바인 등의 개발, ② 인터넷에서 실시간으로 모니터링하는 필드 서버에 의해 기온, 일사량, 토양 수분 등의 환경 데이터를 수집하고, 이의 활용을 통한 생산성 향상, ③ GIS(지리정보 시스템)를 활용한 농작업의 효율화, 인공위성 영상해석에 의한 수확시기의 판단 등, 새로운 노력이 전개되고 있다.

이러한 IT 첨단 기술의 개발과 병행하여 농업 분야에서의 클라우드 서비스가 시작되고 있다. 계통 농협에서도, 전농(전국농업협동조합중앙회)은 NEC 회사와 농업용 난방기 등을 제조·판매하는 '네뽄' 회사와 공동으로 「농업 ICT 클라우드 서비스 사업」이 2002년 7월부터 시작되었다. 이것은 ① 온도와 습도 등 하우스 내의 환경을 측정하여 이를 휴대 전화회선으로 서버에 전송, ② 온도 이상이나 정전 등의 경보를 농가에 알리는 경보·모니터링 서비스를 내용으로 한다. 축적된 데이터는 생산기술의 향상과 수확 적기 판정 등에도 활용할 수 있다.

이처럼 농업은 「미(未)디지털화 영역」인 동시에, 2009년 농지법 개정으로 기업의 농업 진출이 활발해지고 있는 것도 포함하여 IT 활용의 여지가 확산되고 있는 「프론티어 영역」으로 평가하고, IT 업계는 공세를 강화하고 있다.

농업소득 확보 방안과 IT

그런데 일본 농업에 있어서 농업소득을 확보, 증가시켜 나가는 것은 최대의 과제가 되어 있다. 농업 소득을 증가시켜 나가기 위해서는, 매상고를 증가시켜 나가는 것과, 비용을 절감시켜 나가는 것으로 대별되며, 이에 국가 등에 의한 지원이 가해지게 된다.

매상고 증가를 위해서는 판매 수량을 증가시켜 가든지, 또는 품질 향상으로 단가를 높여 가든지 해야 한다.

이를 위해서는 양판점을 비롯한 판매 측과의 교섭·충돌이 발생하게 된다.

이에 반해 비용 절감은 구입 자재비의 압축 등 구입처와의 절충도 포함하지만, 무리·낭비 등을 축소·배제해 나가는 자기 노력에 의해 가능하게 되는 것도 적지 않다. 즉 비용 절감이 상대적으로 용이하고, 스스로의 의사 하나로 신속하게 해결될 수 있다.

여기에서 포인트로 되는 것이, 경영의 데이터화이다. 지금까지 농업의 세계에서 그 경영은 상당한 정도로「주먹구구」로 이루어져 왔다고 해야 할 것이다. 비용 압축, 낭비를 배제한다고는 해도 "주먹구구"의 경우에는 경험과 직감으로 조작할 수밖에 없어, 반드시 적절한 대응이 이루어진다고 할 수가 없다. 경영의 수치화에 의해서만이, 데이터에 따라 중점적이고 동시에 구체적으로 대처해 나가는 것이 가능하게 된다.

또한, 생산자의 농업현장을 보는 눈, 관찰, 경험이나 직감이 여전히 중요하다는 것은 새삼 말할 것도 없다. 이러한 속인적 (屬人的)인 요소가 강한 것을, 일부 데이터로 대체하여 남겨 가는 것이, 담당자의 고령화와 후계자 확보 난에 의해 재차 요구되는 상황에 있다는 것이기도 하다.

환경 변화가 요구하는 데이터화 · IT화

이러한 기본 이론을 바탕으로, 다시 농업소득 향상에 초점을 맞추고, IT 활용의 필요성 · 중요성에 대해 정리하면 다음과 같다.

① 경영 내용을 수치로 파악
농업 경영이 엄격해지는 가운데, 우선은 스스로의 힘으로 경영개선을 도모해 나가는 것이 요구되고 있지만, 그러기 위해서는 스스로의 경영을 수치로 마무리하는 것이 출발점이 된다. 이제는 "주먹구구"에서의 탈피는 불가피하다.

② 데이터에 의한 중점적 개선
지금까지 경험과 감에 의존하던 생산 관리 등을 데이터화하고, 이를 바탕으로 중점적 개선 등을 도모해 나감으로써 효율

화, 절약과 낭비의 배제도 가능하게 된다. 아울러 생산자의 "장인의 기술"을 전승해 나가는 것에도 연결된다.

③ 재생산 가격의 명확화

농산물 가격은 양판점(할인점) 등 유통 측에 완전히 주도권을 쥐어 주고, 동시에 농산물이 염가판매이 미끼 상품으로 되는 경우가 많다. 게다가 염가판매로 인한 부담은 생산자가 전면적으로 안고 있어, 수익성이 좀처럼 확보되지 않는 것이 실정이다. 할인점 등과의 가격 협상에서 최대의 약점으로 작용하고 있는 것이, 많은 생산자 측이 생산비를 구체적으로 명시하지 못하고 있다는 것이다. 데이터를 바탕으로 재생산 가능 가격을 명확히 함으로써 협상력을 확보해 나가는 것이 특히 중요하다. 할인점 등도 안정적인 공급을 희망하고 있는 것도 분명하기 때문에, 구체적으로 생산 비용을 보여 줌으로써, 공생해 나갈 수 있는 관계를 구축해 가는 것이 필요하다.

④ 산지의 네트워크화

할인점 등 소매 쪽에도 가능하다면 수입산이 아니고 국산을 우선하고 싶다고 하는 곳도 적지 않다. 그러나 농업담당자의 고령화도 있어 일정한 품질의 농산물을 대량으로 조달해 나가는 것이 점점 더 어려워져, 해외 의존도를 높여 가고 있다. 그런 의미에서는 할인점들이 낮은 가격만을 추구하여 수입산을 늘리고 있는 것은 아니다. 이에 대응·대항해 나가기 위해서는 농업담당자의 확보와 아울러 산지를 네트워크 하여 광역에서 릴레이 출하를 하는 것도 포함해 안정 공급해 나갈 수 있는 시스템 마련이 필수가 된다. 생산 계획이나 재배 상황 등에 관한 정보를 생산자 측이 가지는 것뿐만 아니라 양판점 등 하류 측과도 공유해 나가는 것이 요구되고 있다.

⑤ 재배 정보의 발신

할인점 등 소매 사이드는 POS 시스템의 도입으로 연간 시기별 예측이 확립되어 있으며, 또한 시간대별, 심지어 날씨별 등으로 예측도 가능하게 되어 있다. 양판점 등은 거래 산지에서 이러한 예측에 맞는 생산이 이루어지고 있는지 재배 상황을 수시로 확인할 수 있는 동시에 부족한 경우에는 출하 가능한 다른 산지는 어디인지 각지의 재배 상황을 파악할 수 있는 시스템을 원한다. 이러한 대응이 어렵기 때문에, 상당한 곳이 해외로부터의 수입으로 조정을 도모하고 있는 것이 현실이다.

⑥ 이력제(traceability)에 의한 차별화

소비자의 안전·안심 요구가 높아지는 것과 동시에, 생산자 측도 부가가치를 조성·확보해 나가기 위해 차별화를 도모해 가는 흐름을 강화하는 것은 필연이다. 이에 대응해 나가기 위해서는 이력 시스템의 도입이 요구되는 동시에, 더욱 치밀한 생산정보·관리정보의 공개가 필요하게 될 것이다. 이러한 수준은, 더 이상 IT 활용 없이는 대응이 불가능하다.

⑦ 정책 평가 대응의 가능성 유지

재정 핍박에 따라 해마다 농업 예산은 축소하는 한편, 그만큼 정책 효과가 기대되는 것에만 지원이 이루어지는 것이 당연하게 되었을 것이다. 이 전제로 되어 오는 것이 경영의 데이터화이며, 경영의 실태를 수치로 표시해 가는 것이 필수적이다.

〈사례 ⑩〉 도쿠시마현德島県 카미카츠쵸上勝町·JA 동(東)도쿠시마 이로도리彩부회(部會)

IT라는 말만 들어도 저항을 느끼는 사람도 많은 것이 현실이지만, 고령자가 즐기면서 태블릿 단말기를 사용하여, 농업소득의 향상을 실현해 온 사례이다.

JA 동(東) 도쿠시마에서는 이로도리 부회를 만들어 단풍잎 등의 요리를 돋보이게 하는 용도로 출하하는 "잎 비즈니스"를 전개해 왔다. 많을 때는 320품목을 출하하고, 매상고는 연간 약 2억 5,000만 엔이 된다고 한다.

도매회사로부터 농협으로 주문이 들어오고, 이것이 생산자에 연락되어, 물건에 따라서는 "선착순"으로 수주해 왔다. 이러한 발주 정보의 제공 및 수주 연락에는 팩스와 컴퓨터가 사용되어 오긴 했지만, 출하량에 과부족이 발생하거나, 자택과 원지(園地)가 떨어져 있어 수주할 수 없는 문제가 있어 왔다.

그래서 부회와 영업 등을 담당하는 제3섹터 「이로도리」는 2012년 7월부터 NTT 도코모와 제휴하여, 태블릿형 단말기를 통한 수주시스템을 본격 가동시켰다. 실시간으로 데이터를 확인하여 출하조정이 원활하게 이루어지게 되었다고 한다.

부회 회원의 평균 연령은 70세로 적지 않으나, 태블릿을 잘 다루고 있음과 동시에, 부회 회원 200명 중 50명은 PC를 병용하고, 일상적으로 PC를 유효하게 활용하고 있다고 한다.

〈사례 ⑪〉 미야자키현宮崎県 농업경영관리지원 시스템

이것은 농가가 직접 IT를 조작하는 것이 아니라, 청색신고[2] 기장을 농협이 대행하고, 이를 바탕으로 작성되는 경영 데이터를 활용하여 농업경영의 향상을 목표로 하는 것이다. 이미

---

2) 청색신고란 복식 부기의 방법에 따라 장부를 기재하고 그 기장으로부터 정확한 소득과 소득세 및 법인세를 계산하여 신고하는 것임. 일본 정부는 장부 서류의 비치를 촉구하고, 신고 납세 제도를 보급하려는 목적에서, 청색신고를 장려하고 있으며, 조세 특별조치법 등에서 다양한 특전을 마련하고 있음. 또한 청색신고는 일정한 요건을 충족한 세무서의 사전 승인을 전제로 하고 있으며, 청색신고의 승인을 받지 않은 사람이 하는 신고는 '백색신고'라고 함. https://ja.wikipedia.org/wiki/青色申告 -역자주.

이 시스템은 지속적으로 시행되어 경영 개선의 효과를 올리고 있다.

철두철미 기본이 되고 있는 것은 청색신고의 기장 대행 시스템이다. 20년의 역사를 가진 녹색신고회(綠色申告會)를 미야자키현 농업경영자조직협의회로 개칭하고 농업경영관리 지원 시스템을 가동시키고 있다.

경영개선으로부터 산지(産地) 만들기로

회원은 농협 이외에서 한 거래를 기록한 것(현금 출납장 등)을 농협에 제출하면, 농협에서는 이것과 이미 데이터로 축적되어 있는 농협과의 거래 내역을 합산하여, 확정 신고에 필요한 서류를 작성하는 것이다.

이 청색신고를 통해 축적된 데이터 활용을 통한 경영 개선을 전개하고 있는 점에 본 시스템의 포인트가 있다. 구체적으로는 청색신고에 의한 경영 실적과 경영 혁신 계획(농업경영 5년 차 계획)을 비교 분석한 경영건강진단서에서, 「안전」이라고 판정된 것에 대해서는 집합연수, 「주의 요망」「개선 요망」으로 판정된 것에 대해서는, 농협, 현련(농협 현연합회), 관계 기관·단체의 전문 인력에 의해 구성된 컨설팅 반에 의한 영농지도, 경영지도가 이루어진다.

미야자키현 농협의 정조합원 호수는 5만 3,433가구(2012년

1월 말 현재)이며, 이에 반해 동 협의회의 회원 수는 2012년도에 6,997명으로 13%에 불과하다. 그러나 여기서 주목하고 싶은 것이, 현의 인정농업자 수가 8,640명이며, 그중 4,791명이 회원으로 있다는 점이다. 즉 현의 비교적 규모가 큰 농가의 과반은 회원이기 때문에 이들은 경영 건강진단을 받아 경영개선을 기할 수 있다고 할 수 있다. 게다가 회원의 농협 판매고에서 차지하는 비중도 88%(2011년)로 매우 높다.

이러한 가운데 한 가지 주목해 두고 싶은 것이, 농협이 산지 개혁지원활동에 대처하고 있다는 점이다. 경영진단 및 경영컨설팅은, 개별 농가마다의 농업 경영에 있어서 마이너스(minus) 부분에 대한 준비가 되고 있는 한편, 산지지원활동(産地支援活動)은 품목별로 농협을 이용하는 전체 생산자를 대상으로, 생산에 관한 데이터를 바탕으로 한 산지 분석을 실시하고, 농가 개개 또는 부회 전체에 기술력과 경영 내용에 따른 지원을 강구함으로써 수확량과 판매액 증가 등, 산지화(産地化)라는 플러스(plus)를 만들어 가는 활동이다. 이에 따라 농협의 부회 활동을 살린 부가가치 조성, 브랜드화 등의 진전이 기대되고 있다.

〈사례 ⑫〉 야마나시현山梨県 쥬오시中央市·샐러드보울 (Salad bowl)

IT화를 대대적으로 도입하고 있는 사례이다. 생산관리, 판매관리 등에의 활용은 물론이고, 이러한 것들을 인재 육성과 직결시키고 있는 곳에 가장 큰 특징이 있다.

인재육성과 일체화시킨 시스템화

농업생산법인 (주)샐러드보울은, 고후甲府시의 남쪽 옆에 있는 쥬오中央시에서, 17ha의 밭에서 각종 채소를 생산하고 있다. 대표이사 다나카 진田中進 씨(43세)는, 대학 졸업 후, 대형은행, 외국계 생보사에서 활약했었지만, 전직하여 이 고향 지역으로 돌아와 농업을 시작하였다. 이미 조상 대대로 이어 온 농지는 장남인 형이 이어 농사를 짓고 있었기 때문에, 다나카 씨는 인근의 농지와 유휴지 등을 빌려 규모를 확대해 왔다. 현재 밭 면적은 17ha이고, 직원 20명이 생산에 임하고 있다.

2004년에 샐러드보울을 시작하였는데, 직원의 대부분은 농사 경험이 없는 도시에서 온 젊은이들이어서, 이를 전제로 하고 시스템화로의 노력을 쌓아 왔다. 작업 공정을 분석하여 이를 매뉴얼화함과 동시에, 지금까지 축적되어 온 재배 데이터 등과 조합하여, 연간 생산 계획에 따라 일상 업무를 지시할 수 있게 되었다. 구체적인 작업 내용도 단순 작업에서 경영에 관계된 판단을 요하는 수준까지 5단계로 레벨 분류되고 있으며, 2년 정도 농작업에 종사하면 생산 현장에서 리더가 될 수 있도록 설계되어 있다. 다나카 씨가 특히 중시하고 있는 것이, 시스템화한 위에서의, ① 이상(異常)에 주의를 기울이는 능력, ② 이상(異常)에 대처할 수 있는 능력 등 신속히 준비할 수 있는 대응 능력이다. 다시 말하면 시스템화는, "결과 관리"가 아니라, "선행(先行) 관리"할 수 있는 것이야말로 생존에 필수라는 생각이 깔려 있다. 이처럼 인재 육성과 일체화하여 시스템화를 추진해 온 거기에 당사 시스템의 가장 큰 특징이 있다고 할 수 있다.

현재는 클라우드를 이용하여, 생산관리, 토양관리, 판매관리 등 필요하다고 생각되는 대부분은 시스템화가 완료되어 있는데, 예를 들어 농약 사용을 관행 재배의 절반 또는 3분의 1로 해 달라고 하는 등, 여러 가지 수준에서의 다양한 주문이 와도 충분히 대응할 수 있는 체제가 확립되어 있다고 한다. 또한 스마트폰을 사용하여, 현장에서 직접 작업 기록 등을 입력하여 입력 누락이나 오타를 방지함과 동시에, 빠른 데이터의 공유를 도모하고 있다. 이들에 의해 더욱더 규모 확대도 충분히 가능하다고 한다.

그러나 판매 관리와 관련해서는, 많은 할인점 등과 거래를 하고 있고, 각각 제각각의 사양, 코드 등으로 되어 있어, 별도의 대응이 불가피하나, 비용도 비싸고, 밸류체인(value chain, 각 프로세스에서 가치를 부가해 가는 것)을 엮는 메리트가 줄어들고 있다. 다나카 씨는 이들을 빨리 통일, 공통화해 가는 것이 관계 업계 전체의 과제라고 지적하고 있다.

04 | 세 가지 단계

지금까지 봐 왔던 대로 농업소득 확보를 위해서는, ① 비용 저감(低減), ② 품질 향상·차별화, ③ 판로 확보가 큰 과제이며, 이를 위해서는 데이터화를 포함하여 IT화가 매우 유효하다는 것을 기본 인식으로 해야만 할 것이다. 그러나 IT화·데이터화에는 그 수준에 큰 차이가 있어, 단계적으로 레벨 업을 하는 것이 필요하다.

그 출발점, 첫째 단계는, 우선은 자신의 경영을 수치에 의해 객관적으로 볼 수 있도록 비치해 두어야 한다. 이것을 다른 생산자와 비교하는 것만으로도 자신의 경영의 강점·약점을 분석하여, 경영 개선에 연결해 가는 것이 가능하게 된다.

두 번째 단계는, 첫 번째 단계를 레벨 업하여 재생산 가능 가격을 파악해 가는 것이 가능한 생산(원가) 관리를 실시해 가는 것이 될 것이다. 이를 바탕으로 양판점 등과의 거래에서 가격 협상력을 획득하여, 재생산 가능 가격을 실현하고, 생산자와 할인점 등의 유통 측과 함께 공생해 갈 수 있는 관계를 구축해 나가는 것이 요구된다.

세 번째 단계는, 양판점이나 식품 제조업체 등의 외부 정보와 도킹3)이 가능한 생산 정보를 확립해 나가는 것이다. 생산계획과 재배 상황 등에 관한 정보를 양판점 등과 공유함으로써, 수입산에 맞서 국내산의 안정적인 판로를 확보해 나가는 것이 필요하다.

그리고 제2, 제3 단계와 병행하여, 품질(생산)관리와 이력관리제(traceability) 도입 등을 통해 품질 향상에 의한 부가가치의 창출, 차별화를 도모해 나가는 것이 될 것이다.

---

3) 도킹: docking. 인공위성이나 우주선이 우주공간에서 결합하는 일. -역자주.

05 | 담당자와 IT

　　IT화는 농업소득 향상에 유효하며, 전업적, 대규모 계층으로 농업소득 금액이 농가 소득에서 차지하는 비중이 높은 경우일수록 그 필요성이 크다.

　또한 전업의 정도가 높고, 규모가 크면 클수록, 두 번째 단계, 세 번째 단계로 레벨을 올려 가는 것이 필요하고, 법인화가 되어 있는 경우에는 세 번째 단계와 아울러, 품질(생산)관리와 이력관리제(traceability) 도입 등이 강하게 요구되고 있다고 할 수 있다.

　그런데 IT화는, 비용 부담과 함께 입력과 분석 등의 작업이 수반된다. 경영 데이터의 파악·분석 등에 대해, 기본적으로는 생산자 스스로가 하는 것이 바람직하다고는 하나, 규모가 커질수록 작업부하도 커지므로, 미야자키현 등에서 이루어지고 있는 농가경영관리지원 시스템이나, 클라우드 시스템을 이용해 가는 것도 적극적으로 검토하는 것이 필요하다. 이것은 생산과 경영의 분리로서, 경영에 소요되는 데이터 처리는 외부를 이용하고, 오히려 분석된 데이터를 가지고 이를 활용하여 경영에 중점을 두어 가는 것을 중시해야 할 것이다.

또한 생산관리 등은, 풍부한 경험과 고도의 기술을 가진 생산자의 "장인의 기술"을 어느 정도까지 포함시켜 나가는 것도 가능하며, 후계자 확보 난으로 "장인의 기술"을 직접 전달하는 것이 어려워지고 있는 가운데서는 하나의 편법으로서 위치시키는 것이 가능하다. (주)샐러드보울에서는 농업 경험이 거의 없는 젊은이들을 농업인재로 육성하는 데에 IT화가 큰 효과를 발휘하고 있는 것은 앞서 언급한 바와 같다.

고도기술집약형 농업과
유기농업의 가능성

01 고도기술에 의한 부가가치 만들기

　　　　　　일본 농업이 가진 강점 중 하나는 농업기술이다. 농업기술이라고 간단히 말하지만 품질 향상, 단위면적당 생산량 증가 등을 위한 생산기술(生産技術)로부터, 비료나 농약, 농기구 등의 이용기술(利用技術), 심지어는 관개·배수 시설 등의 토목기술(土木技術)에 이르기까지, 그 내용은 광범위하며 다방면에 걸쳐 있다. 바로 독농가(篤農家, 농사를 힘써하는 농민)가 부지런히 영농에 힘써 쌓아 올려 온 것이지만, 독농가의 집념이나, 물건을 보는 안목(物を見る目)은,[1] 농가뿐만 아니라, 일본인 전체의 특성으로서 계승되어 오고 있다고 해도 과언은 아닐 것이다. 이렇게 배양되어 온 고도기술을 살려 나가는 것은 부가가치의 창출에 의한 소득 확보를 위해서도 필수적이다.

　　고도기술을 활용한 부가가치 창출에는 채소·과수·화훼 등의 시설형 농업이나 양돈·양계 등의 축산 등이 있으나, 안

---

1) 일반적으로 가치가 있는 것을 발견하는 능력, 또는 물건의 가치를 제대로 찾아낼 수 있는 능력 등을 가리키는 표현. https://www.weblio.jp/content/物を見る目 -역자주.

전·안심이라고 하는 다른 부가가치를 창출하는 유기농업이나 자연재배 등도 고도기술집약형 농업의 하나로서 자리매김할 수 있을 것이다.

본 장에서는 시설형 농업과 축산에 있어서는 여기에서 그 필요성·중요성을 강조하는 데 그치고, 앞으로, 한층 더 진전시켜야 하는 또 하나의 고도기술집약형 농업으로서 유기농업을 비롯한 환경 친화적 농업에 초점을 맞추어 논의를 전개하고자 한다.

02 | 고도기술집약형 농업의 전개에 즈음하여

일본 농업 최대의 강점은 고도기술을 활용한 집약적 농업에 있고, 원예·과수, 화훼, 축산 등이 주로 대상이 되지만, 일반적으로는 토지이용형 농업으로 분류되는 벼농사에 대해서도, 토양 만들기나 비배 관리, 품종 개량 등에 의해, 시대에 따라 방향성이라든지 옅고 진함은 나뉘지만, 수량(收量) 증가와 고품질, 고부가가치를 추구하는 등, 기술 집약적인 형태의 벼농사가 전개되어 왔다. 좁은 농지에서, 지혜를 짜내 창의와 연구를 도모함과 동시에, 노력을 들여가면서, 보다 많은 것, 보다 좋은 것을 생산해 내기 위해 땀을 흘려 왔다. 이러한 장인 기질, 근면성은 농가뿐만 아니라 일본인 전체의 기질 형성에도 기여해 왔다. 이 고도기술을 집약시킨 농업에서야말로 일본 농업의 특성이 최고로 발휘되어 수입산과의 차별화를 도모해 온 것이며, 앞으로도 여기에서 일본 농업의 활로를 찾아가는 것이 기본으로 될 것이다.

이러한 기술 집약적인 농업은, 논이나 밭에서의 노지 재배에서 발전해 온 것인데, 농업의 근대화와 함께 하우스 등의 시설 이용이 활발히 이루어져 왔다. 최근의 기술혁신은 눈부셔, 가온(加溫)하우스 같은 생산・출하시기를 앞뒤로 조금 조절하는 정도의 시설화도 많지만, LED를 이용한 광도(光度) 관리, 온도 관리 등에 의해 계절성을 전혀 묻지 않는 식물 공장에 이르기까지, 그 폭은 크다.

  농입은 본래, 자연과 일체가 되어 있는 것이지만, 농업의 근대화는 자연 조건의 제약에서 벗어나려고 하는 성질을 가지고 있는 것도 사실이어서, 식물 공장에 이르러서는 농업과는 이름뿐이고, 정말로 공장생산 이외의 아무것도 아니며, 식품 제조 시설화해 가고 있다고 할 수 있다. 식물 공장이 건설되고, 이에 따라 주변의 농지가 유휴화하고, 경작 포기지화해 나간다고 하면, 일은 본말이 전도되고 있다고 할 수 있다. 그리고 빛과 물 등 자연의 은혜를 받고 자란 농산물은 미량 요소도 풍부하게 포함되어 있으며, 이러한 농산물을 키우는 농지는 다원적 기능을 발휘함과 동시에, 크고 작은 순환을 형성한다. 이에 반해 식물 공장은 기본적으로 외부 에너지에 의해 가동되는 동시에, 다원적 기능을 발휘하지 못한다. 게다가 설비 투자액이 팽창하여 비용이 높아지게 되므로, 토지이용형 농업에는 융합되기 어렵고, 판매단가가 높은 채소 등의 작물에 한정되어, 식료안전보장의 역할은 낮다.

이와 같이 식물 공장에 대한 두말없는 예찬에는 동의하기 어려우나, 이 앞에 있는 고도기술집약적 농업은 일본 농업의 강점, 특징인 점이 틀림이 없으며, 여기에는 최대한, 순환이나 다원적 기능 발휘, 더욱이는 지역 고용 등에도 배려하여 대처해 나가는 것이 요구된다고 할 수 있다.

또한, 고도기술집약형 농업은 단위면적당 생산량 증가나 품질 향상을 겨냥하는 것만으로 파악하는 경향이 있지만, 여기에 그치지 않고 안심·안전의 확보를 목적으로 하는 무농약·무화학 비료 재배인 유기농업이나 자연재배 등의 환경보전형 농업, 또한 방충 방제, 잡초 관리 등을 위해 지혜·궁리를 응집시켜, 고도의 기술을 발휘하는 농업이라고 볼 수도 있을 것이다. 일본은 아시아 몬순 지대에 있어 고온 다습하고 병충해와 잡초가 많아, 구미의 여러 나라에 비교하면 조건이 불리하며, 현재의 대처 수준도 낮지만, 환경에 부하를 주지 않는 지속적이고 순환형인 농업은, 안전·안심과 환경에 민감한 소비자의 국내산 농산물에 대한 지지를 획득해 나가는 유력한 도구라고 할 수 있다. 유기농업을 비롯한 수준이 높은 친환경 농업에 대한 대책 추진도 또한 향후 주력해 나가야만 할 고도기술집약형 농업의 하나로서 자리매김해 나가야 할 것이다.

〈사례 ⑬〉 나가노현長野県 고마가네시駒ケ根市·농사 조합법인 아구리코

이른바 고도기술집약형 농업은, 작물 등도 복잡다기하고, 노력에 의해 기술 등의 폭도 크기 때문에, 이들에 대해 체계적으로 다루는 것은 지면 관계상 어렵다. 그래서 여기에서는, 고도기술집약형 농업의 전형으로서 부나시메지(밤나무송이버섯)를 공장 생산하고 있는 '농사조합법인 아구리코' 한 곳에 한정하여 고도기술집약형 농업의 실태, 현황 등에 대해 살펴보고자 한다.

밤나무송이버섯의 공장 생산

나가노현 남부의 이나다니伊那谷의 대체로 가운데 정도에 위치하는 곳이 고마가네시이다. 고마가네 IC를 내려와 텐류천天龍川에 의해 형성된龍강에 의해 형성된 하안 단구2)를 내려와, 텐류강을 건너 곧바로 농사조합법인 아구리코가 있다. 아구리코로부터 서쪽에는 중앙 알프스가, 또 동쪽을 돌아보면 아카이시다케赤石岳를 중심으로 하는 남알프스 산들을 바라볼 수 있으며, 그 파노라마는 웅대하고 박력 만점이다.

아구리코는 밤나무송이버섯을 공장 생산하고 있지만, 아울

---

2) 단구(段丘): 지반의 융기나 수면의 강하 따위로 강·호수·바다의 기슭에 생긴 계단 모양의 지형. -역자주.

러 버섯 폐균상(廢菌床)을 이용하여 노지에서 양파 생산도 하고 있다. 부지 면적 1만 4,815㎡에, 5개 동의 시설이 설치되어 있고, 메인이 되는 100m×20m×10m의 생산 공장에서, 밤나무 송이버섯 280만 본을 연간 3회전시켜, 840만 본을 생산하고 있다. 전담 직원 54명(임원 2명 포함), 파트타이머 10명(상시 고용으로 환산) 등 총원 64명(모두 2011년 1월 1일 현재)에 의해 운영되고 있으며 연간 매출은 약 7.5억 엔을 기록하고 있다.

상사(商社)의 목재 부문에서 활약했던 CEO

농사조합법인 아구리코는 1994년 4월에 설립되어, 1995년부터 공장이 가동하고 있다. 현재 대표이사 회장 겸 CEO(최고경영책임자)인 후쿠하라 도시히데福原俊秀 씨가 상사 근무를 그만두고, 버섯 재배에 뛰어든 것이다. 후쿠하라 씨는 오랜 기간, 동남아시아 각국에 주재, 목재 부문에서 활약하여 왔다. 본사에 되돌아가기는 했으나, 현장에서 일하는 쪽이 자신에게 더 맞는 것으로 판단되어, 아예 농업으로 길을 바꾸었다.

후쿠하라 CEO는 송이버섯 생산을 함에 있어서, 공장을 설치하는 장소로 도쿄 근교, 나라현奈良県, 그리고 나가노현長野県 등 세 곳을 후보에 올려 검토하여, 최종적으로 나가노현 고마가네시로 결정했다. 소비지에서 가깝다고 하는 점에서 도쿄 근교를 후보로 했지만, 도로망이 발달하여, 그다음 날에는, 전국 배송이 가능하게 되어 있는 현재에서는, 지방에서 생산하여 상품화한 것을 소비지로 운반하는 편이 유리하다는 점, 그리고 나가노현 고마가네시는 도쿄와 나고야名古屋 사이에 있는 점, 또 무엇보다도 전국 유수의 버섯 생산지로서 경쟁이 치열하기 때문에, 여기에서 경쟁에 노출되는 가운데 판매 및 기술, 관리 등을 신속히 배울 수 있어서 고마가네시를 선택·결정했다고 한다. 아구리코가 고마가네시에 설치된 것은, 자연 조건이나 농업과 관련한 환경 조건에서가 아닌, 기타 요인에 의해서였다. 그러나 이곳에서 훌륭한 지역 인재를 만날 수 있어, 이것이 오늘의 아구리코의 발전을 가져오게 됐다고 하는 점에서, 고마가네시를 빼놓고는 아구리코에 대하여 언급하는 것이 불가능하다.

완전 자동화를 피해 지역 고용

밤나무송이버섯 재배 작업은, 배지(培地)3) 작업-배양-발생·생육-관리·수확·포장-출하 등의 공정으로 이루어진다. 작업은 자동화됨과 동시에, 컴퓨터에 의해 생산 관리가 이루어지고 있다. 일련의 자동화를 통해, 생산물인 밤나무송이버섯의

---

3) 배지(培地): 배양기(培養基)와 같은 말. 배양기는 미생물을 배양하는 데 쓰는 영양물. 보통, 육즙에다 펩톤이나 우무 따위를 섞어서 만듦. 동아 새국어사전. -역자주.

품질·수량 등의 안정, 그리고 계획 생산이 유지됨으로써 경영의 건전성 확보도 가능하게 되어 있다.

그러나 한편, 농사조합법인인 아구리코의 사명으로서, 지역밀착, 지역에 취업의 장을 제공해 나가는 것을 분명히 하고 있다. 이 때문에 생산 시스템을 완전 자동화하는 것은 피하고, 포장 팩에 대한 확인·검사 등의 가벼운 작업은 인력에 의해 실시하고, 고령자와 여성의 일자리를 확보하도록 하고 있다. 이에 따라 아구리코 농사 조합법인은 중산간지역의 정주화(定住化)의[4] 유지, 그리고 지역 활성화, 고령화 사회에의 대응에 노력해 가는 것은 당연한 의무이며 역할이라고 생각하고 있다. 또한 농업 취업자와 신규로 농업 진출을 희망하는 젊은이들에게, 본 농사조합법인을 연수의 장으로 제공하고 있으며, 여기에서 경영 관리와 생산 관리를 비롯하여 경영 전반에 대해 배우고 싶다는 요청이 있어, 지역농업을 지원하는 일도 하고 있다.

전부 이용에 의한 지역 순환

아구리코에서 생산되는 밤나무송이버섯은, 소위 먹을 수 있는 가식 부분만이 「컷(절단된) 밤나무송이버섯」으로서 출하·판매될 뿐만 아니라, 크기 분별 시의 극소품(아주 작은 것)은 건조되어 상품화하고, 이는 술안주용으로 그대로 먹을 수 있

---

4) 정주(定住): 일정한 곳에 자리 잡고 삶. -역자주.

다. 더욱이 '고기·생선·채소 등을 넣어 지은 밥(다키코미고항)'의 재료, 일본 된장국 등 국물을 주로 한 요리, 아이들의 간식 등등, 폭넓은 이용 가능성을 가지고 있다고 한다.「숲의 가리비 빠리빠리노」, 더욱이 일반적으로는 폐기시키는 이른바 바위가 있는 밑동 부분을「숲의 가리비 빠리죠」로 판매하고 있다. 빠리죠를 데치면, 가리비 같은 식감으로, 정말로「숲의 가리비」라고 부르는 게 어울린다. 또한 폐 톱밥은 유기 퇴비의 원료로 활용되고, 양파 밭에 쟁기로 집어넣는 것은 물론, JA 카미이나上伊那, 행정과도 연계하면서, 지역의 농지에 환원함으로써 순환형 농업의 추진에 공헌하고 있다.

이러한 밤나무송이버섯의 모든 가능성의 추구에 그치지 않고, 양파의 유기JAS 유기 인증을 획득하여 판매하고 있다. 소비자로부터「댁의 밤나무송이버섯은 대단히 맛이 있었다. 그런데 왜 유기JAS 인증을 받지 않는 것인가」라는 소리를 듣고 유기JAS 인증과 상표(귀인 양파) 취득을 단행했다고 한다. 원래 대부분 유기농업 방식으로 생산하여 왔지만, 소비자에 따라서는 맛과 유기임을 일체적으로 파악하고 있는 사람도 있다. 유기농임을 표시함으로써 맛있음을 표현할 수 있다고 하는 생각에서의 대응이라고 볼 수 있다.

아구리코는 양파도 덧붙여 1차 산업을 전개해 온 것이지만, 후쿠하라福原 CEO는 양파와 지역특산물인 참마 등을 사용하여 2차 산업, 보다 더는 "일본 제일의 직매소"를 목표로 3차 산업에로의 대책도 구상 중에 있다고 한다. 이야기 중 특히 인상적이었던 것은, '불만, 클레임은 보물이다'라는 것이다. "클레임이나 불만 환영"이라는 것은 좀처럼 없는 일이지만, 오히려 비즈니스의 힌트가 여기에 널려 있는, 클레임이나 불만 사항을 접수하여 도전 의욕을 돋우게 한다고 하는 점도, 활력 넘치는 후쿠하라 CEO다운 이야기이다.

일본 농업 양 리그(league)제

어떤 의미에서는 밤나무송이버섯 생산이라는 칼을 들고 농촌에 낙하산으로 뛰어들어 온 후쿠하라 CEO는, 앞으로의 일본 농업의 방향성에 대해 어떻게 생각하고 있을까. 후쿠하라 CEO는 단적으로 양 리그제를 제창하고 있다. 즉, 센트럴 리그(Central League)로 겸업·토일(土日)농업·소규모 농가, 퍼시픽 리그(Pacific League)로 대규모 전업농가를 자리매김하고 있으며, 일본 농업에 센트럴 리그, 퍼시픽 리그의 양 리그가 모두 필요하다. 어느 한쪽만으로는 성립되지 않는다. 그리고 양 리그를 성립시켜 나가기 위해서는 커미셔너(commissioner)가[5] 필요하다고 말한다. 퍼시픽 리그는 기업의 세계에서처럼

---

5) 커미셔너(commissioner): (정부가 임명한) 위원, 이사. (관청의) 장관, 청장, 국장. (프로야구 등의) 커미셔너 (프로스포츠의 품위·질서 유지를 위한 권한이 위임된

신규 진입이 많지만, 기본적으로 점으로서의 존재일 뿐이다. 센트럴 리그(Central League)는 고령이긴 하지만 풍부한 경험을 가진 농업인과 보람으로 농업에 종사하는 많은 사람들이, 수로와 농로, 환경을 정비하고, 물 관리를 해 주기 때문에 농업·농지는 유지될 수 있는 것이며, 퍼시픽 리그로 지역농업을 유지해 가는 것은 불가능하다. 어디까지나 지역농업이라고 하는 관점이 중요하며, 양 리그 모두, 전원이 참여하는 농업이 그 방향성으로 되지 않으면 안 된다, 라고 하고 있다.

이를 위해서는 커미셔너가 필요하며, 현행의 인접하는 JA와 삼림조합에 의해 새롭게 농림조합을 설계하여, 여기에 그 역할을 맡긴다. 지역에 단단히 토대를 둠과 함께, 세계 최고의 기술을 가진 삼림조합이 가지고 있는 기술(skill) 등을 활용하여 지역의 실정에 맞는 계획을 수립·운영·지원을 실시하는 것이 필수적이다. 이러한 지역농업이 전개되고 있는 곳에, 국가·경제계로부터의 직접지불(direct payment)이 행해져야 된다고 말하고 있다.

그리고 경기 대책으로서, 인접하는 JA 사이에 있는 적지(適地)에 벼 저장 터널 건설을 제안하고 있다. 정부가 벼를 60kg당 1만 5,000엔~1만 8,000엔으로 수매하고, 그 절반은 농림업을 제외한 다른 산업이 부담한다. 터널은 단선으로 하여, 선

최고 책임자). -역자주.

입 선출법(先入 先出法)으로 재고 관리를 실시하고, 새로이 횡혈을[6] 파 채소·과일도 보관하여 식료안전보장을 확립한다. 남은 저장 쌀에 대해서는, 돈으로 주는 해외 원조는 종료하고, 이 저장 쌀에 의한 현물 지원으로 전환해 가는 것으로 한다.

이러한 생각의 기본에 놓여 있는 것이, 농가는 자가 식료를 스스로 생산하고 있기 때문에 식료에 관한 한 절대로 어려움을 겪을 수 없고, 식료 위기가 올 경우 곤란을 겪는 것은 도시이며 도시 주민이다. 그리고 지금까지의 일본 경제의 발전은 농촌으로부터의 인구와 부의 유출에 의해 비로소 가능하게 된 것이라고 하는 신념이다. 바로 지금, 도시가, 경제계가, 농촌·농업을 지원하여야 한다, 심지어 도시로부터 농촌으로의 거주를 촉진하고(16~25세의 독신남녀를 각자의 거주하고 있는 곳으로부터 50km 떨어져 있는 커미셔너한테 2년간 국비로 이동시키고, 농림업에 종사시킨다. 소위 징농제를 의무화한다), 도시와 지방과의 인구 평준화를 도모해 가는 것이 필요하다고 말하고 있다. 후쿠하라 CEO는 상사 맨으로서 여러 해 동안 인도네시아와 필리핀, 말레이시아 등 신흥국·개도국의 깊숙한 곳까지 들어가 삶과 죽음의 경계를 빠져나온 체험·경험을 몇 번이나 거듭 넘겼는데, 그의 생각은 아마도 이런 체험·경험이 고마가네 지역농업에 위치하는 가운데 자연스럽게 길러

---

6) 횡혈(橫穴): (산허리 등의) 옆으로 뚫린 굴. -역자주.

져 온 철학인 것 같다.

이러한 지론을 국민회의의 장(경단련)에서 의견 개진하는 기회도 주어졌다고 한다. 후쿠하라 CEO는 그동안 경제계와 농업계 모두에서 풍부한 경험과 실적을 가지고 있으므로, 앞으로도 양자 사이에 서서, 농업·농촌의 실정을 전해 주는 것과 동시에, 농업·농촌에 외부로부터의 바람을 불어넣으면서 활성화시켜 가는 역할을 계속 발휘해 나가 주실 것을 기대하고 싶다.

유기농업 추진법 성립까지

         자연 순환 기능과 환경, 즉 인간과 자연의 관계를 특히 존중한 농업에는 유기농업 외, 환경보전형 농업, 자연농업, 자연재배, 생물다양성 농업 등을 들 수 있다. 유기농업은 화학합성비료·농약의 사용을 금지함으로써 환경·생태계를 유지해 나갈 뿐만 아니라, 인간과 인간, 생산자와 소비자와의 관계를 중시해 나감으로써, 일본에서 산지-소비지 제휴를 만들어 왔다. 이것이 유럽을 경유하여 미국에 전파되어, CSA(Community Supported Agriculture, 공동체 지원 농업)로 발전하여, 세계의 농업과 소비·유통에 충격(impact)을 주고 있지만, 산지-소비지 제휴의 핵심에 있는 것이 유기농업이다.

  유기농업과 환경보전형 농업 등의 위치를 간결하게 서술해 보면, 농약·화학 비료를 관행 재배에 비해 20% 이상 삭감한 것이 친환경농업이며, 이 가운데 농약·화학 비료를 관행 재배 대비 50% 이상 삭감한 것이 특별재배, 전혀 사용하지 않은 것이 유기농업으로 된다.

  1999년에 성립한 식량·농업·농촌 기본법에서는, 자연 순환 기능의 유지·증진이 강조되고 있고, 식료·농업·농촌 기본법과 함께 지속 농업법이 성립하고 있지만, 유기농업과 특별재배는 이 법률에서는 언급돼 있지 않다. 원래 유기 농산물 및 특별 재배 농산물은 1993년에 농림수산성에서 나온 지침(guideline)에 의해 정의해 둔 것에 지나지 않았던 것이, 유기 농산물에 대해서는 1999년의 JAS법 개정에 의해 처음으로 법적 위상을 부여받아, 2000년에 유기 농산물 가공 식품의 JAS 규격이 고시되어, 2001년부터 강제력 있는 인증 제도가 시작된 것이다. 그러나 어디까지나 표시의 문제로서 JAS법에 자리잡은 데 그쳐, 생산으로서의 위상을 부여받는 데에는 2006년의 유기농업 추진법의 성립을 기다려야했다. 지금까지, 일부 독농가들이 행하였고, 혹은 취미로 하는 농업으로 볼 수 있었던 유기농업이, 유기농업추진법의 성립에 의해 일본 농업의 일각을 담당하는 농업으로 인식되고 자리 매김 했다고 하는 의미에서는, 유기농업 추진법의 성립은 일본 농업의 역사에 있어서도 하나의 신기원(epoch)을 그은 것이었다.

또한, 환경보전형 농업은 1992년의, 이른바 신정책 가운데에서 나온 개념으로, 「농업이 가지는 물질 순환을 활용하고, 생산성과의 조화 등을 배려하면서, 흙 만들기 등을 통해 화학 비료, 농약의 사용 등에 의한 환경 부하의 경감을 배려한 지속 가능한 농업」으로 되어 있다.

다시 유기농업에 관련한 흐름을 돌이켜 보면, 농약·화학 비료의 사용을 제어해 가면서 경제성의 확보도 목표로 하는 1960년대의 종합방제 대책으로부터 친환경 농업에 이르기까지의 흐름과, 산지-소비지 제휴를 계기로 순환형으로서 안전·안심을 목표로 하는 유기농업의 두 흐름이 병행하여 달리고, 정책적으로는 종합 방제, 친환경 농업에의 노력에 전적으로 한정되어 있던 것이, 2006년의 유기농업 추진법의 성립에 의해 흐름이 통합되게 되었다고 할 수 있다.

04 | 유기농업의 정의와 개념

여기에서 다시 유기농업의 정의를 확인해 보면, 유기농업 추진법에서는, 「유기농업이란 화학적으로 합성된 비료와 농약을 하지 않는 것 및 유전자 조작 기술을 이용하지 않는 것을 기본으로 하여, 농업 생산에서 비롯되는 환경에 대한 부하를 가능한 한 저감한 농업 생산 방법을 이용하여 이루어지는 농업을 말한다」라고 되어있다.

참고로 IFOAM(국제유기농업운동연맹)의 정의를 보면, 「유기농업은, 토양·자연 생태계·사람들의 건강을 지속시키는 농업생산시스템이다. 그것은, 지역의 자연 생태계의 영위, 생물다양성과 순환에 기인하는 것이며, 이것에 악영향을 미치는 투입물의 사용을 피하여 이루어진다. 유기농업은, 전통과 혁신과 과학을 연결하여, 자연환경과 공생하고 그 은혜를 함께 나누며, 그리고 관련한 모든 생물과 인간 사이에 공정한 관계를 구축함과 동시에 생명·생활의 질을 높인다」고 되어 있다. 아울러 IFOAM은 유기농업의 원리로서, 「<건강의 원리> 유기농업은, 흙·식물·동물·사람, 그리고 지구의 건강을 개별로 따로 나누어 생각할 수 없는 것으로 인식하고, 이것을 유지하며, 도와서 북돋우어야 할 것이다. <생태적 원리> 유기농업은, 생태계와 그 순환에 바탕을 둔 것이며, 그와 함께 일하고, 서로 배워, 그 유지를 돕는 것이어야 한다. <공정의 원리> 유기농업은, 공유 환경과 생존의 기회에 관하여, 공정함을 보장하는 것으로 하는 상호 관계를 구축해야 한다. <배려의 원리> 유기농업은, 현 세대와 차세대의 건강·행복·환경을 수호하기 위하여, 예방적이고 책임 있는 방법으로 관리되어야 한다」라고 하는 네 가지의 원리를 명확히 하고 있다.

양자의 유기농업의 정의에서 보듯이, 일본에서는 유기농업을 화학합성비료·농약을 사용하지 않고, 유전자조작 기술을 이용하지 않는다고 하는 즉물적[7]·기술적인 정의에 머물러 있는 반면, **IFOAM**의 정의는 별도로, 4가지의 원리가 명확하게 되어 있는 것에서도 알 수 있듯이, 「유기농업은, 토양·자연 생태계·사람들의 건강을 지속시키는 농업생산 시스템인」 것을 본질로 하고, 이것을 가능하게 해 가는 기술로서 화학합성비료·농약을 사용하지 않는 것으로 하고 있다.

일본에서는 유기농업추진법의 상위법으로서 식료·농업·농촌기본법을 두고 있으며, 제4조(농업의 지속적 발전)

---

7) 즉물적(即物的): 물질적인 면과 금전, 이해관계 등을 중시하는 또는 그런 것. -역자주.

에서 「농업의 자연 순환 기능(농업 생산 활동이 자연계의 생물을 개재(介在)하는8) 물질 순환에 의존하며, 동시에 이를 촉진하는 기능을 말한다)이 유지 증진됨으로써, 그 지속적인 발전을 도모해야 한다」고 되어 있다. 이에 근거하는 식료·농업·농촌 기본 계획의 「지속 가능한 농업 생산을 지원하는 대책의 추진」에서는 유기 농업이 놓여지고, 그를 위한 시책이 언급되어 있다. 이러한 점으로부터, 유기농업의 목적은 농업의 자연 순환 기능의 유지·증진에 있는 것으로 해석된다.

이와 관련하여 유기농업추진법 제3조(기본 이념)에는 ① 농업인이 쉽게 유기농업에 종사할 수 있도록 추진, ② 농업인 기타의 관계자가 적극적으로 유기농업으로 생산되는 농산물의 생산·유통 또는 판매에 종사할 수 있도록 함과 동시에, 소비자가 쉽게 유기농업에 의해 생산되는 농산물을 손에 넣을 수 있도록 추진, ③ 유기농업인 기타의 관계자와 소비자와의 제휴 촉진을 도모하면서 추진, ④ 농업인 기타 관계자의 자주성을 존중하면서 추진 등이 제시되어 있다. IFOAM의 정의와 원리를 읽어 보면, 약간 기본 이념과는 동떨어진 느낌도 들지만, 생산자와 소비자 등과의 관계성을 중시하려는 자세를 명확하게 읽을 수 있다.

---

8) 개재(介在): 사이에 끼어 있음. -역자주.

05

유기농업에의 대처-현황과 과제

일본에서의 유기농업 운동의 본격적인 개막은, 1971년의 유기농업 연구회의 발족으로 시작되어, 발족한 지 이미 40여 년에 이른다. 지지부진해 오던 유기농업에 관한 정책은, 2001년의 유기 JAS법(개정 JAS법)을 거쳐, 2006년 12월에는, 지금까지 유기 농산물로서의 유통에 한정되어 온 유기 농업에 관한 정책을 전환하고, 유기농업을 일본 농업의 중심에 명확하게 자리매김하는 유기농업추진법이 시행되었다. 이에 따라 제1기의 유기농업 기본 계획이 추진되어 왔는데, 이미 5년이 경과했기 때문에, 현재 제2기 기본 계획 만들기가 진행되고 있다.

제1기의 실적을 보면, 유기농업에 종사하고 있는 농가 수(2010년)는 1만 2,000호로서, 전국 총 농가 수의 0.5%, 또한 유기농업 재배 면적(2009년)은 1.6만 ha로서 전체 재배 면적의 0.4%가 되고 있다. 그러나 여기에는 유기 JAS 인증을 받지 않은 유기농가와 유기재배 면적도 포함되어 있어, 유기 JAS 인증을 받은 경우만을 보면 농가 수로는 0.2%, 재배 면적도

0.2%에 그치고 있다.

국제 비교(2011년)를 해 보면 유기 JAS 인증을 받은 농가 수 가지고 비교할 수밖에 없지만, 유럽의 이탈리아(8.6%), 독일(6.1%)에는 한참 뒤떨어져 있으며, 또 인근 한국의 1.0%, 중국의 0.4%에도 밑돌고 있는 상황이다.

또한 도도부현 수준에서의 유기농업 추진계획의 책정은 전체 도도부현에서 행해졌지만, 시정촌의 추진 체제 정비는 17%에 그치고 있다. 또한 모델 타운 사업이 전국 50곳에서 시작됐지만, 민주당 정권에 의한 사업 구분에 따라 사업 그 자체가 폐지되고, 「산지 수익력 향상 대책」으로 대체되었다. 개별적으로는 그 나름대로의 노력 전개가 이루어지고, 확산·정착을 보인 지역도 있었지만, 소비자의 유기농업에 대한 이해 획득을 위한 PR 등의 움직임도 충분하다고는 말하기 어렵고, 제1기는 본격적인 추진을 시작하기 전의 준비 기간으로서 자리매김된다고는 해도, 대체로 정체된 상태에서 제1기가 끝나려 하고 있다는 인상을 지울 수 없다.

이 배경에는 경기 침체에 따른 소득의 감소가 이어진 데 따른 구매 의욕 저하와 원전 사고 에 의한 영향도 지적된다. 도도부현에 의해 추진 계획이 수립되었다고는 하지만, 시정촌의 추진 체제 정비에까지는 별로 이어지지 않았다는 것을 보여주는 바와 같이, 행정의 대처에 기본적인 문제가 있다고 하지 않을 수 없다. 대처 자세, 즉 정책적인 우선순위의 문제인지, 한정된 인원을 필요한 곳에 적정 배치하는 문제인지, 또는 기술력 개발의 문제인지, 원인의 규명·분석과 그 대책이 필요하다.

그런데 유기농 식품에 대한 니즈(needs)는 크고, 수요와 생산이 균형을 잃어, 특히 가공식품의 원료로 이용되는 유기 농산물의 대부분은 수입산으로 조달하고 있는 것이 현실이며, 유기 식품·농산물에서 차지하는 국내 생산의 비중은 식료자급률보다도 더 낮은 상황이다. 이런 가운데, ① 비즈니스로서 유기농업을 자리매김하고자 하는 움직임과, ② 유기농업을 단순히 무농약·무화학비료 재배라는 좁은 개념으로 파악하는 것이 아니라, 지속적인 순환형 농업으로서, 동시에 생산자와 소비자와의 유기적 관계를 중시한 농업으로 다시 굳건히 하려는 두 가지의 움직임으로 나누어져 있다. 그런 의미에서는 유기 JAS 인증을 받지 않고 유기농업에 종사하고 있는 사람이, 인증을 받고 있는 사람과 거의 같은 수로 존재하고 있다는 사실은 중요하다. 유기 JAS의 인증 제도를 어떻게 이해할 것인가, 또 유기농업의 추진과 유기 JAS의 인증 제도와를 어떻게 이어 나갈 것인가는 중요한 과제가 될 것이다.

결국 유기농업을 다양한 농업의 기둥 중 하나로 해 나가기 위해서는, 제2기 기본 방침에 의한 기본 계획을 현장에 제대로 침투시키고, 착실히 지역 전체에서의 노력을 확산시켜 나가는 것이 요구된다. 이를 위해서도 행정, 관계 단체, 생산자도 포함하여, 수입 농산물과의 차별화 전략과 지역영농진흥 방안으로서 유기농업을 내걸고, 안전·안심의 확보, 환경 보전을 바탕으로 하는 생산자와 소비자와의 관계성 만들기가 매우 중요하다는 것을 다시 한번 확고하게 인식해 가는 것이 전제로 된다.

〈사례 ⑭〉 치바현千葉県 삼부시山武市·농사조합법인 삼부山武채소네트워크

전반적으로 유기농업에 대한 대처는, 현재, 점으로서의 존재에 불과하지만, 양상은 어찌 되었든 간에 점에서 선으로 되는 도상에 있다고 볼 수 있는 것이 치바현 삼부시에 있는 농사조합법인 삼부채소네트워크이다.

수도권과 직결

삼부채소네트워크는, 농협의 유기 부회로부터 자립하는 형태로 유기농업자단체·판매법인으로 2005년 2월에 출범하였다. 어디까지나 생산을 담당하는 것은 개별 농가이며, 거기서 생산된 채소는 삼부채소네트워크에 출하된다. 삼부채소네트워크가 생산자로부터 위탁을 받는 형태로 판매를 행하고, 아울러 재배 방법과 기술 등에 대한 협의·주지(널리 알림)의 장 (場)을 맡고 있다. 전국에서 유기재배에 의한 경작 면적의 전체 경지 면적에 대한 비율은 0.5%에 불과하지만, 삼부시에서는 0.8%로 이를 크게 웃돌고 있다.

삼부시는 치바현의 북동부에 위치하고 있으며, 동쪽은 태평양에 접하고 있지만, 해안에서 조금 들어가면 호쿠소 다이치 北總 臺地라고 불리는 관동 롬층의[9] 완만하고 넓은 검은 대지가 계속되고 있어, 땅콩이 특히 알려져 있듯이, 밭농사가 주체로서 채소 재배가 활발하다. 삼부시는 2006년 3월에 3개 읍 (町)과 1개 면(村)이 합병해 탄생하였고, 도쿄 도심에서 고속도로를 탈 경우 정체가 없으면 차로 1시간 남짓 걸린다. JR 철도편은 반드시 좋다고는 할 수 없지만, 반면에 차에 의한 운송의 편리함에는 전혀 부족함이 없고, 또한 나리타 공항도 아주 가까운 거리에 있다. 호쿠소 다이치의 밭은 도쿄를 중심으로 하는 수도권의 소비 시장과 직결되어 있다고 할 수 있다.

축적되어 온 판매력

삼부 군시(郡市)농협[10] 무츠오카睦岡 지소(支所)에 유기(有

---

[9] 관동 롬층: 관동 지방의 고원과 구릉을 덮는 적갈색의 풍화된 화산재 층. 관동 지방에 널리 분포하는 제4기의 화산에서 기원하며, 갈색 토양(롬)에서 관동층(적토층)을 구성. https://kotobank.jp/word/関東ローム-471003 -역자주.

[10] 삼부 군시는 치바현 동쪽 3개 시 3개 초(3市3町) 범위의 총칭. 인구 약 23만 명.

機) 부회가 설립된 것은 1988년 12월이다. 29명을 부회원(部會員)으로 하여, 등록 포장(圃場) 4.5ha로 시작하였다. 이 지역은 채소 중에서도 특히 인삼의 지정 산지로서 발전해 왔지만, 연작 장해가 발생함과 동시에, 농약 사용에 따른 농가의 건강 위기가 크게 제기됨에 따라, 무농약 재배로 대처해 가기 위해 유기 부회를 시작하였다.

JA 유기 부회는, 2005년에, 삼부채소네트워크로 자립·발전해 왔는데, 현재(2013년)의 삼부채소네트워크의 회원은 54명, 유기 JAS 포장(圃場)은 약 54ha, 특별 재배 포장이 약 36.5ha 이다. 삼부채소네트워크에서는 5가지의 기본 합의 사항을 내걸고 있으며, 이를 바탕으로 채소 생산 활동의 철저를 도모하고 있다. 즉, ① 토양 소독제·제초제를 사용하지 않는, ② 화학비료를 사용하지 않고, 퇴비·녹비 작물에 의한 토양 만들기를 중시하는, ③ 특정 품목에 치우치지 않는 작부(作付, 농작물을 심음)를 하고, 윤작 체계를 중시하는, ④ 대상 경지를 명확하게 특정하고, 등록하는, ⑤ 「생명」과 직결되는 먹을거리를 공급하는 것을 항상 의식하고, 소비자와 얼굴이 보이는 관계 만들기를 목표로 하는 등의 5가지를 기본 합의 사항으로 하고 있다. 그중에서도 특정 품목에 편중되는 재배는, 병이나

수도기업단(水道企業団)이나 농업협동조합은 이 지역에서 공동으로 일괄 운영되고 있음. https://ja.wikipedia.org/wiki/山武郡市 -역자주.

해충의 발생을 유발하기 때문에, 윤작 체계를 중시하고, 윤작의 중심에 녹비를 확실히 자리매김하고 있음과 동시에, 연간 다섯 품목 이상의 작부를 의무화하고도 있다.

회원은 연 2회, 작부 계획을 삼부채소네트워크에 제출하고, 이를 집약한 위에서 조정 회의를 열어, 거래처에 제안·계약한 수량과 생산 계획의 과부족의 조정을 행하고, 합의한 곳에서 계약을 체결한다. 그리고 작부 계획에 근거하여 재배 계획을 작성·제출하고, 계획의 승인을 받은 후 재배를 시작하게 된다. 출하 1개월 전에 재배 실적을 확인하고, 다시금 출하 1주일 전에 두 번째의 실적 확인을 한 후 출하가 시작된다. 이에 따라 이력추적(traceability)을 확보함과 동시에, 유기·특별 재배의 등급을 포함한 계획 수량의 조정도 진행된다.

삼부채소네트워크가 출하하는 것들 중, 계약 출하에 의한 것은 85%를 차지하고 있으며, 또 업종별로 출하 비율을 보면 택배업자 44.0%, 생협 25.4%, 중도매(仲御)11) 13.0%, 외식 7.0%, 기타 10.6%이며, 유기 및 특별 재배의 가치를 평가해 주는 거래처를 단단히 거래해 온 것이, 유기농업을 유지·발전시켜 온 큰 요인이 되고 있다. 참고로 2011년의 연간 매출은 4억 5,000만 엔이며, 거래처 수는 40개소이다.

---

11) 중도매: 이는 청과물, 수산물, 육류, 화훼 도매시장에서 도매와 소매 업자를 중개하는 업자를 말함. -역자주.

신규 취농자 확보에 분투

삼부채소네트워크에서뿐만 아니라, 이 지역의 가장 큰 문제는 담당자의 고령화와 후계자 부족이다. 앞서 살펴본 바와 같이 수도권으로의 접근이 뛰어나다는 점뿐만 아니라, 집적에 의한 대규모화와 대형농기계에 의한 기계화 대응도 가능하며, 채소 산지로서 매우 뛰어난 조건에 있음에도 불구하고, 담당자의 부족은 심각하다.

이 때문에 삼부채소네트워크, 와타미(ワタミ)팜(농업생산법인), 대지를 지키는 모임(유통업자), 삼부시(행정), JA 삼부군시(농협)가 구성원으로 되고, 여기에 삼부농림진흥센터가 옵서버로 참가하여 삼부군시 유기농업 추진 협의회를 2008년에 설립했다. 협의회는 산지 수익력 향상 프로그램을 전개해 나가기 위해, 학교 급식에의 유기 농산물 공급 등의 판매 기획력 강화, 실증포(實證圃) 설치 등의 생산기술력 강화, 신규 참입 촉진을 위한 연수회 개최 등을 전개해 오고 있으며, 유기농업 신규 참입 희망자 등에 대한 각종 지원(연수 수용 등), 유기농업 기술의 실증과 유기 농산물의 유통·판매 촉진, 소비자 등에 대한 보급·계발·교류 활동에 특히 주력해 왔다.

농가에서 연수생(직원)으로 일하면서 현장에서 기술 등을 배워 가는 것을 기본으로, 현재, 농(農)의 고용사업을 통해, 연수 기간 1~2년간, 연수를 해 주는 농가에 최대 월 9만 7,000

엔을 보조(농가는 여기에 추가하여 14~15만 엔을 지출), 고용보험·산재보험 가입 의무화를 중심으로 한 지원을 통해, 2008년의 활동 개시 이래, 18개조(부부의 경우도 있음)의 실적을 올리고 있으며, 평균 연령은 40세 정도이다. 또한 현재 연수생으로서 연수 농가에서 공부 중인 사람이 9명이다.

신규 참입을 희망하는 사람 중 유기농업을 하고 싶다고 하는 비율이 28%, 유기농업에 흥미가 있다고 하는 비율이 65%나 되며(전국농업회의소가 실시한 신(新)농업인 박람회에서의 조사 결과), 이 유기농업을 전면에 앞세운 신규 취농자 확보를 위한 활동은 크게 주목되지만, 신규 진입을 크게 상회하는 고령화에 따른 은퇴가 계속되고 있어 담당자 부족 문제는 더욱 심각해지고 있는 것이 현 실정이다.

이러한 활동을 되돌아볼 때 문제점으로 다음과 같은 것들을 들 수 있다. ① 독신자의 신규 취농의 어려움, ② 행정 등과의 연계 부족, ③ 주거 확보의 어려움(빈집은 있어도 작업장이 설치돼 있는 빈집이 거의 없다), ④ 신규 취농자의 경영 규모는 작고, 경영 효율도 나쁘다. 또한, 이런 문제점도 감안하여 신규 취농에 있어서는, 유기농업의 경우, 풀베기를 힘써 하지 않는 경우가 많다고 하는 주변 농가의 선입견이 있기 때문에, 가능한 제초에 노력할 것을 지도함과 함께, 신규 취농자 중에는 휴일에 토지소유권자를 도움으로써 신뢰를 획득하고, 이후 농기구를 자유롭게 이용할 수 있게 된 사례가 있는 것 등도 올려, 지역과의 교제, 관계 만들기가 중요함을 가르치고 있다.

〈사례 ⑮〉 야마나시현山梨県 가이시甲斐市·구로후지 黑富士 농장

일본에서의 유기 생산은, 채소, 쌀, 과일 등의 농산물이 대부분이고, 축산은 극히 적다. 그런 가운데서 유기 축산을 실현하고 있는 하나가 농업생산법인인 구로후지黑富士 농장이다. 구로후지농장은 유기 축산에 그치지 않고 방목에 의한 가축 복지와 BMW(뒤쪽에서 다시 언급)에 의한 환경 창조에도 열심히 노력하고 있다.

숲속 농장

구로후지黑富士 농장은, 고후甲府 시가지에서 북쪽으로 차로 30분 미만이고, 전국에서도 손꼽히는 계곡의 아름다움으로 알려진 쇼센쿄昇仙峽 근처로서, 서쪽 골짜기 방면에 있는 경사지에 있다. 유무라湯村 온천 마을을 통과하면 오르막길이 계속되지만, 연도(沿道)는 돌담으로 구분된 계단식 논이 이어진다. 저자가 구로후지농장을 방문한 것은 9월 중순이지만, 이미 논의 절반 가까이까지 벼 베기가 진행되어 있었으며, 수확한 벼는, 볏 덕에 걸려, 천일건조 되고 있었다. 좁은 길이 완만하게 구부러지면서 올라가고 있는 길과, 볏 덕 걸이의 풍경은, 옛날의 그립고, 느긋한 기분으로 만들어 준다.

더 심해지는 경사를 오르면, 울창하게 펼쳐지는 숲에 부딪히고, 구로후지 기슭의 숲에 둘러싸인 경사지에 구로후지농장이 있다. 이곳은, 전후, 만주에서 되돌아온 사람들에 의한 개척지인데, 구로후지농장 입구 옆에는 「공존공영」이라고 적힌 비석이 서 있다. 여기서 개척에 참가했던 사람들이, 모두 힘을 합쳐, 간난신고(艱難辛苦, 어려움을 겪고 고생함)하면서도, 전후의 어려운 시기를 극복하고자 한 기상을 돌에 새긴 것이다.

6만 마리 양계

구로후지농장 대표인 무코야마 시게노리向山武德 씨(62세)는, 고슈시甲州市(구 엔잔시鹽山市) 출신으로 원래는 쌀 농가였으나, 과수 재배로 바꾸고, 아버지 대에 양계를 시작하였다. 무코야마 씨는 대학을 졸업하고 바로 취농했지만, 해마다 주위에는 민가가 늘어나, 양계가 하기 어려워졌기 때문에, 주위의 환경을 신경 쓰지 않아도 좋은 장소를 찾던 중, 이곳을 발견하게 된 것이다. 이 개척지에는 옛날에 30채의 농가가 정착하고 있었지만, 경사지에 기계가 들어가기 어려운 점 등이 원인이 되어 농가 수는 감소하여, 여기에 농장을 건설한 1984년

당시 7가구의 농가만 남아 있었다. 이 중 두 가구에서 농지를 구입하고, 그 후, 규모 확대를 위해, 다시금 한 농가로부터 농지를 취득하고 있다.

현재 사무소 등을 포함하여 총 면적은 16ha로서, 닭장은 18동, 6만 마리의 닭을 사육하고 있고, 매일 4~5만 개의 달걀을 생산하고 있다. 임원을 포함하여 스태프는 10명으로, 많은 파트타이머가 함께 농장을 꾸려 가고 있다. 또한, 직매점「계란마을」을 코후시甲府市, 고슈시甲州市, 가이시甲斐市에 설치해 두고 있다.

방목란 · 유기란

구로후지농장의 가장 큰 특징은, 방목 계란, 유기농 계란을 생산하는 데 있다. 닭의 절반이 방목으로 사육되고 있다. 처음에는 모두 케이지(cage) 사육에 의한 일반적인 생산 방식을 취하고 있었지만, 여기에서 양계를 시작한 지 5년 차쯤에, 사회과목 견학으로 방문한 초등학생 한 명이「이런 좁은 곳에서 길러지니 닭은 불쌍하다」라고 말했던 이 한마디가 가슴에 꽂혔다고 한다. 그래서 자유 범위(free range)식이라고 불리는, 평사(平飼)12) 자연 방목을 채용하기로 한 것으로, 밖에서 풀을

---

12) 평사란 닭 등 가금류를 닭장 내에서 지면에 놓아 자유롭게 운동할 수 있도록 한 사육 방법임. https://ja.wikipedia.org/wiki/平飼い -역자주.

먹도록 내버려 둠과 동시에, 최대한 자연에 가까운 형태로의 사육에 힘써 왔다.

또한 2001년부터는 유기란의 판매를 시작하고 있으며, 현재, 닭장 18개 동 중 2개 동을 유기로 생산하고 있다. JAS법이 개정되어 유기 JAS로의 표시가 가능하게 된 것이 2001년부터인 바, 구로후지농장이 축산물에 유기농 표시에 의한 판매를 실시한 제1호가 된다. 바로 유기 축산의 선구자이며, 국내에서의 유기 축산의 기준 만들기 등으로, 상당한 어려움이 있었다고도 한다.

공급하는 사료 곡물은 유전자조작 작물이 아닌 것을 사용하는데, 현재 옥수수는 미국에서, 대두는 라오스에서 수입하고 있다. 옥수수에 대해서는 얼마 전까지 필리핀에서 들여오고 있었으나, 필리핀에서도 유전자조작 옥수수의 재배가 증가해 옴에 따라, 아직 확실하게 비유전자조작 옥수수가 조달 가능한 미국으로 전환하였다고 한다. 라오스와의 거래는 최근 들어서인데, 현지 농가와 함께 만드는, 얼굴이 보이는 관계를 소중히 한다고 하는, 기본자세가 라오스와의 만남을 가져오게 하였다.

국내산과 수입산과의 가격 차이가 너무 커서 채산을 맞추기가 어렵기 때문에, 전면적으로 수입산에 의존해 왔지만, 해외로부터의 비유전자조작의 사료곡물 조달은 점차 어려워지고 있어, 머지않아 국내에서, 마지막으로는 스스로 생산할 수밖에 없을지도 모른다고 무코야마 씨는 말한다.

체감(體感)하는 것이 중요

구로후지黑富士 농장에서 생산되고 있는 계란은, 유기 생산된 것은 「리얼 유기란」, 방목 생산된 것은 「고슈甲州 상카이山懷 방목란」, 그 외의 비유전자변형 곡물 사료를 사용하고, 개방식 케이지 닭장에서 생산된 것은 「사쿠라 달걀」로, 모두 브랜드화하여 판매되고 있다. 계란뿐만 아니라, 바움쿠헨13)(독 Baumkuchen, 원통 모양의 케이크로, 자르면 둥근 면에 나이테 모양의 무늬가 나타남. 두산동아 일한사전-역자주), 쉬폰 케이크, 아이스크림, 계훈(鷄薰)(훈제 닭고기 소시지), 닭고기, 계란 잼(계란에 유자를 넣어 가공) 등의 가공품도 기획 · 판매하고 있다.

판매처는 생활클럽생협 등의 생협, '래디쉬(raddish)보야' 등의 유기농전문판매회사, 직영점인 '계란마을'에서의 판매, 기타(전국개별택배 등)로, 각각 약 3분의 1씩이 되고 있다. 또한 생협 등과의 거래는 생산 원가를 기반으로 가격이 정해져 있다.

생협 등의 회원, 소비자의 견학 · 교류도 빈번하게 이루어지

---

13) 바움쿠헨: Baumkuchen, 독일어. 원통모양의 케이크로, 자르면 둥근 면에 나이테 모양의 무늬가 나타남. 두산동아 일한사전. -역자주.

고 있지만, 특히 힘을 들이고 있는 것이, 지역 초등학교 사회과 견학의 방문으로, 그냥 닭을 보는 데 그치지 않고, 반드시 초등학생 한 명 한 명에게 닭을 안겨 줄 수 있도록 하고 있다. 방목하고 있는 닭은 차분하여, 아이들이 닭을 안고 놀 수 있으며, 무엇보다도 품음으로써 닭을 체감해 보고 싶어 한다고 한다.

환경과 순환

또 한 가지 구로후지黑富士 농장에서 잊지 말아야 할 것은, 무코야마向山 씨가 가장 중시하고 있는 "환경"에 대한 대책이다. 그 핵심 부분을 담당하고 있는 것이 BMW 기술의 활용으로서, 토착 미생물(박테리아, B)과 클로렐라와, 자연석과 부엽토가 지니고 있는 미네랄(M)을 이용하여, 계분을 퇴비로, 소변을 활성수(W)로 전환함으로써 순환시키는 것이다. 활성수를 닭의 음용수로 사용하고, 사료의 발효에 이용함으로써, 항생물질과 살균제의 사용을 필요로 하지 않게 하여, 건강한 닭의 육성을 가능하게 하고 있다.

구로후지농장을 방문하고 가장 놀란 것이, 양계장 특유의 냄새가 없을 뿐 아니라, 정말로 삼림욕을 하고 있는 것 같은, 그 자리에 있는 것만으로도 기분이 좋아지는, 그런 공기가 흐르고 있는 점에 있다. BMW의 효과가 이런 공기를 빚어내고 있는 셈이지만, 이 외에도 농장 전체가 진짜 깨끗하고 차분하고, 자연과 잘 조화된 경관을 만들어 내고 있다. BMW의 퇴비와 활성수를 사용하여 채소나 꽃 등이 길러지고, 모두 활력이 가득하게 성장할 뿐만 아니라, 무코야마 씨에게 물어 알아차린 것이지만, 이 넓은 농장에는 전신주가 없다. 전선은 지하에 매설되어 있으며, 그것도 포함하여, 마치 유럽의 농장을 보고 있는 것 같은 생각이 든다.

가업(家業)으로 하는 양계가 이상(理想)

이러한 비즈니스는 물론이고, 이를 떠받치는 환경에 대한 노력 등을 리드해 온 근간에 있는 것은 무엇인가. 무코야마 씨가 가장 중요하게 생각하고 있는 것은 환경이라고 하나, 이와 함께 「재미있지 않으면 농업이 아니다」라고도 한다. 그리고 보니 사무실에는 「농업생산법인 구로후지黑富士 농장」과 함께 「야마나시山梨 자연학연구소」라는 간판이 걸려 있어, 「야마나시 자연학」에 대한 관심이야말로 무코야마 씨의 철학과 행동의 핵심을 이루고 있는 것으로도 생각된다. 그리고 그는 어릴 때부터 유럽을 시작으로 가능한 한 해외를 발로 걸었다고 한다.

유럽을 걸어 보고, 저 편에서는 전문(professional) 농가이기 때문에 그야말로 유기농업과 가축복지에 노력하려 하고 있는데도, 일본에서는 농약을 써서라도 좋은 것을 만들려고 하고 있다는 것을 새삼 깨닫게 되었다. 그 차이는 자연을 파악하는 방법이 크게 다른 것에 원인이 있는 것으로 생각되기도 하지만, 그 후의 무코야마 씨의 노력에 큰 영향을 주게 되었던 것 같다. 이와 관련하여, 이제는 케이지(cage) 사육에 의한 대규모 양계에 종사하고 있는 나라는 일본뿐이라고도 한다. 이미 유럽에서는 2012년부터 케이지 사육이 금지되었고, 미국에서도 이를 금지하는 검토가 시작되어, 가축 복지, 방목이 세계의 흐름이 되고 있다고 한다.

현재 사육 마리 수는 6만 마리이지만, 피크기에는 10만 마리를 사육하고 있던 것을, 규모를 축소해 가면서 가축 복지, 환경에 주력함과 동시에, 계란의 브랜드화 및 가공품 등의 부가가치 조성에 힘써 왔다. 「크게 하지 않는다」 「가업으로 되돌리고 싶다」가 지금의 솔직한 생각이라고 한다. 두 아들에게는 가업을 이으라고는 한 번도 입 밖에 낸 적이 없는 것 같은데, 지금, 두 아들도 모두 이 농장에서 활발하게 일하고 있다. 무코야마 씨의 양계에 관한 발상, 행동은 축산이나 농업 분야에 그치지 않고, 지금의 일본의 본연의 자세 전체에 대해, 실로 본질적이고 중요한 힌트를 주고 있는 것으로 생각된다.

〈사례 ⑯〉 구마모토현熊本県 우키시宇城市 · 톈신농장 天芯農場

유기농업에는 독농가(농사를 힘써 하는 집안)가 스스로 확립한 것을 주위의 가까운 곳으로 전수해 온 경우가 많으나, 체계적인 방법·기술에 조직적인 노력을 기울여, 널리 영향을 미쳐 온 경우도 적지 않다. 그 하나로 「자연농업」이 있는데, 이도 일부 따르면서 유기농업에 종사하고 있는 예이다.

즐겁지 않으면 농업이 아니다

「재미있고 즐겁지 않으면 농업이 아니다」라고 하면서, 구마모토현 우키시 시라누이不知火 마을에서 유기농업과 농산물 가공 등에 도전하고 있는 사람이 사와무라 데루히코澤村輝彦 씨(53세)이다.

우키시는, 구마모토시의 남쪽, 아마쿠사天草의 가미시마上島와 상대하고 있는 것과 같이 시라누이 바다에 돌출되어 있는 우토宇土 반도의 관절 부분에 있다. 구마모토 시내에서 차로 30~40분으로, 교통이 편리할 뿐만 아니라, 기후 풍토에도 혜택을 받아, 거의 모든 농산물의 생산이 가능하다.

사와무라 씨는 하우스 4ha, 논·밭 7ha로 10ha가 넘는 농장에서, 사와무라 씨 부부와 어머니, 여기에 직원 20명과 함께, 유기농업 등으로 토마토, 쌀, 멜론 등의 생산과, 이들을 사용한 농산 가공, 보다 더는 바이오매스 난방이라고 하는 방식으로, 새로운 분야, 새로운 기술 등에 과감하게 도전하고 있다.

사와무라 씨는 1980년 구마모토 현립 농업대학교를 졸업함과 동시에 취농하였다. 취농 후 33년이 경과했는데, 취농 당시를 되돌아볼 때, 당시, 소유하고 있던 농지 면적은 0.4ha에 지나지 않아, 도저히 경영 자립이 어려워, 모친으로부터 종종「우리(0.4ha)는 좁기 때문에, 어딘가 다른 곳에 양자로 가서 농사를 지으라」는 얘기를 들었다고 한다. 그 0.4ha의 농지에 700만 엔의 돈을 꾸어 봄 멜론과 억제접지 멜론 등의 재배를 시작했다. 그리고 서서히 경영면적을 확대하고 작목도 늘려 오늘에 이르고 있다. 또 2001년에는 농지취득을 용이하게 하기 위해 1가구 1법인에 의한 (주)텐신농장을 시작하였다.

미생물 수에 비례하는 맛

도시 소비자는, 좋은 것, 안전한 것을 추구하고 있다는 것을 실감하게 되어, 1988년부터 오리 농법에 의한 벼농사에 도전해 왔다. 유기농 표시를 시작한 것은 1998년부터로, 현재는 JAS 유기 인증을 획득하고 있다. 맨 먼저 쌀에서 시작하여, 토마토는 살균제만을 사용한 특수 재배에 나섰다. 그 후, 그 흐름 속에서 한국의 조한규(趙漢珪) 씨가 확립한 자연농업에 접하게 되어, 현재는 자연농업도 포함시킨 유기농업에 주력하고 있다.

여기에서 조한규 씨의 자연농업의 포인트가 되는 부분을 약간 소개해 본다면, 기본적인 생각은,「자연의 이치에 따라, 자연과의 조화 [3기(물기 水氣, 열기 熱氣, 공기 空氣), 2열(하늘열 天熱, 지열 地熱), 3체(천체 天体, 지체 地体, 기체 氣体)]를 추구」하여, 환경과 생명을 수호해 가는 것에 두고 있다. 특징적인 것이, 첫째로 토착 미생물을 중시하고, 철저히 그 농장의 주변에서 채취한 토착 미생물을 배양·확대해 가는 것, 둘째로 성장호르몬이 집중하고 있는 새싹이나 막 나온 열매 등에 주목하여, 이들을 사용하여 발효시킨 「천혜(天惠) 녹즙」을 효소액으로 활용하는 것, 셋째로 쌀과 채소·과일은 물론, 축산에서도 자연농업의 철리(哲理)에 바탕을 둔 사육 관리 방법을 확립하고 있는 것 등을 들 수 있다. 조한규 씨는 일본의 많은 현장에서 배우면서, 한국에서 자연농업의 체계를 확립시켰지만, 일본에서의 보급에도 노력을 하여, 이를 위한 활동 모체 역할을 담당해 온 일본자연농업협회는 2013년 9월에, 설립 20주년을 맞이하고 있다.

사와무라 씨의 이 자연농업에 대한 노력은, 유기재배에 종사하는 가운데, 유기농이라고는 하지만 영양분이 많으면 병해충이 증가한다는 사실을 깨달은 것이 계기가 되어 본격화하였다. 억새나 갈대류는 질소 성분이 적기 때문에, 억새나 갈대를 하천 부지에서 깎은 것을 3년간 재워, 여기에 쌀겨 중심의 보카시를[14] 넣은 퇴비 만들기로 전환해 왔다. 이에 따라 당도는

---

14) 보카시: 유기비료를 발효시켜 비효(비료효과)를 보카시한(평온하게 한) 것.

높지 않지만 맛이 제대로 느껴지는 등 맛에 변화가 옴과 동시에, 토마토 잎의 색깔도 짙은 녹색에서 연한 녹색의 새 잎 색깔로 변화하게 되었다. 사와무라 씨가 강하게 느끼고 있는 것 중 하나는, 농산물의 맛은, 미생물을 비롯한 생물의 수에 비례한다. 미생물이 많으면, 흙에 섞인 미네랄과 미량 요소를 농산물이 흡수하기 쉬워지기 때문일 것이다. 생물의 수가 많을수록 맛이 있다는 사실이다. 이처럼 농산물에는 과도한 영양을 주지 않음으로써, 비만한 농산물이 아닌, 튼튼하고 건강한 채소를 만드는 일 등, 정말로 양보다 질을 중시하는 노력을 해 왔다. 아울러 통감하고 있는 것이, 제철에 농산물을 만드는 것의 중요함이라고 한다.

유기재배 작업을 시작했을 당시는, 마을에서는 자신 혼자뿐이었다. 동료를 만들어 유기재배를 넓혀 가고 싶었지만, 개별로 만나 이야기를 해도 좀처럼 진행되지 않아서, 현지 농협JA의 원예부회에 목표를 맞추고, 여기서 유기재배의 필요성, 기술 등에 대한 논의를 거듭해 왔다. 그 결과, 현재는 같이 JA 관내에서 7명이 유기재배에 종사하고 있다. 그리고 2001년에는, (유한회사)히고肥後아유미회(會)를 발족시켜, 「사람 만들기15)·토양 만들기·물건 만들기-내일의 지구와 음식을 생각

---

https://ja.wikipedia.org/wiki/ぼかし -역자주.

15) 사람 만들기: 인재 육성의 뜻. -역자주.

한다」를 실천해 나가기 위해 시험 포장을 마련하고, 유기농업, 더 나아가서는 자연농업의 기술 확립에 노력해 왔다.

(유)히고아유미회의 회원이 생산한 유기 농산물은 (유)히고 아유미회가 구입하여, 판매하고 있다. 유기 농산물을 생산하고 5년 정도는 좀처럼 팔리지 않아 고생을 하여, 사와무라 씨가 책임지고 판매하기로 하여, 매입 판매를 시작한 것이지만, 지금도 이 시스템이 계속되고 있다. 이렇게 맛있고 안전한 농산물을 소비자에게 공급해 간다는 기본을 지키면서 5년, 6년간 견디며 버텨 왔는데, 이를 지지해 주는 업체도 나타나고 취급 물량이 증가함과 동시에 소비자가 기뻐하는 목소리도 직접 다다르게 되었다.

유기농업, 그리고 가공·바이오매스

정성 들여 만든 농산물은, 예를 들어 크기가 출하에 적합하지 않아 제외되어야 할 것도 아까워서 버리지 않는다. 이것을 어떻게든 살려 사용하고 싶다는 마음에서 가공에도 나서게 되었다. 주스, 퓌레,[16] 드라이 토마토 등 10종류의 가공품을 생산하고 있다.

또한 에너지 절약에 노력하는 가운데, 대학 등과도 연계하여

---

16) 퓌레: 프랑스어. 육류나 채소 등을 삶거나 데쳐서 으깨어 체로 거른 것. 요리에 맛을 내는 재료로 쓰임. -역자주.

중유(重油)17) 난방기로부터, 삼나무(Japanese cedar) 칩을 사용하여 바이오매스 난방기로 전환하였다. 한겨울에는 생각보다 많이 칩을 소비하지만, 배출되는 이산화탄소를 하우스 내로 유도하는 방식을 통해, 나무의 자라나는 기세(수세)를 강하게 하는 것에 연결해 오고 있다.

이러한 노력의 결과로, 논에서는 송사리나 새우, 물방개, 물벼룩, 심지어 물장군 등도 나타나게 되었다. 논에는 연을 재배하고, 비료를 사용치 않고 벼를 재배하고 있으며, 이것도 맛이 좋다는 평판을 얻고 있다.

사와무라 씨는, 아직도 공부를 하고 있는 중이라며 겸손해 하고 있지만, 「지역에서 기술을 확립해 가고 싶다」며 의기양양한 모습이다. 이러한 부모의 뒷모습을 동경해 왔는지, 지금 연수 중인 아들은, 2014년 3월에는 졸업을 하고 집에서 함께 농업을 영위할 예정이라고 한다.

---

17) 원유에서 휘발유·경유·등유 따위를 뽑아낸 흑갈색의 걸쭉한 찌끼 기름. 파라핀 제조나 공업용 원료 따위로 쓰임. -역자주.

06

자연재배

친환성 농업에 대한 노력은, 에코 파머(지속농업법 제4조에 의거, 「지속성이 높은 농업 생산방식의 도입에 관한 계획」을 제출하고, 계획이 적당하다는 취지의 인정을 받은 인정농업자)를 비롯해 퍼지고 있고, 관행재배와의 차별화의 정도는 느슨하다.

이런 가운데, 최근 주목을 받고 있는 것이 자연농법이다. 자연농법은 세계구세교의 창시자인 오카다 모키치岡田茂吉 씨, 더욱이 『자연농법·볏짚 하나의 혁명』을 저술한 후쿠오카 마사노부福岡正信 씨 등의 선구자가 구한 농법으로, 무경운(不耕起), 무비료, 무농약, 무제초를 골자로 한다. 이 농법을 기본으로 지혜·궁리를 더해 임해 온 것이 자연재배로서, 아오모리현青森県의 사과 농가인 기무라 아키노리木村秋則 씨가, 마침내 사과생산을 성공시킨 반생을 기록한 『기적의 사과』『오로지 자연재배로』 등은 베스트셀러, 스테디셀러가 되어, 널리 자연재배가 알려지게 되었다.

유기농업은 화학합성비료·농약은 사용하지 않지만, 퇴비를 비롯한 공인된 유기 자재는 사용하여 생산되는 데 반해, 자연재배에서는 화학합성비료·농약은 사용하지 않고, 생물의 힘을 사용하여 재배한다. 자연재배에 이용하는「생물의 힘」은 적어도 세 가지로서(스기야마 슈이치杉山秀一 저,『대단한 밭의 대단한 흙』, 47쪽), ① 비료 대신 지력을 높이는「식물-토양 피드백」, ② 살충제 대신 해충을 방제하는「생물 간의 상호작용 네트워크」, ③ 살균제 대신 병을 억제하는「식물 면역」이 제시되어 있다.

상세하게는 스기야마 씨의 책을 직접 찾아봐야 하겠지만, 「비료 대신 토양의 미생물이 밭을 기름지게 하는」메커니즘만 소개한다.「토양에는 시든 식물로부터 나온 쓰레기(토양 미생물에 의해 거의 분해되어 있지 않은 낙엽이나 떨어진 가지류-필자주)나 동물의 유체 등으로 구성된 유기물이 대량으로 존재하고, 이 유기물 가운데에 질소가 축적」되어 있으며,「토양미생물은 토양 중의 유기물을 분해하여, 토양 중의 스톡(stock)으로 존재하는 질소를 흐름(flow)으로써의 질소로 바꾸어, 식물과 토양 사이의 질소 순환을 지원」(같은 책, 79 쪽)한다. 즉 자연계에서는 질소의 흐름(flow)이 식물의 성장을 촉진하는 것으로, 이 흐름을 촉진하는 것이 토양 미생물이라고 한다. 반대로 화학합성비료를 공급하면,「토양 미생물의 종류가 변하고, 질소를 대량으로 흡수하고, 소비하는 미생물이 증가함」(같은 책, 82쪽)으로써, 비료의 효과가 나빠지게 되는 것으로 본다.

자연재배는 방치하는 것은 아니고, 어디까지나 생물의 힘을 사용하여 컨트롤하자는 것으로, 외부 투입은 0(제로)이며, 유기재배에서는 미숙 퇴비를 사용하여 질소 과다에 빠질 가능성이 있는 반면, 자연재배에서는 질소 과다가 되는 것은 있을 수 없다. 실제로 기무라木村 씨가 그랬던 것처럼, 노력이라는 관점에서 보면 장애물은 극히 높고, 그것이 그러하므로 보급은 극히 일부에 그치고 있다. 그러나 생태계를 소중히 다루면서 자연 순환 기능을 더욱 더 발휘 시킨다는 의미에서는, 자연재배는 궁극의 최고의 유기농업으로 자리매김할 수 있다고 생각한다.

07

생물다양성 농업

여기서 또 한 가지 주목하고 싶은 것이, 생물다양성 농업이다. 우선 농약·비료의 사용 자체를 문제 삼는 것은 아니고, 논이나 밭에서 생물의 다양성을 관찰하고 결과로서 농업의 있어야 할 모습을 묻고 이를 바로 세우는 것이다. 생물의 다양성을 체크하기 위해 실시하는 생물 조사가 중요한 역할을 담당하게 되는데, 각지에서 생물 조사에 임하는 주체도 증가하여, 2008년에는 이러한 내셔널 센터로서 NPO(Non-profit organization; 비영리단체) 법인의 생물다양성농업지원센터가 발족하였다.

지금까지 저농약·저화학 비료에 의해 경제성과의 균형을 중시하는 환경보전형 농업과, 화학합성비료·농약을 사용하지 않는 유기농업 사이에서, 농약·화학비료 사용의 옳고 그름에 대하여 신학(神學) 논쟁이라고 해야 할, 격렬한 논쟁이 오랜 시간에 걸쳐서 계속되어 왔다. 유기농업, 환경보전형 농업 모두가 농약·화학비료의 사용 유무와 정도에 따라 안전성을 판단해 온 것인데, 이들이 인풋 기준(input base)으로 안전성을 포착해 온 반면, 생물다양성 농업에서는 어디까지나 아웃풋(output)을 중시하는 역발상에 서는 것이다.

생협(生協)을 비롯한 소비자 그룹이나 학교 등과 연계하여 각지에서 생물 조사가 이루어져 오고 있으며, 멸종 위기 종인 황새와 물방개 등이 있는 곳에서는, 황새 쌀(효고현兵庫県 토요오카시豊岡市)과 물빙개 쌀(히로시마현広島県 오노미치시尾道市 미츠기쿄御調町) 등으로 브랜드화하여 고부가가치를 실현하는 곳도 나타나고 있다. 이 생물 조사는, 무엇보다 아이들에게 절호의 자연 체험장이 되고 있어 교육 효과를 포함한 다양한 효과가 기대된다.

이처럼 생물 조사가 꾸준히 확대되고 있으며, 또 생협 등 소비자 그룹도 이에 높은 평가를 주고 있는 것도 있고, 2013년 9월, 일반사단법인 생물인증추진협의회가 발족하여, 논이나 밭에 서식하고 있는 동식물을 생산자와 소비자가 함께 조사함으로써, 그 포장(圃場)의 생태계 균형을 평가하여, 환경을 배려한 농산물의 보급·확대를 목표로 한 「생물 인증 시스템」을 출발시키고 있다.

TPP에로의 대항

이 책에서는 유기농업 등을 굳이 고도기술집약형 농업의 하나로 위치시켜 왔다. TPP를 비롯한 농산물 무역자유화의 압력은 거세질 뿐이고, 농정은 이에 대응해 나가기 위해서, 규모 확대, 수출 진흥 등의 "공격의 농림업"으로써 농업 소득의 배증을 목표로 하고 있다. 그러나 일본의 자연 조건 등으로 인해 확대 가능한 규모에는 한계가 있어, 이른바 농업 선진국에 비할 만큼의 생산성을 확보해 나가는 것은 불가능하다.

이러한 "눈에는 눈을, 이에는 이를"보다는 소규모이지만 지혜·공부와 노력을 들여 나감으로써 부가가치를 확대해 나가는 것, 그리고 글로벌 시장을 목표로 하는 것이 아니라, 바로 곁에 있는 소비자에게 생산자가 직접 농산물을 제공해 나가는 것과 같은 작은 순환, 로컬 시장을 중시해 나가는 것, 이것이 일본 농업의 나아가야 할 방향이라고 생각한다.

이 핵심 부분을 담당하는 것이 바로 이 고도기술집약형 농업이며, 특히 유기농업 등이라고 할 수 있다. 오히려 소규모 경영, 가족경영을 살리는 길을 통한 유기농업 등에의 노력으로, 지역농업을 재생시키고 지역 순환을 회복해 가는 것이 중요하다. 오로지 규모와 효율성만을 추구하는 농업이 아니라, 「즐거운 농업」「재미있는 농업」, 소비자의 건강을 지키며, 지역 문화와 일체가 된 일본형 농업을 선택해 가는 것이 바람직하다.

제7장

토지이용형 농업
-농지활용과 방목축산

농지활용을 둘러싼 문제

일본 농업은 농지의 협소성을 전제로 발전해 왔다. 즉 농지 면적에 대한 농가 인구의 비율이 높고, 또 농지 면적에 대한 소비 인구의 비율도 높아, 식량 수급은 핍박을 기조로 해 왔다. 그러던 중, 좁은 농지 면적에 가족 총출동으로 손을 대고, 가능한 한 많은 단위면적당 수량 확보를 목표로 생산이 계속되어 왔다.

그런데 1960년대 중반부터 쌀 생산 과잉이 시작되고, 다른 한편으로 곡물을 비롯한 농산물 자유화가 확대됨에 따라 식료 자급률은 저하 경향을 보이고 있으나, 식료 수급은 완화로 돌아섰다. 이 때문에 1971년부터 본격적인 쌀 생산 조정이 시작되고, 쌀 품종 개량도 이제까지의 수확량 증가를 겨냥하는 것으로부터 품질 중시로 전환되어 왔다. 아울러 1인당 쌀 연간 소비량은 피크기의 절반 수준인, 60kg으로 낮아지는 등, 쌀의 잉여감이 강하다.

이미 일본의 인구는 피크를 치고, 이제부터는 감소가 계속되어, 금세기 말에는 인구가 반감 할 것으로 예측되고 있다.

인구 감소에 1인당 쌀 소비량 감소가 겹쳐, 쌀의 잉여, 즉 논 잉여가 점점 심각화할 것은 불가피하다. 이제까지도 전작(轉作)으로 쌀 생산 조정에 대한 대응 노력이 거듭되어 왔지만, 이를 훨씬 상회하는 쌀 생산조정이 필요하게 된다는 의미에서는(즉, 농지가 남아돌게 된다는 의미에서는), 농지의 협소성을 전제로 기술 집약적인 농업을 추진하여 온 일본 농업의 있어야 할 모습에 대한 생각을 근본적으로 재검토해 가는 것이 필요하다. 즉 고도의 기술 집약적인 농업을 추구해 가는 것과 병행하여, 본격적인 토지이용형 농업(土地利用型 農業)을 확립해 가는 것이 요구된다. 그 포인트가 되는 것이 경축(耕畜)연계이며, 논의 축산적 이용이다. 또한 이러한 쌀 잉여, 논 잉여 현상은, 동아시아의 고도 경제성장을 이루어 온 한국, 대만, 심지어는 중국 연해지역에서도 마찬가지로서, 논의 축산적 이용은 동아시아 공통의 과제가 되고 있다.

02 | 사료 가격의 상승

　　앞에서도 언급했듯이 곡물 시세는, 대체로 20세기 후반에는 안정적인 가격 추이를 보여 왔으나, 2006년 이후 상승세가 계속, 2008년 중반에는 상승 이전의 3~4배의 가격으로까지 치솟았다. 이것이 9월의 리먼 쇼크로 갑자기 떨어지긴 했지만, 그 후에도 미국 등에서의 가뭄의 영향으로 다시 상승하는 등, 이전의 수준을 크게 웃도는 경향을 보이고 있다. 그리고 이것이 식품 가격의 상승을 초래하고 있음과 동시에, 일본의 축산경영을 크게 흔들고 있다.

　　기본적으로는 곡물 시세에 사료 가격도 연동하는 추이를 보여 왔는데, 아베노믹스에 따른 엔화 약세 유도에 따라, 곡물 가격의 상승은 증폭되어 대폭적인 사료 가격 인상을 초래하고 있다. 이 때문에 축산 경영이 직격탄을 맞고, 축산 농가도 환율 동향에 신경을 곤두세워야 하는 상황에 놓이게 되어 왔다.

　　2012년 10~12월 기간의 배합사료 가격은 전기 대비 톤당 4,350엔 인상되어 톤당 6만 3,250엔으로 되어, 우선은 배합사료 가격 안정제도의 이상(異常)기금에 의한 발동 기준의 2.5%

인하에 의해 인상 폭 전액이 보전되었다. 이상보전기금의 잔고는 얼마 남지 않게 되어, 보전의 연속성에 적신호가 켜져 있는 상황에 몰리게 되어, 2013년도의 축산물 및 낙농제품 가격과 관련 대책의 "인상"에 의해 즉각적인 조치가 이루어짐과 동시에, 동 제도의 전면적인 재점검에 대한 검토가 거듭되고 있다.

다시 축산 경영에서 생산비에서 차지하는 사료비의 비중을 살펴보자(농림수산성 축산물생산비통계(평성 23년도=2011년도). 젖소 수컷 비육우 57.7%, 양돈 63.5%, 우유 45.2%로, 모두 생산비의 절반 전후를 사료비가 차지하고 있으며, 양돈에서는 60%를 넘어, 사료 가격 상승이 경영을 즉시 직격하는 구조로 되어 있다. 곡물 수급이나 환율 등에 휘둘리지 않기 위해서는, 원래대로라면 엔고 혜택을 누리고 있는 동안에 일정 비율 이상의 사료자급화를 실현했어야 했지만, 엔화 약세로 흔들려 사료 가격이 급등하는 가운데 사료 자급률 향상을 강요받고 있는 것이 현 상황이다.

남아도는 논과 이의 축산적 이용

　　　　사료 자급률 향상의 열쇠를 쥐고 있는 것, 그것
은 생산 조정 논의 축산적 이용, 즉 사료용 쌀, 사료용 벼(벼
발효 조사료), 그리고 논 방목이다. 우선은 논의 이용 상황을
확인해 둔다.

　2007년부터 2012년까지의 논 면적 추이를 보면, 이 5년간
의 주식용 쌀의 식부 면적이 152만 4,000ha로서 11만 3,000ha
감소하고 있는 반면, 사료용 쌀, 사료용 벼, 쌀가루용 쌀 등에
의해 비주식용 벼 식부면적이 6만 3,000ha 증가하고 있다. 쌀
이외에 보리, 콩, 사료 작물 등의 면적은 작물에 따라 각기 다
르지만, 그 소계를 보면 약간 증가하고 있다.

　다시 논의 이용 상황을 확인해 보면, 본 논(田本地, 논 면적
에서 논두렁을 제외한 면적) 면적 233만 ha 중 주식용 쌀 식
부면적은 152만 6,000ha로, 그 비율은 65.5%이다. 여기에 가
공용 쌀, 사료용 쌀, 사료용 벼 등의 비주식용 쌀을 더한 벼 식
부면적은 163만 ha로 되고, 마찬가지로 본 논(田本地) 면적 중
비율을 산출해 보면 70.0%가 된다. 즉 주식용 쌀의 잉여 발생

을 방지하기 위해 주식용 쌀 이외의 재배가 부득이한데, 비주
식용 쌀의 재배 면적은 증가가 현저하긴 하지만 논 면적에서
차지하는 비율은 5%에도 미치지 못한 상황이다.

이러한 이용 상황을 초래하고 있는 주된 원인은, 각종 쌀 가
격과 조성금(助成金)을 합산해서 산출한 수익성의 차이이다.
수입쌀과 경합 관계에 있는 가공용 쌀은, 주식용 쌀 능과 비교
하면 수익성이 떨어지기 때문에 생산량의 성장이 둔하다.

그런데 2011년도의 국민 1인당 쌀 소비량은 57.0kg이고, 그
대부분이 공급된 2010년산 쌀의 주식용 쌀의 재배 면적은 158
만 ha(수확량은 813만 톤)였고, 총인구는 1억 2,749만 명(2012
년 9월 1일 현재)이었다.

인구는 2005년의 1억 2,776만 명을 정점으로 이미 감소세
에 들어섰으며, 2048년에는 1억 명을 밑돌고, 21세기 말에는
6,000만 명 선까지로 감소할 것으로 추산되고 있다.

고령화의 진행에 의한 인구 구성의 변화와 작황은 일단 무
시하고, 국민 1인당 소비량은 변하지 않는 것으로 가정하여
단순히 인구 1억 명이 필요로 하는 주식용 쌀 식부면적을 계
산하면 124만 ha로 된다. 또한 인구 6,000만 명의 경우에는
74만 ha로 된다. 이들을 2010년산 쌀의 면적에서 빼면 각각
34만 ha(2048년경), 84만 ha(2099년경)로 된다. 즉 이러한 면
적의 논이, 그다지 먼 미래가 아니어서, 주식용 쌀로부터의 쉬

프트(shift)를 부득이하게 만들고 있다. 국민 1인당 소비량의 추가적인 감소와, 고령화에 따른 소비량 감소까지 포함시키면, 잉여 논은 더욱 늘어나게 된다.

따라서 논 전작이 이미 한계에 이르고 있는 현실을 감안하면, 발상을 근본적으로 바꾸어 잉여화하는 논의 이용·활용이 가장 중요한 과제로 부상해 오고 있음을 알 수 있다.

사료용 쌀·사료용 벼

그런데 논에서의 벼농사는 토지이용형 농업으로 위치시킬 수 있지만, 평균 경영 면적 2.27ha에서 알 수 있듯이, 실질은 상대적이지만 작은 면적에서 단위면적당 수량 증가와 품질을 추구하는 집약형 농업이 전개되어 왔다고 할 수 있다.

쌀의 과잉이 표면화하고 생산 조정이 본격적으로 시작된 것이 1971년이다. 1960년대 중반에는 논 과잉에 어떻게 대처해 나갈 것인가에 대한 활발한 논의가 전개되고, 쓰노다 시게사부로角田重三郎 토호쿠東北 대학 교수(당시)에 의해 사료용 쌀 구상이 명확히 제시된 바도 있다.

쌀 생산조정과 전작(轉作)이 하나의 세트로 실시되어 왔지만, 잉여화된 논을 활성화하는 한편 대(大)면적에서 이용해 나가는 데에는 축산과 링크시켜 가는 것이 최대의 포인트가 된다. 주식으로서의 쌀은 과잉이지만, 축산에서 사용하는 사료 곡물의 대부분은 미국을 중심으로 하는 해외로부터의 수입으로 조달돼 오고 있어, 이를 대체시켜 나가는 것은 식료자급률,

사료 자급률 향상에 직결된다.

쌀을 사료 곡물로서 논에서 생산해 가는 것이 사료용 쌀이며, 벼의 줄기 및 잎 부분·덜 익은 열매(子實) 부분을 통째로 조사료인 목초의 대체로서 논에서 생산해 가는 것이 사료용 벼(벼발효조사료=WCS, Whole Crop Silage)로 된다.

사료용 쌀 등에 대해서는, 과잉 경향이 더욱 강해진 1980년 전후에는, 농정심의회에서 논의됨과 동시에, 국회에서도 다루어지고 질의가 이루어졌다. 사료용 쌀에 대해서는 높이 평가하면서도, 수입 사료 곡물과의 가격 차이가 큰 점이 가장 커다란 걸림돌이 되어, 당장은 저비용화를 도모하기 위한 다수확 쌀의 개발이 우선되게 되었다.

이것을 제1단계(stage)라고 한다면, 제1단계에서는 독농가와 농협도 포함해 각지에서 사료용 쌀 등의 시제품 시험이 실시되는 등, 위기감을 갖고 관민 모두의 자주적인 노력이 전개되었다.

그러나 그 후의 정세를 반영하여, 연구 개발의 중점은 다수확 쌀에서 고품질 쌀로 이동(shift)하고, 자주적인 시험 제작도 시들해졌다.

그런 가운데에는 있었지만, 사이타마현埼玉県 농업시험장에서의 사료 전용 품종「하마사리」의 개발과, 미에현三重県 농업기술센터에서의 기계화 연구개발이 축적되어 왔다. 또한

1999년에 시행된 식료·농업·농촌 기본법에서는, 식량자급률 목표 설정이 포함되었는데, 그 검토 단계에서의 논의 방향에 대해 제시한 본인의 논문「사료용 쌀 생산과 일본 농업 재편」(총연 리포트 1998년 5월)이 반향을 불러일으켜 국회에서도 다루어지고 질의가 이루어지는 등, 국정 수준에서도 다시, 사료용 쌀이 주목받게 되었다.

사료용 쌀에 대해서는 종전부터 전작(轉作)장려금 교부의 대상이었지만, 별도로, 2000년의 논농업경영확립대책사업에서「벼 발효 조사료」가 조성(助成) 대상으로 채택되었다. 이렇게 미야자키현宮崎県, 구마모토현熊本県 등으로 사료용 벼를 중심으로 확대해 간 것이 제2단계(stage)이다.

제3단계(stage)로 되는 것이, 2010년도부터의 민주당 정권에 의한 논활용자급력향상사업의 시작이다. 이 중에서 사료용 쌀, 사료용 벼는 쌀가루용 쌀도 포함한 신규 수요 쌀로서, 교부금의 조성(助成) 대상 작물로 다시 자리매김되었다. 사료용 쌀 등의 생산면적 추이는 2009년 4,000ha, 2010년 15,000ha, 2011년 34,000ha, 2012년 35,000ha(단, 2013년은 22,000ha로 감소. 정부의 비축미 매상 가격의 인상에 의해, 생산이 비축미로 옮겨 갔기 때문임)로서, 특히 사료용 쌀에 대한 정책 효과는 뚜렷하였다.

정세는, 앞으로 더욱 사료용 쌀, 사료용 벼 생산을 확대해 나가는 것이 요구되는데, 이를 위해서는 현재의 교부금 수준을 유지하는 것이 불가피하다. 이와 함께 생산량에 맞는 축산 측에서의 수요를 확보해 나가는 것이 요건으로 된다. 이를 위해서는 사료용 쌀 등을 공급하여 생산된 축육의 유리한 판매를 가능하게 해 나가기 위한 브랜드화 등에 의한 부가가치 창출이 요구된다. 또한 경종 측과 축산 측에서 현장 사정을 감안하여 적절한 작업배분이라는 분담을 확립해 나가는 것이 중요하다. 또한 생산비용을 저하시켜 나가기 위한 직파 재배 등을 위한 노력도 필수로 되고 있다.

〈사례 ⑰〉 미야기현宮城県 JA 가미加美요츠바

사료용 쌀 등에 대해서는 야마가타현山形県 사카타시酒田市의 (주)히라타平田 목장에서의 노력은 보였지만, 하나의 커다란 축산지대인 미나미큐슈南九州를 중심으로 보급·확대해 왔다. 이것이 2010년도부터의 논활용자급력향상사업에 따라 논농사 지대인 동북지방에서도 확대를 보이고 있다. 농협의 리더십으로 지역의 기세를 올려 사료용 쌀에 도전하고 있는 것이 JA 가미요츠바이다.

「청류(淸流) 마을」의 「안전한 농축산물」

JA가미요츠바(가미요츠바 농협)는, 미야기현 서북부에 위치하고, 곡창 지대로 알려진 오사키大崎 평야의 서쪽 끝에 있으며 시카마(色麻) 마을 및 가미 마을을 관내로 한다. 센다이仙臺에서 자동치로 90분 정도가 걸리지만, 토호쿠 자동차도로・후루카와古川 IC, 야마토大和 IC에서 각각 차로 30분으로, 교통이 편리하다.

관내의 서부, 북부, 남부는 오우奧羽 산맥으로 이어지는 산악・구릉지대가 있으며, 너도밤나무 등의 울창한 숲이 있는 후나가타산船形山과, 「가미후지加美富士」라고도 불리는 수려한 야쿠라이산薬莱山 등이 있고, 여기를 원류로 하는 나루세가와鳴瀬川가 관내의 거의 중앙을 관류하고 있다. 바로 「청류淸流 마을」로부터, 비옥한 논 지대가 계속하여 펼쳐지고 있다.

따라서 논농사가 주체였지만, 현재는 이에 축산 및 밭농사 등을 결합한, 다양하고 특색 있는 농업이 전개되고 있다. 특히 축산 퇴비를 활용한 유기재배나 농업용 폐플라스틱의 수거 철저 등, 환경을 배려한 농업에 대한 노력이 이루어짐과 동시에, 재배 이력 기장 100%에 임하는 등, 「안전한 농축산물」의 제공과 정보의 공개에 노력하고 있어, 확실히 「청류 마을」에 걸맞은 농업이 구축되어 왔다.

쌀에 대한 강한 집념

JA가미요츠바는, 소위 논 단작 지대에 위치해 왔기 때문에, 당연히 쌀에 대한 집념은 강하고, 팔리는 쌀 만들기에 주력해 왔다. 양대 산맥으로 특히 추진해 온 것이, 지역에 맞는 적지 품종의 철저와 환경보전 쌀 만들기 추진의 두 개이다. 적지 품종에 대해서는, 파종 전 계약을 전제로 한 주정용 쌀의 생산, 찹쌀 단지의 육성, 가격 소구(訴求, 소송을 제기하여 권리를 행사함-역자주)가 가능한(가격이 비싸서 오히려 소비자의 주목을 받을 수 있는) 쌀 만들기에 대한 노력 등, 다양한 요구에 대응해 나감으로써 높은 쌀값 실현에 노력해 왔다. 또한 환경보전 쌀 만들기에 있어서는, 직파 재배에 의한 생산도 포함하면서, 유기부회(部會)의 설립, 특별 재배미 이상(以上)으로 70%라고 하는 생산 목표를 설정함으로써 환경보전의 레벨 업을 도모해 왔다.

그런데 전작(轉作)을 위해 쌀 이외의 작물 생산 진흥을 도모해 왔지만, 여기에 큰 역할을 발휘해 온 것이 집락영농이다. 이미 69개의 집락영농 조직에 의해, 관내 7,500ha의 논의 80%를 집락영농이 커버하고 있고, 농지를 집적하여 전작(轉作)작물로 콩과 원예작물 생산에 노력해 왔다.

지금까지는 쌀과 콩으로 블록(block) 로테이션을 짜, 1년 차는 콩, 2년 차, 3년 차는 쌀 생산을 해 오고 있으나, 콩을 재배

후 벼를 심으면(질소 성분이 지나쳐) 도복이 불가피하다는 문제를 안고 있었다. 이를 해소하기 위해 블록 로테이션을 멈추고, 전작(轉作) 단지의 고정화를 도모했다. 그리고 고정된 전작 단지에는 사료용 쌀 생산을 도입하고, 전작 단지 가운데에서의, 대두와 사료용 쌀·진흥 채소의 윤작으로 전환해 왔다. 사료용 쌀 생산의 도입 자체가 가축용 사료 생산이기는 하지만, 쌀 만들기, 논의 논으로서의 활용에 대한 집념이라고도 할 수 있다. 이에 의해 주식용 벼 재배 논의 고정화를 도모하는 동시에, 콩의 연작 장해를 회피할 수 있게 되었다.

다양한 논 활용

여기서 다시 관내 논 7,500ha의 활용 상황을 확인해 두면, 주식용 벼의 식부 면적은 5,000ha, 전작(轉作) 면적은 2,500ha이다. 전작 면적의 내역을 보면, 목초 1,000ha, 콩 400ha, 사료용 쌀 400ha, 사료용 벼 120ha, 채소 100ha, 기타 등이다. 전년과 비교하면 콩이 200ha 감소하고, 그만큼이 사료용 쌀 생산으로 이동하고 있다. 또한 가공 처리를 위한 계약재배 채소를 진흥 채소로 지정하고 있으며, 파, 양파, 배추, 시금치, 양배추 등을 대상으로, 식품 가공 공장 11개사에 출하되고 있다.

이처럼 다양한 전작(轉作) 작물이 생산되고 있는데, 수익적으로는 일정 수량만 확보할 수 있으면 콩이 가장 수익성이 높다고 한다. 기계화에 의한 대응이 대부분이라는 것과, 투하하는 자재가 적기 때문에, 비용 부담이 상대적으로 작다는 것이 주된 이유다. 그러나 연작 장해도 있고 면적당 생산량이 불안정하다는 점이, 생산 면적의 감소를 초래하는 결과가 되고 있다. 이에 버금가는 것이 사료용 쌀인데, 10a당 80,000엔의 교부금이 수익성을 크게 끌어올리고 있다. 사료용 쌀은 주식용 쌀 농기계를 그대로 이용할 수 있어, 비용 절감에도 직결되어 있는 것이 장점으로 작용하여 증가하고 있다.

사료용 쌀 증산과 환경 정비

원래 사료용 쌀 생산을 개시한 것은 2007년이며, 집락영농 중 한 곳이 시험적으로 시작한 것이다. 2008년에는 30ha로 확대하고 본격적인 노력을 시작했는데, 2007년에 사용한 품종·관동사(關東飼) 242호로부터 몽(夢)아오바를 주체로 베니고노미, 베코아오바 등으로의 전환도 시도해 왔다.

관내에서는 돼지는 적지만, 낙농, 번식우, 육우 등의 축산도 활발하다. 그러나 현재 관내에서 필요로 하는 자급용의 사료용 쌀 생산에는 논 면적 약 100ha가 있으면 충분하다고 여겨진다. 실제로는 2011년에 172ha에서 생산이 되고, 2012년에는 380ha에서, 1,900t의 사료용 쌀이 생산되고 있다. 생산된 사료용 쌀은, 전농(全農, 전국농업협동조합연합회) 계통의 북일본

조합사료(주)에 출하되며, 그중 1,100t분은, 사카타시에 본사를 둔 (주)히라타 목장용으로, 브랜드 돼지고기인 「평목삼원돈(平牧三元豚) 돼지」의 생산용으로 공급된다. 사료용 쌀은 집락영농의 노력으로 생산되어 증산해 왔지만, 관내의 사료 자급분을 상회하는 부분에 대해서는, 히라타 목장이라는 제대로 된 판매처가 확보되어 있어, 이것이 사료용 쌀의 생산 획대를 지지하고 있다.

여기서 주목하고 싶은 것이, 쌀에만 집착하여 사료용 쌀 생산을 증가시켜 온 것이지만, 이를 강력하게 추진해 나가기 위한 조건 정비로서, 전국에서 처음으로 사료용 쌀 전용 컨트리 엘리베이터를[1] JA 가미요츠바가 독자적으로 건설하여, 2012년 9월에 완성하였다. 전용 컨트리 엘리베이터가 가능할 때까지는, 11개소의 미니 라이스센터를[2] 이용하여, 관내에서 사용하는 정도의 양을 건조 조정하는 정도에 머물러 있었다. 전용 컨트리 엘리베이터는 현미 1,590t, 마른 벼 1,988t, 생 벼 2,236t의 처리량을 기본으로 설계되어 있어, 아직도 사료용 쌀을 증산해 갈 여유가 남아 있다.

JA 가미요츠바는, 전용 컨트리 엘리베이터 설치와 아울러,

---

1) 컨트리 엘리베이터: 곡물 저장 시설의 일종. 거대한 사일로(저장 빈)와 곡물 반입용 엘리베이터, 곡물 건조 시설 및 제조 시설 등으로 구성됨. -역자주.
2) 라이스 센터는 벼를 집하하여 건조·현미로 만들기·선별·출하의 4단계를 수행하는 수확 시설임. 컨트리 엘리베이터와 비교하면 소형 건조기가 줄지어 있는 모습임. 저장 시설을 갖추고 있지 않음. -역자주.

축육의 맛 성분을 증가시키기 위한 소프트 그레인 사일리지 (건조한 벼를 분쇄한 것에 수분을 더해 사료화하여 소에 공급) 시범사업이나 압력 벼(벼를 가열하여 편평하게 눌러 으깬 것. 소화·흡수가 잘됨) 급여시범 사업(농후 사료의 일부를 압력 벼로 대체하여, 비육우에 급여하는 것)에 노력하는 등, 축경 (耕畜)연계로 축분의 지역 순환을 도모하면서, 집락 영농에 의한 논의 보다 많은 활용을 선도하고 있다.

05

밭의 축산적 이용

논의 잉여화뿐만 아니라 밭의 잉여화도 불가피
하다. 축산과 관련하여 밭의 유효 이용을 모색하는 시도로 사
탕수수의 사료화는 비교적 알려져 있는 터이다.

이 밖에, 콩의 발효조사료 WCS(Whole Crop Silage)화에 대
해서는, 농연기구(農研機構)3) · 동북농업연구센터가 생산 체계
를 확립한 것으로 보도되고 있다. 낙농에서의 보급을 위해,
2013년 봄부터 이와테현岩手県 하나마키시花卷市의 낙농가에
서 3ha의 실증 시험을 시작한다고 한다. 이와 병행하여 이와
테현 농업연구센터 축산연구소가, 농연기구 · 동북농업연구센
터에서 콩 WCS를 제공받아, 비육 후기에 옥수수 사일리지
80%, 콩 WCS 20%를 급여하는 방식으로, 현에서 만든 사료
100%로 일본단각종(短角種, 일본 소의 한 종류)을 비육하는
기술을 개발한 것으로 알려져 있다.

또한 잉여화된 밭의 활용으로는, 그 대부분이 밭에 갈아 넣

---

3) 농업 · 식품산업기술총합연구기구, NARO, National Agriculture and Food Research
Organization. http://www.naro.affrc.go.jp/ -역자주.

는 형태로밖에 이용되고 있지 않았던 고구마 줄기와 잎을 사료화하여 사료자급률을 향상시키고자 하는 시도가 가고시마현鹿兒島県 농업개발종합센터 오스미大隅 지장(支場, branch office)에서 이루어지고 있다. 고구마의 줄기와 잎의 활용을 방해해온 커다란 요인은, ① 고구마 덩굴의 절단·회수 작업이 중노동인 점, ② 수분이 80% 이상으로 높아 장기 보존이 곤란한 점에 있다. 이것을, ① 덩굴 회수를 효율적으로 수행하는 수확기 개발, ② 수확한 덩굴에 대한 수분 조정 실시를 통한 사일리지화에 의해 조사료화를 가능하게 하고자 하는 것이다.

이른바 사료작물에 그치지 않고, 사탕수수, 콩, 고구마 등, 지역·풍토에 적합한 작물을 도입하는 등, 밭의 축산적 이용의 가능성도 확산되고 있다.

06

방목 축산의 가능성

잉여화하는 쌀, 논에 대응해 나가기 위해서는 논의 축산적 이용이 포인트라는 것을 확인하면서, 사료용 쌀, 사료용 벼에 대한 대처의 경과와 현황에 대해 살펴보았다. 사료용 쌀, 사료용 벼는 당연한 것으로 되면서도 옥수수와 목초(牧草) 등과의 경쟁이 불가피하여, 조성금(助成金) 없이는 생산이 어렵고, 그 확대에는 자연히 한계가 존재한다.

이를 상회하는 부분에 대해서도 지원·조성(助成)은 필요하지만, 새로운 토지이용형 농업으로 전개가 기대되는 것이 방목이다. 잉여화하는 논의 활용으로서 논 방목이 자리매김되어 있지만, 방목이 가진 잠재능력은 다양하여, 목초지에서의 마이 페이스 낙농(my pace dairy farming),[4] 경사지에서의 산지 낙

---

[4] 마이 페이스 낙농(my pace dairy farming): 방목을 기본으로 하고, 화학비료와 농후 사료 등의 외부 자원의 투입을 최소화하고 토양, 풀, 소의 관계·순환의 조화를 중시하는 낙농임. 단순히 자신(인간)의 속도로 한가로이 낙농을 한다는 의미는 아님. 규모 확대, 농후 사료 집중 급여에 의한 많은 양의 우유생산 노선에 대한 반성을 바탕으로, 지속적인 낙농을 추구하는 운동임. 한 마리당 연간 평균 산유량은 5,000~6,000kg으로 적지만, 사료비, 비료비, 감가상각비 등의 농업경영비가 매우 낮고, 소도 평균 다섯 번 새끼를 낳으며 오래 살기 때문에, 소득률이 높음. 노동 시간도 하루 여섯 시간 정도로 적고, 작지만 여유 있는 경영을 실현하고 있음. http://lib.ruralnet.or.jp/genno/yougo/gy110.html -역자주.

농, 과수원 등에서의 사토야마(里山) 방목,5) 숲에서의 임간(林間) 방목 등이 있다.

어느 것이나 다 일손이 들어가기 어려운 곳에서 소를 비롯한 가축의 "혀 깎기"를 활용하는 것으로, 일손을 보완해 주는 것은 물론, 조수해(鳥獸害) 피해 발생 억제에 큰 효과를 발휘함과 동시에, 경관의 유지·향상도 도모된다. 풀이 무성하게 된 경작을 포기한 농지 등이 "혀 깎기"되어 깨끗해질 뿐만 아니라, 가축이 있는 풍경은 사람들의 마음을 안심시키는 효과가 있다. 과소화가 진행되는 산간부에서는 더욱 그러하다.

지금까지의 일본 축산은, 농후 사료를 공여하는 축사 내 사육이 중심이었지만, 방목의 본격적인 도입은 이를 전환하고, 사료 자급률 향상, 가축 복지를 포함하여, 본래적인 축산 방식으로의 회귀를 촉구하는 것이기도 하다.

---

5) 사토야마(里山)란 마을 근처에 있는, 생활에 결부되어 온 산이나 숲을 말한다. 땔나무나 산나물 채취 등에 이용됨. 적당하게 사람의 손이 닿는 곳에서 생태계의 균형이 잡혀 있는 지역을 말하며, 산림에 인접하는 농지와 마을을 포함하고 있는 것도 있음. https://kotobank.jp/word/里山-511449 -역자주.

07

경축(耕畜) 제휴에 의한 논 방목으로의 본격적 대처

잉여화한 논 이용·활용의 기본은 당분간 사료용 쌀, 사료용 벼로 될 수밖에 없지만, 중장기적으로는 지금까지의 수준을 훨씬 뛰어넘는 수준의 잉여 논이 발생하는 것은 불가피하고, 사료용 벼 등의 대응 능력을 크게 웃돌 것으로 예상된다. 그러나 세계적으로 식료 수급이 핍박의 정도를 더하는 중이어서, 조건이 나쁜 농지는 산림 등으로 되돌린다 하더라도, 기본적으로는 최대한 농지로 유지하여 활용해 나가는 것이 요구될 것이다.

논의 이용으로서는, 사료용 쌀, 사료용 벼는 주식용 쌀 등과 같은 집약형 벼농사로 분류할 수 있다. 집약형 벼농사에서 버거운 부분에 대해서는 조방형으로 논을 이용해 갈 수밖에 없는데 이 경우 축산과의 보다 가까운 제휴가 필수이며, 논에서의 가축에 의한 "혀 깎기" 효과를 활용한 논 방목이 남겨진 몇 안 되는 대책 중 하나가 된다.

육용우의 논 방목 면적, 방목 두수 추이는 2003년도 439ha, 2,818두, 2006년도 1,067ha, 4,453두, 2008년도 1,308ha, 6,519

두, 2012년도 1,274ha로, 약간씩 증가하여 왔지만, 최근에는 한계에 이른 상황이다. 호별소득보상제도의[6] 도입에 따라, 논 방목에서 사료용 쌀 재배로 전환한 경우도 있어, 관계 사업의 보조 수준이 영향을 주고 있는 것으로 보인다. 지역적으로는 야마구치현山口県, 시마네현島根県, 히로시마현広島県 등의 주고쿠中國 지방, 시코쿠四國, 큐슈九州에서의 도입이 선행·증가하고 있다.

그런데 논 방목이라고는 해도, 그 내용은 각각 다르며, 앞갈이(表作)도 있으면 뒷갈이(裏作, 이모작의 뒷갈이)도 있고, 또한 벼 대신 목초 씨앗을 뿌리고 논을 관리하는 것에서부터, 벼 베기 후 벼의 그루터기에서 난 움을 먹게 하는 것, 그리고 경작 포기화한 논의 잡초를 먹게 하고 있는 것까지 그 폭이 크다. 하지만 실상은 경작 포기화한 논에서의 방목이 대부분을 차지하고 있다.

주고쿠中國 지방에서의 활동 실태를 보면, 논 방목은 논 활용 방안의 하나로서 선택되고 있다고는 하나, 일손이 부족하

---

6) 일본의 호별소득보상제도(2010~2012)는 지원 대상을 논 경영 면적이 4ha 이상인 농가로 한정하여 일본 농업의 현실을 외면했다는 비판을 받아 온 '품목횡단적 경영안정대책'의 문제점을 보완하여, 0.3ha 이상의 농가로 대상을 크게 확대하여 실시되고 있는 대책임. 쌀 등 농산물 가격이 생산비에 못 미칠 경우 그 차액을 생산농가에 보상하는 제도임. 이는 '시장가격은 낮추되 직접지불로 소득을 보상해 준다'는 미국 및 유럽의 직접지불제를 벤치마킹한 것임. 민주당 정권하에서 2010년 도입되었다가 자민당으로의 정권 교체에 따라 2013년에는 '경영소득안정대책'으로 변경되었음. -역자주.

게 되어, 경작 포기화를 막기 위해 어쩔 수 없이 논 방목을 단행한 예가 많다. 또 한편으로 농사조합법인이, 조건이 나쁜 곳에 있는 논에서는 방목을 행하고, 조건이 좋은 곳은 가능한 한 주식용 쌀을 생산하며, 남아 있던 논에서는 사료용 쌀을 생산하고 있는 예도 볼 수 있었다.

여기에서 논 방목에 대한 장점을 정리해 두면, 경종 농가에 있어서는 ① 경작포기지 해소, ② 조수(鳥獸) 피해의 경감,[7] ③ 소를 사이에 둔 연대감 조성 등에 의한 지역 활성화 등, 많은 장점이 있다. 또한 축산 농가에 있어서는, ① 사료 급여, 분뇨 반출 등 노동 시간의 소멸, ② 구입 사료비의 소멸, ③ 소 번식 성적의 향상 등을 들 수 있다. 그러나 잉여 논, 게다가 그 대부분이 유휴화·경작 포기화된 논을 활용하는 것임을 감안한다면, 축산 농가가 거기까지 나가서 방목을 행하고 정착시켜 나갈 것으로는 생각하기 어렵다. 경종 농가가 스스로 소를 방목하는 것을 기본으로 하지 않으면 논 방목의 일정 이상의 확대는 기대하기 어렵다. 하지만, 이것도 말로는 할 수 있어도 실제로는 곤란하다고 보면, 농업생산법인이나 집락법인에서, 공동으로 농지를 관리하는 가운데 방목을 도입하고, 사육 가능한 생산자를 육성해 가는 것이 현실적이라고 생각된다.

---

7) 소가 논에 나는 풀과 잡초를 뜯어 먹어 잡초가 무성해지는 것을 자연스레 막아 줌으로써 풀덤불 등을 은신처로 해 온 조수(鳥獸)는 머물렀던 자리를 빼앗기게 되고, 멧돼지와 사슴 등의 침입을 줄여 줌. -역자주.

그런데 일본에서는 지역이 특정되면서도, 뿔이 짧은 단각우나 붉은 소의 방목, 마을에서 가깝고 생활과 밀접한 낮은 산에서 기르는 사토야마里地 방목, 산지 낙농, 집약 방목, 마이 페이스 낙농, 심지어 임간(林間) 방목을 포함한 다양한 형태의 방목이 전개되어 왔다. 그리고 각각에 축적된 기술도 존재한다. 이들을 활용하여, 행정이나 농협에 의한 기술의 보급과 연결시킴으로써, 방목의 지도·홍보를 강화해 나가는 것을 더 이상 늦출 수 없는 정세가 되고 있다. 방목은 잉여 논의 이용·활용이라고 하는 것으로부터 하면(농업 생산, 경제성의 면에서는) 소극적인 대응이라고도 말할 수 있지만, 경관의 유지, 농지의 보전이라는 차원에서 한다면 높은 가치를 가지는 동시에, 소비자·국민의 농업·농촌에 대한 이해를 획득해 나가는 데 있어서 커다란 역할을 할 것으로 기대된다.

또한 지금까지 소, 특히 육용우인 번식우의 사육을 전제로 논의를 진행해 왔지만, 돼지나 양 등의 중소 가축도 상황에 따라 탄력적으로 도입해 가는 것이 가능하다. 대동물인 소를 경종 농가가 취급하는 것은 쉬운 일이 아니지만, 중소 가축이라면 취급은 용이해진다.

〈사례 ⑱〉 히로시마현広島県 오노미츠시尾道市 미츠기 쵸御調町·농사조합법인 가토리

논 방목에 대한 노력은 대체로 주고쿠中國 지방과 큐슈九州를 중심으로 전개되고 있다. 그 대부분은 중산간지역의 경작 포기화된 논을 이용하고, 잡초 무성 억제와 멧돼지와 사슴 능의 침입 억제 효과를 기대하고 있는 경우가 많다.

선택지는 쌀 생산과 논 방목

히로시마현 오노미츠시 미츠기쵸御調町는 오노미츠시의 주고쿠산맥中國山脈 가장 가까이에 위치한 "산간 마을"이다. 여기에서는 여러 곳에서 논 방목이 이루어지고 있는데, 그중 하나가 미츠기쵸 센도天堂에 있는 농사조합법인 가토리이다.

농사조합법인 가토리는 27호의 농가에서 시작한 집락법인으로서, 2010년에 설립되었다. 27호 중 농작업이 가능한 농가는 20호에 그치고, 농업종사자의 평균 연령은 70세로 고령화하고 있을 뿐만 아니라, 후계자도 전혀 없는 상황이다.

농사조합법인 가토리에 집약된 농지 면적은 7ha인데, 입지 조건이 나쁘고, 규모도 작기 때문에 쌀 이외의 작물의 선택은 어려워, 생산은 쌀 중심으로 이루어져 왔다. 또한 특히 산간의 농지는 경작 포기화돼 가고 있던 중, 기계를 도입하여 이를 정비해 나가는 것보다는, 소를 방목하는 것이 비용이 적게 들고 관리도 편하기 때문에, 방목 도입이 법인화와 병행하여 진행되었다. 현재의 농지 이용 상황을 보면 벼 약 4ha, 사료 작물 약 1ha, 논 방목이 1.2ha이다.

계단식 논은 밭으로

산간의 완만한 경사에 있는 계단식 논을 전기 울타리(보쿠사쿠)로 둘러싸 논 방목이 이루어지고 있다. 당초, 히로시마현으로부터 빌린 소 2마리와 소유하고 있는 소 1마리 등 3마리로 방목을 시작했는데, 1마리는 낭떠러지에서 떨어져 폐사되었기 때문에, 현재는 2마리만 방목되고 있다. 각각의 계단식 논은 대체로 20a(0.2ha)의 넓이로서, 계단식 논 하나는 10일 정도면 먹어치워 버리기 때문에, 풀이 있는 다른 계단식 논으로 이동시켜 방목하고 있다. 5월부터 10월까지는 논에서 방목을 하고, 논에 있는 풀을 중심으로 먹게 되나, 11월부터 4월까지의 논에 풀이 없는 시기에는, 별도의 논에서 생산된 사료용 벼가 급여된다. 따라서 벼는 주식용 쌀이 중심에 있지만, 그 일부인 0.21ha에서는 사료용 벼가 생산되고 있다.

현재, 논 방목이 이루어지고 있는 논은, 잠시 동안, 벼가 생산되지 않았던 곳으로, 여기에 지네보리(ryegrass)의 씨를 뿌려 목초가 생산되고 있다. 지네보리는 매년 씨를 뿌리지 않으면 생산량이 감소해 버리기 때문에, 「일구어서는 목초를 심고, 일구어서는 목초를 심는 등 반복」을 해야 한다고 한다. 잠시 동안 논으로 이용되고 있지 않기 때문에 물이 좀처럼 모이지 않게 되어, 더 이상 논으로서의 활용은 어렵다. 밭으로서 목초 이외, 예를 들면 콩 생산은 가능하기는 하지만, 연작이 가능하지 않다는 점, 또 기계화가 필요하지만, 기계화를 하면 채산이 맞지 않기 때문에, 방목을 한 논에서는 방목을 계속해 갈 수밖에 없다.

소가 돌보아 준다

방목된 논은 소 등에 의해 깨끗하게 혀 깎이 되어, 마을 인근 구릉(사토야마)의 멋진 경관을 자아내고 있다. 논 방목에 대하여 10a당 1만 3,000엔의 경축(耕畜) 연계 조성(助成)과 3만 5,000엔의 전략작물 조성(助成) 등 총 4만 8,000엔이 지급되기 때문에, 이것으로 관리비 상당분이 커버된다. 그래도 논 방목의 확대가 완만한 이유에 대해, 농사조합법인 카토리의 이시오石岡 조합장은, 1일 1회는 방목하고 있는 논에 발길을 옮겨 체크하는 것이 꽤 노력이 들기 때문에, 휴식을 취할 수 없는 것이 크다고 한다. 그렇게 말하면서도 실제로 논 방목을 시작해 보면, 「소가 돌보아 주고 있다」는 것이 숨길 수 없는 실감을 느낀다고 이야기한다.

〈사례 ⑲〉 히로시마현広島県 세라쵸世羅町・농사조합 법인 세라 아오치카靑近

앞 사례의 히로시마현 오노미치시 미츠기쵸에 인접하면서, 보다 더 주고쿠산맥中國山脈 가까이에 있는 테라스 모양의 마을이 세라쵸世羅町다. 여기에서도 논 방목에 대한 노력이 시작되고 있다.

논 방목과 사료용 쌀

논 방목에 노력하기 시작한 곳은 농사조합법인 세라 아오치카靑近다. 농사조합법인 세라 아오치카는 법인화한 지 5년째인데, 아오치카 지구의 13가구로 구성되어 있으나, 오사카大阪와 히로시마 등으로 나가 있는 사람이 많아, 농작업에 실제로 임하는 사람은 너덧 명이고, 주민의 대부분은 70대 후반에서 80세 정도의 노인이라고 한다.

집적된 농지는 10ha로서, 여기에서 벼가 8ha, 사료 작물 0.7ha, 목초 0.7ha, 그리고 아스파라거스 등의 채소 약간이 생산되고 있으며, 그 나머지인 3년 정도 경작 포기화되어 온 논 0.7ha에서 방목을 시작했다. 같은 읍내의 농가로부터 빌린 암

소 두 마리가 방목되었으나, 현재는 법인 자신의 번식우가 방목되고 있다.

방목에는, 완만한 경사로 이어지는 계단식 논인 높은 곳이 사용되고 있으며, 마찬가지로 소가 풀을 일정하게 뜯어 훌륭한 경관으로 변해 있지만, 논을 둘러싼 많은 나무들은 일손이 미치지 못해 방치되어 황량한 상태로 유지되고 있다. 아름다운 모습의 논과 황량한 숲의 대비(contrast)는 대조적으로서, 논 방목이 산촌의 황폐화를 마지막 순간에 간신히 막고 있다는 느낌이다.

그 길게 이어지는 계단식 논은, 방목용 논에 이어지는 아래쪽은 사료용 쌀이 생산되고, 마을 가까이의 평탄한 논은 주식용 쌀과 밭에서의 채소생산이 이루어지고 있으며, 기계 효율 등을 감안하여 작목의 배분이 이루어지고 있다.

산에 손이 닿지 않는다

농사조합법인 세라 아오치카青近의 경영 수지는, 호별 소득 보상과 중산간지역 등 직접지불을 중심으로 하는 지원액 180만 엔을 포함하여 수입은 1,000만 엔을 약간 밑돈다고 한다. 수지는 순조롭다고 하나, 여기에서 일하여 얻는 임금은 시급 (시간급) 800엔에 지나지 않아, 연금을 중심으로 빠듯하게 살아가고 있는 실정이라고 한다. 이런 가운데 젊은이들이 돌아오는 것은 기대하기가 매우 어렵다. 그리고 그와 같은 것에는 개의치 않고 고령화는 진행되어, 「산에 손이 닿지 않는」 상황은 심각해지고 있다. 더 이상 젊은이가 없이는 마을이 성립되지 않는 한계를 넘어 버리고 있다고 할 수 있다.

논 방목은 확실히 과소화, 경작 포기화가 진행되는 가운데, 유일한 선택 가능한 편법이며, 역으로 말하자면 거기까지 몰리고 말았다는 점에서 논 방목이 퍼지고 있다는 것이 실태이다.

그러나 가축을 노동력으로서 의존하던 시대라면 몰라도, 벼 농가에 가축, 특히 대형 동물인 소를 다루어 가는 데 있어서의 벽은 크다. 그만큼 축산 농가와의 연계를 강화해 나가는 것이 필수이며, 행정이나 농협이 사이에 들어가 조정을 맡고, 지원을 강화해 나가는 것이 요구된다.

08 낙농 세계에서의 목초지의 잉여화

앞으로 더욱더 논의 잉여화가 진행하는 것은 필연이며, 다른 한편으로 농지의 유지·보전이 불가피한 가운데, "마지막 대응책"으로서 논 방목으로의 대처 필요성에 대해 언급해 왔다. 토지이용형이라고는 하지만 상대적으로 기술집약적으로 이용해 온 논에서의 잉여화가, 쌀 생산조정도 있어 첨예하게 받아들여지게 되지만, 낙농의 세계에서도 초지의 심각한 잉여화 현상이 발생하고 있으며, 담당자의 확보와 함께, 방목형에 의한 낙농의 필요성이 높아지고 있다. 여기에서 토지이용형 농업의 하나인 낙농에 대해, 홋카이도의 베쓰카이쵸別海町와 나카시베쓰쵸中標津町의 사례를 중심으로 다루어 보고자 한다.

〈사례 ⑳〉 홋카이도北海道 베쓰카이쵸別海町·나카시베쓰쵸中標津町 낙농연수목장 외

낙농의 최선진 지역인 홋카이도 동부의 베쓰카이쵸, 나카시베쓰쵸의 신규취농자·후계자 확보를 위한 대책 사례이다. 신규취농자, 후계자의 확보는 농업과 마찬가지로 매우 중요한 과제임과 동시에, 사태는 심각하고, 그만큼 행정·농협·낙농가가 연계하여 필사적인 노력을 기울이고 있다. 맨 먼저는 (유한회사)베쓰카이쵸 낙농연수 목장에서의 대처를 살펴본다.

3년간, 기본 지식과 실천적 기술을 습득

베쓰카이쵸別海町는 홋카이도 동쪽에 위치하고, 오호츠크해에 면하고 있다. 지역의 대부분은 평탄한 구릉지이며, 대부분이 목초지로 이용되고 있다. 목초지 면적 6만 3,014ha에 젖소 10만 7,744마리가 사육되고, 젖소 사육 호수는 807가구로서, 호당 평균 경지 면적 78ha, 평균 사육 두수 133.5마리로 대규모 초지형 낙농이 전개되고 있고, 원유 생산량은 46만 t으로 일본 최고를 과시하고 있다.

이 베쓰카이쵸에, 낙농으로 신규 취농하는 데 필요한 기본적인 지식과 실천적 기술을 익히기 위한 시설로서 설치되어 있는 것이 (유)베쓰카이쵸 낙농연수목장이다. 베쓰카이쵸 낙농연수목장은, 베쓰카이쵸에 있는 JA 도토道東아사히, JA 나카슘베쓰中春別, 그리고 나카시베쓰쵸에 있는 JA 게네베쓰計根別 등 세 개 농협의 출자에 의해 설립되었다.

목초지(방목지 포함)로서 186ha를 갖고 있음과 동시에, 연수관과 연수생 숙소 등이 설치되어 있다.

연수 기간은 원칙적으로 3년으로 되어 있지만, 낙농 경험이나 역량의 정도에 따라 연수 기간을 단축할 수도 있게 되어 있다.

1년째는 낙농의 기초적인 지식·기술·작업 전반의 습득, 2년째는 전문 지식 및 응용력 습득, 또 자율적인 경영 능력의 양성, 3년째는 농가 연수 등을 포함하는 취농 준비에 목표를 두고 있다.

이를 위해 연수는, ① 젖소 사양 관리, 착유, 송아지 관리 등의 연수 작업 전반을 대상으로 하는 실천 연수, ② 기초적인 지식·방법 등의 이론 학습을 대상으로 하는 이론 연수, ③ 대형 특수 면허를 취득하여 목장 내 기계 작업·초지 관리 작업·목초 수확 작업 등의 실천 및 트랙터·작업기의 점검·보수 관리의 실천을 대상으로 하는 특별 연수, ④ 농가에 1년 정도 파견하는 농가 연수, ⑤ 교육 필요에 따라 체험 연수의 일환으로서의 낙농 헬퍼 연수 등 5개의 기둥으로 구성된다. 이론 연수는, 농업시험장, 농업개량보급센터, 가축보건위생소, 농업공제조합, 농협 등 12개 단체로 구성되는 지원협의회를 중심으로, 강사가 파견된다.

그리고 새벽 4시 반부터의 착유, 먹이 급여, 작은 목장 (paddock. 마구간에 딸린 작은 목장)으로의 소 꺼내기, 배설물 치우기 등으로 시작하여, 저녁 6시까지의 작업, 그 후 저녁 6

시 30분까지의 회의, 또한 밤 8시 이후, 30분 정도의 젖소 관리 상황 확인이 기본 일과로 된다.

생활 보장·취농 지원

연수생은 여기에서 연수하고, 그 위에서 신규 취농을 목표로 하므로, 지원 조치는 연수 기간 동안의 생활 보장과 취농 지원으로 나뉜다.

연수생에게는 1인당 매월 13만 엔이 지급되어, 매년 156만 엔, 부부 두 사람이 연수생인 경우에는 312만 엔이 지급된다. 연수생의 신분은 베쓰카이쵸 낙농연수목장의 직원이 되기 때문에, 연수생은 고용보험, 후생연금, 노동보험 등에 가입하게 된다.

그리고 연수생 숙소로 2동(棟) 6호(戸)가 설치되어 있으며, 부부연수생용으로는 2LDK가[8] 매월 2,500엔으로 대여된다.

연수를 수료하고부터는, 홋카이도 농업개발공사가 이농한 농장을 매입, 정비하여, 기계·젖소·작업기 등을 완비하여 대부해 주는 농장임대(리스)사업을 이용하는 경우가 많다. 리스 기간은 5년 이내로서, 리스 만료 후, 빌린 농장을 매입하여 신

---

8) 2LDK는 방 2+거실(Living room), 식당(Dining room), 주방(Kitchen)이 10폭 이상인 방의 배치를 의미. 2DK보다 최근에 유행한 구조이므로, 비교적 건축 연수가 짧아 임대료가 높은 경우가 많음. https://blog.ieagent.jp/chie/2dk2ldktigai-2-34799 -역자주.

규 낙농가로 독립하게 된다.

농장 매입자금으로 차입을 할 필요가 생기는데, 홋카이도로 부터의 취농 시설 등 자금 등의 자금 차입 외에, 베쓰카이쵸에 서 신규취농자 등 대책사업으로 300만 엔 이내의 조성금(助成金), 농협에서 영농지원 일시금으로 300~400만 엔 이내의 조성금이 교부·지급된다. 또한 베쓰카이쵸나 농협이 중심이 되어, 지역·관계기관·단체가 연계한 취농후지원체제도 준비되어 있다.

신규 취농을 웃도는 자연 감소

베쓰카이쵸 낙농 연수 목장은 1997년에 연수생을 맞아들이기 시작하여, 2012년도까지 55호, 109명의 신규 취농자를 배출하고 있다. 연수생의 대부분은 부부·결혼한 남자로서, 미혼자는 극히 적다. 2013년도는 3개 조의 연수생 인수를 예정하고 있다. 연수생 출신 지역은 누계로 많은 순으로 홋카이도, 가나가와神奈川, 도쿄, 사이타마埼玉, 효고兵庫, 오사카大阪, 아이치愛知, 군마群馬 등이 있으며, 수도권, 간사이關西가 많기는 하나, 전국적으로 흩어져있다.

연수 중에 퇴소한 경우도, 지금까지 6개 조와 미혼자 2명, 또 취농 후 탈농한 경우도 2개 조가 있긴 하지만, 정착률은 매우 높고, 연수나 지원의 효과가 크다고 할 수 있다. 그러나 한편, 관내의 현재 낙농가 호수는 807호로 되고 있는데, 앞으로도 경영의 어려움이나 후계자 부족 등으로 인한 자연 감소가 지속될 것으로 보이며, 베쓰카이쵸 낙농연수목장만으로 자연 감소를 막아 나가는 것은 어려운 상황에 놓여 있는 실정이다.

유동화가 진행되지 않는 나카시베쓰쵸中標津町

베쓰카이쵸와 같이 도의 동쪽 지구에 위치하고, 베쓰카이쵸 바로 북쪽 근처에 있으며, 오호츠크해에는 면하지 않고 내륙부로 닫힌 위치에 있는 것이 나카시베쓰쵸다. 폭설 지대이며, 2013년 3월 초순에 심한 눈보라가 덮쳐 눈에 묻혀 움직일 수 없게 된 차 안에서 남녀 4명이 유체로 발견된 것을 기억하고 계신 분도 있을 것이다. 이곳은 낙농과 상업의 읍(町) 지역이지만, 하네다羽田 공항과의 사이가 직행편으로 연결되어 있는 등, 교통편이 풍부하기도 하고, 드물게 인구 증가가 계속되고 있는 마을이기도 하다.

최근의 젖소 사양 호수는 306가구이고, 3만 9,500마리의 젖소가 사양되고 있다. 호당 평균 사육 두수는 129.1두로, 베쓰카이쵸와 대등한 대규모 초지형 낙농이 전개되고 있다. 여기도 베쓰카이쵸와 마찬가지로, 후계자 부족은 심각하나, 교통이나 구매(買物) 등의 편리성이 좋아, 낙농을 멈추어도 (초지를) 팔지 않고, 집을 떠나지 않는 사람이 많아, 유동화가 진행되기 어렵다는 사정을 안고 있다.

담당자의 육성 · 자질 향상 대책

이런 가운데 JA 나카시베쓰에서는 곤센根釧농업시험장, 농업개량보급센터, 나카시베쓰쵸, 농업위원회 등과 함께 「나카시베쓰쵸농협 담당자창출 협의회」를 2002년 4월에 발족시켜, 후계자와 신규취농 희망자를 대상으로 하는 담당자의 육성 · 자질 향상 대책에 임해 왔다.

그 노력의 기둥이 되고 있는 것이 연수인데, 이는 이론 연수, 농가 실습, 헬퍼(helper) 연수로 구성된다. 이론 연수는 "루키즈 · 칼리지(rookie's college)"로도 통칭되는데, 2년에 걸쳐 겨울의 5개월간에 걸쳐, 1년 차는 기초 연수, 2년 차는 고도 연수가 실시된다. 내용은 영농 기술, 사양 관리, 경영 관리, 정보 수집을 위한 컴퓨터 관리 등으로 구성된다.

농가 실습은, 실천적인 기술과 경영 감각을 습득하기 위해, 협력농가의 농장에서, 대체로 1년간 실습을 쌓는다. 또한 헬퍼(helper) 연수 내용에 있어서는, 후계자인 경우는 JA 나카시베쓰의 청년 헬퍼 요원으로서, 또한 신규 취농희망자의 경우는 농협의 자회사로서 헬퍼 사업을 실시하고 있는 (유)팜 · 에이의 헬퍼 요원으로, 대체로 2년간 실습을 실시하고 있다.

이와 같이 농가 실습, 헬퍼 연수를 통해 기술과 경영 감각

등의 실천 능력을 몸에 익혀 나가는 것을 기본으로, 더하여 이론 연수에 따라 지식 등을 습득하는 구조로 되어 있다.

이러한 후계자 등 육성조치와 병행하여 마찬가지로 신규취농 지원조치도 강구되고 있다. 나카시베쓰쵸에 따르면 400만 엔 이내에서 신규취농자 대책사업 보조금(補助金)이 교부되는 것과 동시에, 1,000만 엔을 한도로 하여 대출기간 20년 이내의 농업농촌 활성화자금 대부금이 준비되어 있다. 또한 JA 나카시베쓰에서도, 홋카이도 농업개발공사에 의한 농장리스(lease)사업을 이용하는 경우에는 리스료의 25%가 5년간 환원되고, 농장리스사업을 이용하지 않고 다른 리스 또는 자금 차입을 하는 경우는, 500만 엔을 한도로 리스료 및 자금 상환액의 25%가 5년간 환원된다.

귀중한 TMR(Total Mixed Rations) 센터에 의한 보완

2년 단위로 연수를 수행해 왔으며, 2011년은 6기째가 되어, 졸업생의 수는 약 70명으로 된다. 의식이 낮기 때문에 연수를 수강하려고 하지 않는 후계자 등도 있어, 2012년은 입교식을 할 수 없는 상황에 있다. 한편에서는 후계자 부족은 한층 심화되고 있으며, 후계자 및 신규 취농자를 확보해 나갈 필요성이 점점 높아지고 있다.

이러한 상황에 놓여 있는 나카시베쓰쵸 가운데서, 일손 부족

해소에도 귀중한 역할을 하고 있는 것이 (주)개양(開陽) D·A·I(Dairy Assist Ideal)의 TMR(조사료와 농후사료를 적절한 배합으로 혼합하여, 젖소의 양분요구량에 맞추어 조정한 사료. Total Mixed Rations) 센터이다.

개양(開陽) D·A·I는 2009년 4월, 13호의 낙농가·밭농사 농가에 의해 설립되어, 구성원 농가 13호 합계로서의 젖소 사육 두수는 1,639두, 그중 착유우 두수는 959두, 또 농지는 목초지 679ha, 옥수수 170ha, 기타(밭·방목지) 150ha로서 총 999ha이다. 개양(開陽) D·A·I는 TMR 센터를 핵으로 하여 밭농사와의 연계(윤작 체계의 확립)에 의한 지역 진흥, 양질 사료 급여에 의한 소 사육 성적의 향상을 통한 지역 끌어올리기, 포장(圃場) 관리의 일원화에 의한 초지의 유효 이용 등을 목적으로 하고 있다.

TMR 센터에 있어서 기계를 사용하는 실제 작업은 계약자(사료생산위탁조직)에 최대한 위탁하는 것으로 하고, 경영 개선을 위한 정보 제공, JA와 낙농 컨설턴트 등의 지원을 받아 정기 순회와 연구회 모임(스터디 그룹) 등에 힘을 쏟고 있다.

이에 따라 지금까지는 각호 농가가 각각 목초와 사료 작물을 생산하고 있던 것을, TMR 센터로 집약하여 생산·배송하게 됨에 따라, 각호 농가도 경영 개선과 젖소 관리, 그리고 무엇보다도 착유에 전념할 수 있게 되었다.

또한 농가 호수가 감소하여도, 남겨진 담당자가 커버할 수 있는 체제가 정비되었다고 할 수 있으며, 농산물 생산에 있어서 집락영농 추진 체제가 TMR 센터에 의해 가능하게 되어 있다. 당 농협 관내에는 다른 곳에도 이러한 TMR 센터가 두 개 있고, 지역 낙농에 없어서는 안 되는 존재가 되고 있다.

〈사례 ㉑〉 홋카이도北海道 나카시베쓰쵸中標津町·야마모토테루지山本照二 씨

후계자 확보에 어려움을 겪고 있는 홋카이도 나카시베쓰쵸에서, I턴(I-turn)하여[9] 방목 낙농에 임함과 동시에, 지역의 리더가 되어 농상공 제휴 등을 이끌고 있는 사례이다.

방목, 유기축산 그리고 가축 복지

방목으로 낙농에 종사하고 있는 야마모토山本 목장을 방문하여 가장 먼저 마신 우유는, 자칫 우유의 맛이라고 하면 유지

---

9) I-turn: 도시로부터 출신지와는 다른 지방으로 이주하여 일을 하는 것을 의미함. 예를 들면 도쿄 도심에서 태어났지만, 섬에서의 생활을 동경하여 오키나와의 낙도로 이주하는 경우임. 시골 특유의 풍부한 자연과 온화한 생활환경에 매력을 느끼고, I턴을 결심하는 사람도 적지 않음. U-tern과 J-tern도 있는데, 먼저 U-tern은 지방에서 도시로 이주한 사람이 다시 고향으로 돌아오는 것을 말함. J-tern은 태어나서 자란 고향으로부터 진학이나 취업 때문에 도시로 이주한 후, 고향과 가까운 지방 도시로 이주하는 것을 말함. 어느 정도의 편리성도 있고, 자연도 풍부한 땅에서 일을 하고 싶어 하는 사람에게 매력적일 것임. https://www.creativevillage.ne.jp/21854#head_1 -역자주.

방분을 느끼게 되는 경우가 많지만, 유지방분의 훌륭함이라기 보다는, 「풀 향기」와 「깔끔함(キレ)」이 맛있음을 느끼게 하는 우유라고 하는 인상이었다. 깨끗한 환경에서 건강하게 자란 소만의 독특한 맛이리라.

오너인 야마모토테루지 씨(취재 당시 50세)는, 2002년에 나카시베쓰쵸 아자요로우시字養老牛에서 낙농을 시작하고 있다. 지산지소・농상공 제휴 등도 이끄는 등, 한창 나이의 젊은이라는 점을 뛰어넘어 지역의 주요 낙농가의 한 사람으로 활약하고 있다.

현재 50ha(인터넷에서는 45ha)에서 착유우 39마리를 사양하고 있으며, 방목 중심으로 사육을 하고 있다. 눈이 사라지는 5월 중순부터 방목을 시작하지만, 5월부터 7월까지는 풀이 없기 때문에 건초가 공급된다. 풀이 갑자기 늘어나는 8월부터 풀의 성장이 멈추는 10월까지의 4개월간이, 직접, 방목지의 풀을 먹이는 기간이 된다.

소 관리는 야마모토 씨 부부 둘이서 하고 있고, 별도로 우유를 포장(packing)하는 공장을 가지고 있으며, 여기서 두 사람이 일하고 있다. 여기에 근처에 사는 딸이 청소 등을 거들어 주고 있다.

야마모토 목장의 특징은 방목, 게다가 주년(周年, 일 년 내내) 방목을 실시하고 있는 곳이지만, 이 외에도 인증은 받고 있지 않는 가운데 유기 낙농을 하고 있으며, 또한 이와 관련하여 가축 복지에도 어려운 여건 속이지만 힘을 기울이고 있다.

유통에 골몰하여 시작한 낙농

야마모토 씨는 도쿄 출신으로 대학도 도쿄대학(東京大學)을 졸업했다. 자전거 여행을 좋아하며, 학창 시절에 홋카이도를 돌아다녔던 시절, 그중에서도 가장 홋카이도다운 곳으로 느낀 것이 나카시베쓰中標津 주변 지역이었다고 한다.

나카시베쓰쵸에 있는 주위보다 약간 높은 평지(高臺)인, 표고 270m의 가이요다이開陽臺는, 「시계 330도」, 「광대한 자연, 구획된 목초지·방풍림, 시레토코렌잔知床連山, 멀리로는 구나시리國後 섬과 노츠케野付 반도, 네무로根室 반도를 한눈에 볼 수 있는」, 아는 사람만 아는 자전거 라이더들의 메카였던 것이다.

야마모토 씨가 대학을 졸업하고 취직한 곳이 도쿄에 있는 생협이었는데, 여기에서 식품의 유통에 관여하게 되었다. 유통에 구애될수록 식품의 원류(源流)에 있는 농업·생산자에 관심이 향하게 되어, 마침내 스스로 소를 길러 우유를 생산하고 싶다는 생각에 이르렀다는 것이다. 2010년에 매듭을 짓고 생협을 은퇴하였다. 베쓰카이쵸中標津町 농림과(農林課)의 소개로 베쓰카이쵸 낙농 연수 목장의 문을 두드리고, 여기서 3년간 연수를 하게 된다. 연수 목장에 들어간 것이 36살 때로, 가족 4명의 홋카이도 이주라고 하는, 상당히 뜻밖의 전신(轉身)이었다.

생협에서 유통에 관여하는 중, 강하게 느끼고 있던 것이, 농가는 소비자가 좋아하는 것을 제공해 가는 것이 기본이며, 그러기 위해서라도 농가는 소가 무엇을 먹고 있는지, 무엇을 먹여나가야 하는지 제대로 관심을 가지고 대처해 나가는 것이 중요하다는 것이었다. 연수 기간 중에 홋카이도에서 BSE(Bovine Spongiform Encephalopathy. 광우병, 소해면상뇌증)가 발생한 것이 계기가 되어, 소에 대한 풀 공급을 절반으로 늘림과 동시에, 효과도 잘 모르는 상태에서 첨가제를 사용한 배합 사료를 먹여도 되는 것인가. 또 소 자체가 대량의 유량(乳量)을 생산하는 기계적 동물로 변화해 오고 있는 현실에 의문을 품게 된 것이었다. 이것이 야마모토 씨가 방목을 시작하여, 가축 복지를 실천하여 가는 계기로 된 것이다. 그리고 같은 나카시베쓰쵸中標津町에서 「마이 페이스 낙농」을 전개하고 있는 미토모 三友盛行 씨의 목장을 방문할 기회가 있어, 「마이 페이스 낙농」이 자신이 생각하고 있는 낙농과 크게 겹치고 있다는 것을 발견하고, 「마이 페이스 낙농」을 실현해 가는 것이 야마모토 씨의 꿈이 되었다.

장렬한 시작

신규 취농하고 소 45마리를 구입하여 착유를 개시하기까지 반년이 소요됐고, 착유를 개시한 것이 한겨울이었다. 자금이 없어 설비투자를 못 하고, 노후화된 설비를 이용하면서 부분 방목으로 시작했지만, 45마리 중 5마리는 사망하고, 10마리는 동상에 걸리고, 또 남은 소는 3개월 만에 몸무게가 15kg이나 감소하는 등 비참한 사태에 빠지게 된다. 그래서 한겨울이었음에도 불구하고, 노후화된 시설에서 가축을 꺼내 완전 방목을 시도하고 보았는데, 그러자마자 가축의 컨디션이 호전되었다고 한다. 야마모토 씨는, 이를 회고하여, 구입하여 온 소, 즉 통상의 시설·관리에서 성장해 온 소는 응석받이로 길러져 버려, 체력, 저항력이 부족하게 되어 있었는데, 원래 겨울에 낙농을 시작한 것은 실수였지만, 방목을 단행한 것은 정답이었다고 총괄하고 있다.

또한 낙농을 시작했을 때부터 배합 사료의 비율을 조금씩 낮춰 왔지만, 8년에 걸쳐 배합 사료의 사용 제로를 실현하고 있다.

고부가가치 우유와 마케팅 감각

현재, 착유한 우유는, 70%를 호쿠렌에[10] 출하하고 있으며,

30%를 독자적으로 「양로우(養老牛) 방목우유」 브랜드로 판매하고 있다. 그런데 우유 판매고는 70%의 양을 출하하고 있는 호쿠렌에서 1,000만 엔인 데 비해, 30% 양의 「양로우 방목우유」는 2,800만 엔으로서, 우유 판매액의 약 4분의 3을 이것으로 확보하고 있다.

단순하게 계산해 보면, 「양로우 방목우유」 판매 단가는 호쿠렌 출하의 6.5배가 된다. 실제의 「양로우 방목우유」의 판매 가격을 보면, 900cc 병에 950엔, 180cc 병에 200엔으로, 일반 우유와 매장 기준에서 비교하면 4배에서 6배의 가격으로 판매되고 있는 것이다. 물론, 「양로우 방목우유」는 스스로 포장하고, 운송비, 슈퍼마켓에 수수료 등, 비용 부담도 커지게 되므로, 수익 면에서의 호쿠렌 출하분과의 차이는 큰 폭으로 줄어들지만, 「양로우 방목우유」에 의한 판매가 유리하다는 점에는 변함이 없다.

「양로우 방목우유」는, 온천 여관 등으로의 판매, 나카시베쓰 공항 등에서의 판매로 현지에서 40%, 관동(關東) 외의 내지(혼슈本州를 의미-역자주)에서 60%라는 판매 비율로 되어 있지만, 도쿄에서는 퀸즈 이세탄의 11점포 등의 고급 슈퍼마

---

10) 호쿠렌(北聯)은 홋가이도 내의 JA(농협)가 출자하고, JA의 경제사업을 담당하는 것을 목적으로 설립된 홋카이도 농협연합회 조직임. 호쿠렌 역할의 근간은 생산자의 영농활동을 지원하는 「생산자 지원」임. 생산현장에 필요한 자재와 에너지 공급, 기술 면·정보 면에서의 지원(backup) 등, 농축산물을 안정적으로 생산하기 위한 지원을 실시하고 있음. https://www.hokuren.or.jp/about/hokuren/ -역자주.

켓에서 판매되고 있다. 야마모토 씨의 말에 따르면, 「양로우 방목우유」는 일상적으로 마시고 있다기보다는 "월 1회의 맛있는 음식"이라는 감각으로 구입하는 사람이 구매층의 중심이 되고 있다고 한다. 즉 「양로우 방목우유」는 소비자에게 사치품으로 자리매김하고 있는 것으로, 이 때문에 2011년의 3·11 대지진 때에는 유통 자체가 3~4개월 동안 정지되었고, 그 후 유통이 재개되면서도 매출은 좋지 않았고, 매출이 회복한 것은 그해 9월 이후였던 것이, 그 자리매김을 단적으로 말하고 있다고 할 수 있다.

이러한 도쿄에서의 판매처 확보는, 뛰어들기에 의한 상담으로의 계약 성사는 어렵다고 하여, 연 2회, 홋카이도 도청 직원과 동행하여 방문해서 성과를 올려 왔다. 이러한 행동, 마케팅 감각은, 생협에서 유통을 담당해 온 경험이 있었기 때문이라고 할 수 있다.

프로끼리의 합작에 의한 "식(食)의 가치" 향상

그 야마모토 씨가 주력하고 있는 하나가 농상공 연계를 통한 지역 활성화이다. 나카시베쓰 지역은 우유와 감자를 비롯한 농축산물의 "보고(寶庫)"이기도 하지만, 이 지역 자원인 농축산물과 조리인(調理人)이나 가공 업체 등을 합작시킴으로써, 특산품 만들기로 연결시켜 부가가치를 높이고 지역 활성화에까지 연결시켜 나가자는 것이다.

야마모토 씨도 포함, 나카시베쓰쵸中標津町 내외의 25명의 개인・단체로 구성된 「나카시베쓰 소재(素材) 감각」이라는 조직을 시작하고 있다. 그 설립 취지에 의하면, 「나카시베쓰의 섬세한 소재를 만드는 전문가와 섬세함을 살리는 전문가. 그 잘 갈아진 감성으로 한 등급 위의 것을 만들고 싶다는 생각」을 바탕으로, 「다양한 협업 아래 새로운 음식의 제안을 하고, 어떤 때는 외부와 연결되는 것으로서, 나카시베쓰의 "식(食)의 가치"를 향상시키고, 발신」해 나가는 것을 목표로 하고 있다.

회원으로는, 우유, 치즈, 쇠고기, 계란 등의 축산 생산자, 감자, 메밀, 표고버섯, 행자마늘(산마늘) 등의 농산물 생산자, 여기에 사탕과자, 빵, 이탈리안, 스시, 일식, 만두 등의 조리인, 호텔, 은행 등이 참가하고 있다. "나카시베쓰 마르쉐"의 개최와 다양한 물산전에의 참여, 더욱이 심포지엄, 학습회 등을 개최하고 있다. 이런 가운데에서 소바푸딩과 다양한 사탕과자의 개발이 행하여지고, 상품화가 진행되고 있다.

「우유만으로는 출점이 어렵다. 합작하여 변화를 크게 확대시킴」과 함께 「우리들은 소재 생산 전문. 이것을 조리 전문가에 맡김으로써, 더 좋은 것, 팔리는 것으로 된다」고 소재 생산의 전문가인 야마모토 씨는 말한다.

소 관리로부터 우유의 제조・판매, 그리고 「나카시베쓰 소재 감각」에서의 활동으로 야마모토 씨는 바쁘기는 하지만, 확실히 생산에서 가공·유통, 그리고 소비까지 일관된 활동을 전개해 나감으로써, 스스로 방목의 의의를 음미함과 동시에, 「나카시베쓰 소재 감각」을 비롯한 다른 업종의 동료들이나 유통업자 및 소비자 등과의 교류를 즐기고 있는 것처럼 보였다.

제8장

중산간지농업과
도시농업의 비전

중산간지농업과 도시농업

　　일본 농업은 지리적 조건에서 극히 지역성이 풍부하여, 그만큼 지역에 따라 다양한 농업이 전개되고 있다. 그러나 평지 지역과 중산간지역과는 생산성이 크게 다름과 동시에 유통 편의도 큰 격차가 있다. 중산간(中山間) 지역은 국토 면적의 70%를 차지하는 동시에, 경지 면적의 40%를 차지하고, 국토 이용의 측면에서도 극히 중요한 역할을 담당하고 있으며, 중산간지역의 농업을 어떻게 유지해 나갈 것인가는, 앞으로의 일본 농업을 생각해 가는 데 있어서 빼놓을 수 없는 중요한 과제이다.

　　또한 최근, 관심이 높아지고 있는 도시농업(都市農業)은, 직매소 등을 통해 소비자·시민이 가까이서 생산자에 접할 수 있으며, 또한 신선하고 안전·안심할 수 있는 농산물의 확보를 용이하게 하고 있다. 더욱더는 시민 농원·체험 농원 등으로, 소비자·시민이 스스로 농업에 참획(어떤 사업이나 정책의 계획에 참여함-역자주)하고 농산물을 재배하는 것이 드물지 않게 되어 왔으며, 도시농업이 소비자·시민과 농업과의 거리를 좁히는 데 큰 역할을 하고 있다. 그러나 시가화구역(市街化區域)1) 내의 농지에 대해서는 상속세의 부담이 커, 도시 농지는 해마다 감소하고 있는 것이 실태이며, 도시농업에 관련된 제도 및 세제를 근본적이고 긴급하게 검토할 필요성이 점점 높아지고 있다.

---

1) 도시계획구역 중 하나. 이미 시가지를 형성하고 있는 구역과 대체로 10년 내에 우선적이고 계획적으로 시가화를 도모해야 하는 지역(도시 계획법 7조 2항). https://ja.wikipedia.org/wiki/市街化区域 -역자주.

02 | 중산간지역 활성화의 열쇠

　　　　　중산간지역은 국토 면적의 73%를 차지하고, 또한 경지 면적의 40%, 농업 생산액의 35%, 농업 취락의 52%를 차지하는 등, 일본 농업에서 중요한 위치를 차지한다. 또한 중산간지역은 강 유역의 상류부에 위치하기 때문에, 수자원 함양, 홍수 방지, 토양의 침식·붕괴 방지, 이들을 포함하여 경관의 보전 등, 중산간지역농업·농촌 특유의 다원적 기능을 발휘하고 있다.

　이러한 다원적 기능, 공익적 기능은, 농업·농촌이 유지되고 있기 때문에 발휘되고 있는 것이지만, 중산간지역은 경사지가 많고, 규모도 협소한 점 등, 농업생산조건은 불리하기 때문에 평지와의 조건 격차를 보완하기 위한 보조금인 중산간지역등직접지불제도가 2000년도부터 도입되어 있다. 이에 따른 교부금을 받기 위해서는, 집락(마을)에서 농지의 관리 방식과 역할 분담을 정한 협정을 체결하고, 5년 이상 농업생산 활동을 계속해 나가는 것이 요건으로 되어 있다. 확실히 중산간지역등직접지불제도 없이 중산간지역의 농업을 유지해 가는 것은 매우 어려운 실정이다.

이렇게 중산간지역은 평지 지역에 비해 농업 생산 조건이 뒤떨어지는 것은 확실하지만, 다른 한편으로 쌀도 과일도 중산간지역의 경사지에서 생산되는 농산물은, 하루 동안의 기온차가 커, 맛이 있는 것으로 알려져 있다. 그 전형이 니가타현 新潟県 미나미우오누마군南漁沼郡의 고시히카리이다. 또한 중산간지역이어서 기복이 풍부하고, 강이 흐르며, 거기밖에 없는 뛰어난 경관으로 모자람이 없다고 하는 점도 있다. 대체로 교통편은 나쁘고, 시간도 요하는 것으로는 되지만, 그만큼 도시에 사는 사람들을 끄는 매력을 가지고 있어, 그린투어리즘이나 도시·농촌 교류에는 평지 지역보다도 좋다고 볼 수 있다.

게다가 여기에서는 농업과 임업이 일체화된 생산과 생활이 계속되고, 그만큼 농산물에 임산물, 물 등도 더하여 지역 자원이 풍부함과 동시에, 예로부터의 식문화와 전통 예능 등이 남아 있는 곳도 적지 않다. 이러한 중산간지역만의 특성을 살려, 지역 자원 등을 유효하게 활용해 나감으로써, 지역 순환을 만들어 나갈 수 있는지가 중산간지역 활성화의 커다란 열쇠를 쥐고 있다.

또한 중산간지역에서는 과소화·고령화가 진전되어, 취락(마을)의 유지도 뜻대로 되지 않고, 농지는 경작 포기화되어 조수(鳥獸) 피해가 끊이지 않는다. 산을 돌보지 못해 산은 거칠어지는 한편, 산에 햇빛이 들어오지 않게 되면 나무의 열매 등 조수의 먹이도 줄어 버려, 결국은 먹이를 찾아 조수도 마을 인근의 낮은 산에 내려오게 되고, 조수에 의해 밭이나 과수원이 침범받기에 이르고 있다.

가장 큰 원인은 인구 감소로 인한 일손 부족이며, 일손이 부족하게 된 만큼은 소 등의 가축으로 대체하여 받는 것이 최상의 편법이다. 소 등의 "혀 깎기" 능력을 살려 마을 인근 낮은 산에서의 방목, 임간 방목 등을 대대적으로 전개해 나가야 할 시대에 들어왔다고 할 수 있다. "혀 깎기"에 의해 경관이 완전히 바뀔 뿐만 아니라 풀덤불 등을 은신처로 해 온 조수는 머물렀던 자리를 빼앗겨, 조수해(鳥獸害) 피해도 크게 감소할 것으로 기대된다. 중산간지역 활성화의 또 하나의 포인트는 방목에 있다고 할 수 있다.

임간(林間) 방목

　　방목도, 방목하는 장소에 의해 사토야마(里山, 마을 인근의 낮은 산) 방목, 논 방목 등으로 나뉘는데, 중산간지역 삼림의 나무 그늘에 나는 풀을 이용하여 방목하는 것이 임간 방목이다. 농업과 임업이 일체화하고 있는 중산간지역에서는, 임간 방목은 커다란 잠재력을 지니고 있다고 할 수 있다.

　　일본 국토의 3분의 2는 삼림인데, 중산간지역에서는 산림 비율은 더욱 높아진다. 삼림 그리고 물은, 일본이 가진 최대의 지역 자원인데, 숲은 목재를 공급할 뿐만 아니라, 숲에서 자라는 덤불도 훌륭한 자원이라고 할 수 있다. 담당자 부족으로 숲의 손질이 두루 미치지 않아 황폐화가 현저하지만, 이 숲 덤불을 먹게 하여 사료 자급률을 향상시키고, 가축 복지에 연결함과 동시에, 숲의 손질로도 활용 가능하여, 그 보급이 기대되는 것이 임간 방목이다.

〈사례 ㉒〉 홋카이도北海道 사마니쵸樣似町 · 고마타니 駒谷 육우(肉牛) 목장

본 건은 이 임간 방목을 하여, 대단히 좋은 실적을 올려 온 경우이다. 그렇지만 그 후의 와규(和牛, 일본의 재래종 소·역자주) 표시에 관계되는 가이드라인 통지(명령)에 따라, 앵거스 종과 일본검은소(黑毛和) 종의 교잡종이 「잡종 취급」이 된 것이 영향을 끼쳐, 지속적인 가격 하락에 노출되어, 임간 방목에 의한 목장 경영이 폐쇄에 내몰리고 있는 사례이다.

임간 방목에 도전

임간 방목이 행해진 것은 홋카이도 사마니쵸樣似町이다. 에리모 미사키襟裳岬를 끝으로 하고, 히다카日高 산맥(山脈)이 태평양을 향해 남쪽으로 확 튀어나온 형태로 되어 있는데, 그 서쪽의 에리모미사키襟裳岬에 가까운 곳에 사마니쵸가 있다. 바다에 접해 있는 점도 있고, 연중 기온의 차이가 작아 가축에게는 쾌적한 환경으로 된다.

이 사마니쵸 산간부에 있는 신토미新富 지구(地區)는, 예전에는 70호 정도의 농가가 있던 지역이지만, 1975년 전후에는 농가는 모두 이농하여, 경작 포기되어 임지화(林地化)돼 버린 상태이다. 사마니쵸는, 이곳으로의 기업 유치 활동을 전개하고 있었지만, 이 지역에 착안하여(그 일에 직접 관계되는) 고장과의 협의를 거듭해, 용지를 취득하여 임간 방목에 임한 사람이, 홋카이도 나가누마쵸長沼町에서 약 100ha 규모에서 감자, 호박, 콩, 쌀 등을 재배하고 있는 농사조합법인 고마타니駒谷 농장 대표인, 고마타니 노부유키駒谷信幸 씨이다.

고마타니 씨는, 고도의 경제성장에 의한 소득 수준 향상에 따른 쇠고기 수요 증가가 증대하게 되고, 건강지향이 강해져 적색육에 대한 수요가 증가할 것을 예상하고, 앵거스 소에 집중해 왔다. 그래서 1980년경부터 육우목장 건설 구상을 가다듬어, 여러 후보지를 들어 검토를 거듭해 온 끝에, 물이 좋아 산천어, 곤들매기, 갈색송어, 무지개송어 등 어종도 많고 자연환경이 풍부한 사마니쵸에서 방목 용지로 숲 매수 면적 100ha, 읍(町) 소유림 차지(借地) 면적 200ha의 취득 협상이 이루어지게 된 것이다.

천황배(天皇盃) 수상

1982년부터 1984년까지 목장 건설에 임하여, 경영면적 300ha로, 목책(나무울타리)의 거리는 20km에 이르렀다. 1982년에는 캐나다로부터 50마리의 앵거스 소를 수입, 육우 목장으로 출발했다. 이후 13년에 걸쳐 궤도에 올려, 500마리 규모의 임간 방목을 완성시킨 것이다.

그 내용을 확인해 보면, 기술적으로는, ① 앵거스 F1(잡종 제1대) 소는 야생풀과, 미야코조릿대(볏과의 다년초-역자주)에 기호 특성이 강하고, 사료의 80%는 야생풀과 미야코조릿대로 조달(일본 흑소의 경우에는, 조릿대, 야생풀의 가식량은 15% 정도), ② 목장 소 방식(종부하고자 하는 암컷 소 무리 가운데로 수컷 소를 함께 방목하여, 자연 교배시키는 방식)에 의한 자연교배로 수태율 100%로서 번식 성적이 매우 양호하며, 가축 복지 측면에서의 효과도 매우 높고, ③ 1년 반 동안, 사계절 임간 방목을 한 후 6개월간 비육한 후에 출하(식미가 좋고, 시장에서의 육질 평가도 높았다), ④ 맑은 수자원과 광대한 목장에서의 자유 방목으로 운동량이 풍부하여 질병도 거의 없고, 건강도는 매우 우수하여 가축 복지 측면에서의 효과도 크다.

경영적으로는, ① 임간 방목에 의해 송아지 육성 비용과 사육 노동 비용이 크게 절감되어, 소득 향상에 기여, ② 임간 방목에 의해, 방목 전에 비해 나무의 생육이 30% 향상하여, 임업에의 효과도 높은 등의 성과를 올리고 있다. 또한 1991년도부터의 쇠고기 수입 자유화에 따라, 수입 쇠고기와의 경합을 피하기 위해, 앵거스 소와 일본검은소 종의 F1 생산으로 전환, 그 후, F1에 다시 일본검은소 종을 합한 F2를 생산하여, 「고마타니우시駒谷牛」의 브랜드로 판매를 전개해 왔다.

이렇게 사마니쵸樣似町의 경작 포기된 이농 부지를 활용한 임간 방목에 의해, 「주년 임간 방목형의 500마리 규모의 첨단 대규모 육용우 경영」을 확립시킴과 동시에, 지역 개발 및 활성화에 크게 공헌해 온 공로로, 1995년에는 일본 농업상을 수상, 1996년에는 나가누마쵸長沼町에서의 채소생산을 포함하여, 농사조합법인 고마타니 농장은 천황배를 수상한 바 있다.

가이드라인 통고로 경영 축소

그 후도 안정된 임간 방목을 계속하고, 2002년에는 모두 수의사인 삼녀(奈緖子 씨) 부부에게 육우 경영을 물려주었다. 경영은 순조롭게 진행하고 있었는데, 2007년 3월에 농림수산성으로부터 「화우(일본소) 등 특색 있는 식육의 표시에 의한 가이드라인 통고」가 나와, 앵거스 소와 화우(일본소)의 F1 교잡종은 「잡종」 또는 「기타 소」라고 표시하게 되었다. 수입산에 대항하여, 화우의 범위를 엄격하게 좁힘으로써, 화우를 중심으로 국내 육용우 경영을 보호하기 위한 통고였는데, 시장에서도 높게 평가받아 온 앵거스 소와 와규(화우)에 의한 F1이 「잡종」으로 되면서, 시장에서 구매자가 붙지 않게 되어, 가격 하락이 계속되었다.

이 때문에 500마리 규모에 있던 육우 경영은, 2008년 350마리, 2009년 200마리, 2011년 100마리로 축소를 하게 되고, 200ha의 임차지를 반환하는 등, 실질적으로 목장 폐쇄에 몰려,

최근에는 방목지에서 20ha 규모의 메밀을 재배하고 있는 상황이다. 그러나 목장 부활을 상정하여 앵거스 소 25두를 남겨두고 있어, 머지않아서의 권토중래를 기대하고 싶다.

임간 방목이라고 하는, 중산간지역에 있는 산림 자원을 활용한 축산의 기둥으로서 기대되고 있던 것이, 완전히 기술적으로도 경영적으로도 거의 완성 단계에 도달하지만, 한 조각의 통보에 의해 표시가, 「잡종」으로 되자마자 시장에서 전혀 평가를 못 받게 되고, 결국은 파산에 몰리게 되었다는 불합리한 이야기이다. 이 문제의 근저에는, 육류의 평가는 무엇보다도 각자의 식미로 평가되어야 하지만, 지방 교잡률과 분류 표시로밖에 평가되지 않는다고 하는, 일본 특유의 경직된 유통 내지 소비 구조가 앞을 가로막고 있다.

향후, 국내 축산을 유지하고, 사료 자급률을 높이며, 확실히 가축 복지를 향상시켜 나감과 동시에, 삼림과 초지 등의 유효 활용을 도모해 나가기 위해서는, 임간 방목과 적우(赤牛)·단각우(短角牛) 등의 방목을 진흥해 나가는 것이 필수 불가결하다. 고마타니 육우농장은, 앵거스 소에 애로가 생겼으면서도 임간 방목의 가능성을 추구하고, 모델경영을 확립해 왔다. 개별경영체로서 21세기 축산으로 향하여 도전하고, 획득하여 온 확실한 성과를 헛되게 하는 것은, 축산계 전체의 손실이다. 본래적인 축산의 있어야 할 모습과 함께 표시 방식, 표시의 올바른 모습을 재검토해 가는 것은, 임간 방목 등을 진흥해 나가는 데 있어서 그 전제조건이며, 재인식이 반드시 필요하다.

04 | 관광 농업

소비자와의 물리적 거리가 가깝다는 이점을 십분 활용하기 위해 도시 근교에서의 관광농업이 활발히 이뤄지고 있다. 과수원이라고 하는 소위 도시적 공간과는 달랐던 공간 가운데서, 과실이라고 하는 생명이 있는 것을 수확하고, 스스로 수확한 그 자체인 과실을 먹는다. 관광농업의 매력은, 바꾸어 말하면 비일상적인 공간 가운데에서의 비일상적인 체험에 있다고 할 수 있다. 이와 같은 관점에서 관광농업을 포착하면, 중산간지역에 있는 지역성 풍부한 그곳에서, 재배·생산된 농산물과 식문화, 그만의 경관과 거기에 스며 있는 전통예능은, 도시주민에 있어 비일상적인 매력으로 흘러넘치고 있다. 중산간지역에서야말로 그 관광농업은 가장 그 매력을 발휘할 수 있는 것으로서, 전개 방법은 여러 가지가 있을 수 있으나 중산간지역은 관광농업의 보고라고 할 수 있다.

관광농업이라고 한마디로 말해도 과실 따기, 채소 수확, 그린투어리즘 등 다양하게 펼쳐지고 있는데, 관광농업에서 세계인들을 끌어당기고 있는 것이 이탈리아의 아그리투어리즈모이다. 시골에서 느긋하게 휴가를 보내면서, 그 대지의 맛을 음미하며 즐긴다. 그리고 숙박집의 가족, 바 - 루(일본의 차 마시는 곳과 비슷하나 술이나 간단한 요리를 내고, 이탈리아 사람들의 일상공간의 일부로 되고 있다)나 레스토랑에서 마주한 지역 사람들과의 소통도 커다란 매력으로 되고 있다.

일본의 지역성의 풍부함, 다양성은 이탈리아에 비해 나으면 나았지 못하지 않다. 일본의 관광농업은, 전개 방식에 따라서는 앞으로 커다란 가능성을 간직하고 있다고 할 수 있다. 중산간지역에서의 관광농업은, 접근의 편리보다도 손님에게 얼마만큼의 매력을 주는가가 필수의 조건으로 되고 있다. 농업생산(1차 산업) 이상으로 서비스(3차 산업)에 비중이 두어지게 되므로, 경영적으로는 어떻게 매력을 담아내는지, 또한 젊은이의 능력을 이끌어 나가기 위한 인재 육성 등이 매우 중요한 과제로 된다.

〈사례 ㉓〉 히로시마현広島県 미요시시三次市・히라타 平田 관광농원

주고쿠中國 산지에 있고, 과일을 중심으로 "종합적인 관광서비스"를 제공함으로써, 하루 자녀와 함께 즐길 멋진 공간을 만들어 내고 있는 사례이다.

과일의 숲에서 다양한 경험

관광농원이라고 하면, 딸기, 체리, 포도 등 과일 따기를 하고, 그것들을 맛보고 그리고 끝이라는 경우가 대부분이지만, 히로시마현 미요시시 (유)히라타 관광농원은 "과일의 숲"을 간판으로 하고 있는 만큼, 그 규모나 과일의 종류·품종은 다양하고, 여러 가지 시설도 마련되어 "종합적인 관광 서비스"를 제공하는 농장을 만들어 내고 있다.

히라타 관광농원은 쥬고쿠 자동차도로의 3차 IC에서 차로 20분 정도, 「온 마을이 농촌 공원!」을 목표로 하는 세라쵸世羅町에 근접하고 있다. 15ha의 농원에는 14개 수종 150그루의 과수가 재배되고 있다. 일본배, 사과, 서양배, 포도, 체리, 복숭아, 자두, 멀베리(mulberry, 오디), 밤, 딸기, 블루베리, 라즈베리, 키위, 은행, 감, 무화과 등이 재배되고 있다. 7월부터 10월 무렵이 전성기이지만, 1년 내내 다양한 과일을 수확하고, 맛볼 수 있다. 여기에는 연간 13만 명의 방문객이 있다고 하니 놀랍다.

히라타 관광농원은, 「자연에 둘러싸인 과일의 숲에서 즐거운 하루」를 보낼 수 있도록, 많은 과수원에 더해, 마을의 촌장 저택을 옮겨 지은 카페 & 레스토랑인 noqoo(노쿠)를 비롯한 시설, 또 숲에서 장작을 태우거나 하면서 공동 작업으로 구운 돼지고기 등을 만드는 "더치 오븐의 숲", 과일의 역사와 먹는

방법, 재배 방법을 배우면서 하는 "과일 피자 만들기 교실",
심지어는 서일본 굴지 크기의 메타세쿼이아가 계속되는 "메타
세쿼이아 오솔길", 돼지, 양, 토끼 등의 동물과 함께 놀 수 있
는 "동물 광장", 새소리와 조류 관찰을 즐길 수 있는 "야생 조
류의 숲" 등이 설치되어 있다. 확실히 「액티브하게 여러 가지
도전해 보는 것도 좋고, 산책 기분으로 여유롭게 하는 것도 좋
고, 즐기는 방식은 당신의 뜻대로"라는 아주 멋지고 품이 깊은
공간을 만들어 내고 있다」.

경영의 확립과 맛에 대한 집념

히라타 관광농원의 현 대표이사 회장은 히라타 아키平田克
明 씨이며, 히라타 씨의 장남, 신이치眞一 씨가 대표이사로,
현장을 관리하고 있다. 히라타 씨는 대학 졸업 후, 나가노현長
野県의 시험장에 근무했지만, 히로시마현広島県의 요청을 받
고 1971년에 히로시마현 과수시험장으로 이동, 「현장에서 생
각하는 연구자」를 신조로 활약해 왔다. 그러던 것이 1984년,
생가가 있는 미요시시三次市에 있는 농사조합법인이 운영하는
포도원이 위기에 처한 것을 계기로, 스스로 「농업 기업가」로
변신하게 되었다. 히라타 씨에 있어서, 농업 분야에서는 생산
기술 연구가 유일하여 농업경영의 연구가 뒤처져 왔기 때문에,
「경영의 확립이야말로 지속적인 농업을 실현하는 데 있어서

최대의 과제」로 자리매김해 왔다. 따라서 처음부터 관광농원을 목표로 유한회사를 설립하여, 경영을 시작함과 동시에, 점차 규모를 확대하고, 수종과 품목을 늘리면서, 히라타 관광농원을 오늘의 모습으로까지 만들어 왔다.

여기에서 히라타 관광농원의 재배 방침을 확인해 두면, 그 기본을 「과일 만들기는 토양 만들기로부터」에 두고 있다. 즉 완숙한 퇴비를 듬뿍 가래질을 해서 넣음과 동시에, 나무는 땅 깊숙이 뿌리를 내리게 만든다. 그리고 풀은 굳이 길게 기른 후, 깎은 풀을 다양하게 하는 초생(草生)재배를[2] 실시하고 있다. 이렇게 기상 조건에 좌우되지 않는 건강하고 튼튼한 나무를 키우는 동시에, 완숙한 것에서 수확한다. 관광농원이라고는 해도, 아니 관광농원이기에, 정말 맛있는 과일을 제공해 나가는 것으로 철저하게 고집하고 있다고 할 수 있다.

젊은이들에게 일을 맡겨 성장시킴

그런데 히라타 관광농원을 견학하고 있으면, 여기에서 일하는 사람들은, 젊은이들이 많을 것 같은 느낌이 든다. 현재, 사원은 14명인데, 창업 초기에는 53명이었다고 하니, 크게 인원

---

2) 초생재배(sod culture): 과수원 같은 곳에서 깨끗이 김을 매주는(청경재배) 대신에 목초, 녹비 등을 나무 밑에 가꾸는 재배법. 토양 침식방지, 제초노력절감, 지력증진, 수분보존 등의 효과를 얻을 수 있음. http://terms.naver.com/entry.nhn?docId=178915&cid=50331&categoryId=50331 -역자주.

을 억제함으로써 인건비의 압축을 도모해 온 것을 알 수 있다. 이 때문에 사원 1인당 일의 부하는 증가하여, 사원의 동기부여가 떨어지더라도 이상하지 않은 것이지만, 직원 각자가 예의 바르고, 게다가 생동감 넘치게 일하고 있다는 인상을 강하게 했다.

히라타 관광농원은, 약 10년 선인 2004년 9월 6일의 태풍 내습에 의해 많은 낙과가 발생하였다. 당연히, 이 때문에 관광 수입의 대폭적인 감소가 부득이하게 되었다. 이것이 계기가 되어, 태풍 내습 등에 관계없이 안정된 수익을 확보할 수 있도록 하는 것으로서 주목한 것이 말린 과일(dry fruit)의 가공이었다. 이듬해에는 시험제작을 시작하고, 그 다음 해에는 상품화에 도달, 2007년에는 나가노현에서도 원료를 구입하여 본격적인 가공을 시작, 현재는 말린 과일 사업이 4천만 엔(한화로 약 4억 원) 규모에 달하고 있다.

또한 히로시마현 세토다쵸瀬戸田町의 이쿠지生口 섬에 있는 경작 포기화된 감귤 농장 3ha를 빌려, 이곳에서 생산된 "일본 제일" 또는 "처음으로"라는 감귤류를, 많은 소비자에게 보내는「감귤(citrus) 계획」이 진행 중이다.

이 말린 과일 사업도「감귤 계획」도, 각각 젊은이를 책임자로 하여 현지에서 장시간 붙어 있게 해 오고 있는데, 여기에서 경험을 쌓으면서 경영의 기본을 배우고,「농업 경영자」로서 제몫을 할 수 있도록 키워 가는 것이 아키克明 씨의 인재 육성 방침이다. 아키 씨가, 최근까지 히로시마현 교육 위원장도 맡고 있는 것이 자연스럽게 수긍이 된다. 이제까지 히라타 관광농원이라는 새로운 기업적 농업 경영의 형태를 만들어 왔는데, 여기에서부터 더욱더 다음 시대를 짊어질「농업경영자」가 배출되어 가는 것이 크게 기대된다.

05 | 농상공(農商工) 제휴

6차 산업화는 부가가치 창출에 목적을 두고 있으며, 농업소득 향상을 도모해 나가는 데 있어 매우 중요한 것이다. 이와 유사한 개념으로 이제까지는, 농상공 제휴가 추진되어 왔다. 둘 다 부가가치 조성에 목적이 있지만, 6차 산업화는 기업의 참여가 전제로 되는 경향이 많아, 기업이 주도해 가는 정도도 강한 것처럼 받아들이고 있다.

이에 대해 농상공 제휴는, 지역에 있는 가까운 식당이나 레스토랑, 과자점과 식품산업 등과의 연계를 이미지화하고, 지역 내 순환을 만들어 가는 것을 상기시킨다. 요는 용어의 문제가 아니라, 어디까지나 신변의 자원을 살리면서, 몸 크기에 맞는 농상공 제휴를 진행시켜 나가는 것이 중요하다.

〈사례 ㉔〉 나가노현長野県 다카토마치高遠町・포레 포레의 언덕

중산간지역에서도 농상공 제휴의 재료는 널려 있다. 자칫하면 하드웨어 선행형에 의한 초기 투자 과다로, 먼 뒷날까지 경영의 발목을 잡는 경우가 많다. 이런 가운데, 어떤 의미에서는 자그마한 농상공 연계이지만, 이에 참여하는 사람들 스스로가 즐겁게 되고 활발하게 되는 사례이다.

번창의 장(場) 만들기

농상공 제휴, 6차 산업화라고 하면, 농산물을 가공하는 등에 의해 부가가치를 붙여, 농산물 그 자체로의 판매보다 큰 이익을 획득해 나가는 것을 목적으로 한다. 본 사례는 대상으로 하는 것이 농산물에서가 아니고 농지에서이다. 경작 포기화된 농지를 업자, 농가, 시민이 제휴하여 「마이 가든(my garden)」「키친 가든(kitchen garden, 채마밭)」으로 활용함으로써, 경관을 창조하여, 관광객 유치에도 연결하려고 하는 새로운 시도이다.

나가노현 다카토마치(현, 이나시伊那市 다카토마치)라고 하면 벚꽃 명소로 전국에 잘 알려져 있다. 다카토성(高遠城)에 피는 벚꽃은 진한 핑크색의 작은 히간사쿠라彼岸桜로서, 포개어진 것처럼 피는 벚꽃 너머로 고마가다게(고마가산)를 중심으로 하는 중앙 알프스를 바라볼 수 있다. 정말로 절경이다.

이 다카토성에 닿을 듯 계단식 논이나 계단식 밭이 계속되고 있다. 벚꽃이 피는 때를 중심으로 관광객으로 일시 성황을 이룬다고는 하지만, 많은 중산간지역이 그렇듯이, 여기도 평소에는 인기도 적고, 조수해 피해가 끊이지 않는다. 40년 정도

전에 트랙터 등 대형농기계가 도입되었지만, 성 주변의 논밭은 좁아 대형농기계가 들어갈 수 없으며, 원래 물이 부족한 곳이기도 하여, 점차 경작 포기화되어 산림으로 변해 왔다고 한다.

이 나무들이 무성해진 한 구획을 개간하여, 꽃을 중심으로 채소도 포함하여 「자연공원」으로 재생시킨 것이 「포레 포레의 언덕」이다. 넓이는 2.5ha 정도로, 이 안에 있는 산책 코스는 일주 약 1km가 된다. 여기를 40 정도의 개인이나 가족, 그룹이 각각의 「마이 가든」으로 하고 있다. 계절의 꽃이 흐드러지게 피어, 시민농원이라기보다는 "커다란 자기 집의 화원·채마밭" 같은 손수 만든 느낌의 공간을 만들어 내고 있다. 여기에서는 「나카나카菜花菜花 키친 가든」으로 하여, 꽃과 채소 등의 혼합 재배(동반자 플랜트, companion plant)가 권장되고 있다.

다양한 제휴

'포레 포레의 언덕'은 2005년에 개원되었는데, 운영에 임하고 있는 것은 신슈信州타카토 꽃따기 클럽이다. 행정과는 관계없이, 순수하게 뜻을 모은 모임이다. 현재 100명 정도의 찬동자로부터 1좌 1만 엔으로 모은 출자금을 운영 자금으로 충당하고 있다. 토지는 모든 12~13명쯤의 지주로부터 임차를 하고 있다.

꽃따기 클럽의 간사를 맡고 있는 것이 조경 및 정원수 판매 등을 업으로 하고 있는 유한회사 오니시大西산업(産業)으로서, 전체를 통합하고 있다. 발족 당시와는 중심멤버가 크게 교체 되는 등 우여곡절을 거치면서도, 토목 사업을 총괄하고 있는 곳 이 시부야澁谷건설이고, 또 현장작업 감독을 맡아 온 곳은 야마 이치山一건설이다. 또한 제조업인 프로스가 섭외, 전기·사무용 기계의 야자와 전공(電工)이 섭외 보좌를 담당하고 있다. 또한 NPO 법인인 자연학교가 환경프로젝트를 담당하고 있으며, 이 토伊藤원예가 화훼 육성 지도를 담당하고 있다. 이처럼 현지 기 업이 중심이 되고, 이에 농가도 적극적으로 참여·협력함으로 써 꽃따기 클럽이 결성되어, '포레 포레의 언덕'이 완성되어 온 것이다. 정말로 혼자 다 하는 것이 아니고, 현지 기업이 각 각의 전문 분야를 추렴하여, 이들을 조합시켜, 농지의 재생과 사람의 성황을 실현하고 있는 것으로, 일반과는 전혀 다른, 정 말로 새로운 형태의 농상공 제휴라 불러도 좋다.

이 꽃따기 클럽의 중심이 되고 있는 것은 건설업과 제조업 기업이어서, 관광과 접목해 나가는 노하우나 정보 등이 부족 한 관계로, 나가노현 상공부와 다카토마치高遠町 동사무소, 나 가노현 가미이나군上伊那郡 지방 사무소, 관동 농정국, 신슈 대학 등과의 연계·지원을 받고, 미팅을 거듭하며, 심포지엄 등도 개최해 왔다. 농상공 제휴에 그치지 않고, 산관학 연계의 성과이기도 하다.

꽃의 양부모 제도에 비오톱3)도 마련

또한 이러한 유휴 농지에 심는 꽃 등에 대해서는, 식물은 다가토 지역에 있던 식물을 선택하는 것에 집착해 왔다. 그리고 이것을 정식할 때, 그 모종을 지역의 각 가정이나 농가의 하우스에서 육묘해 달라는 「꽃의 양부모 제도」를 전개하고, 약 1만 그루의 꽃을 지역 주민에게 돌봐 달라고 해 왔다. 또한 유휴 농지에 꽃을 심을 때에는 초등학생에게 작업을 체험하게 하는 등, 아동을 포함하여 널리 지역 주민이 참여할 수 있도록 연구를 거듭해 왔다.

'포레 포레의 언덕'에는, 비오톱도 마련되어 있어, 수생 생물과 곤충채집을 포함하여, 아이들이 자연 체험을 즐길 수 있는 「플레이 파크」로도 되고 있다. 또한 카페도 마련되어, 카페 앞은 야외 콘서트가 가능하도록 설계되어 있으며, 차를 마시거나 음악 등을 즐길 수 있다.

마침 필자가 방문했을 때는, 다카토마치高遠町에 사는 5인 가족이 꽃을 손질하고 있었는데, 아이들은 자신의 「마이 가든

---

3) 비오톱(독일어: Biotop) 또는 바이오톱(영어: biotope)은 생물 군집의 서식 공간을 나타내는 말임. 우리말로 번역하면 생물 공간, 생물 서식 공간이 됨. 그리스어로부터의 합성어로서 bio(생명)+topos(장소). 생물이 살기 쉽도록 환경을 바꾸는 행위를 가리키기도 함. -역자주.

」은 물론이고, 주위의「마이 가든」도 포함하여 경사면을 뛰어 다니거나, 꽃따기를 즐기고 있었다. 또한 서로 의견이 맞지 않았던 어린이도 포함한 5명의 그룹은, 도쿄에서 발길을 옮겨 왔다고 한다. 여기에는 동(町, 마치) 내외로부터 사람이 모여 성황을 이루어, 도시·농촌 교류, 농도(農都) 공생의 장이 형성되고 있다.

　몇 년 전에는, 여기의 위쪽 이웃 토지에「신화의 언덕 로즈 가든」도 개설되었다. '포레 포레의 언덕'과 '신화의 언덕'의 왕래는 자유이며, 상승효과를 발휘하고 있다. 이 둘은 지금은 다카토 성의 벚꽃에 이은 새로운 명소가 되고 있다. 시민의 힘으로, 경작포기지를 농도(農都) 공생에 결부시킨 노력으로 크게 주목된다.

중산간지역에 있어서 경관은, 지역 자원 가운데
서도 다른 것과의 차별화가 명확하다는 의미에서는 최대의 지
역 자원이라고도 할 수 있다. 거기서 생산된 농산물과 경관이
겹쳐 떠 올리게 되는 점이, 생산자와 소비자와의 거리를 좁혀
나가는 데 있어서 중요한 포인트가 된다. 그러나 이 경관을 농
촌만으로 지켜 가는 것은 더 이상 한계에 이르고 있는 실정이
며, 도시 주민도 끌어들인 경관 유지 메커니즘 구축이 절실히
요구되고 있다.

〈사례 ㉕〉 오카야마현岡山県 구메난쵸久米南町

경제적으로도, 연령적으로도, 더 이상 버틸 수 없을 때까지
몰리면서, 가까스로 농지를, 경관을 유지하고 있는 사례이다.
「내년은 어떻게 될까」라고 농가는 말한다.

헤이게平家 마을의 멋진 계단식 논

오카야마현은 과수 왕국으로 알려져 있는데, 전국의 계단식 논 100선 가운데 4개가 있을 정도로 계단식 논이 많은 곳이기도 하다. 현 북부의 쓰야마시津山市를 중심으로 하는 미나사카美作 지구는 남쪽은 기비고원吉備高原, 북쪽은 쥬고쿠 산지에 끼여 주위보다 좀 높고 평평한 대지(臺地) 형태를 이루고 있는데, 그 산에 숨어든 경사지에 계단식 논이 점점이 존재하고 있으며, 100선의 대상이 되는 계단식 논도 여기에 집중되어 있다.

100선 중의 하나인, 구메난쵸久米南町 기타쇼北庄에서는, 산으로부터 이어지는 가파른 경사지에 계단식 논이 등고선 모양으로 퍼져 있다. 그리고 계단식 논에 드문드문하게 자리 잡은 모양의 농가가 점점이 흩어져 있는데, 잘 손질된 계단식 논과 농가가 어우러져, 기품을 느끼게 하는 훌륭한 경관이 형성되어 있다. 이 지역은 겐페이전쟁源平合戰[4]에서 패한 헤이게平家 유민들이 정착하여 개척한 것으로도 알려져 있으며, 이 경관을 바라보고 있으면 이러한 말에 전혀 위화감 없이, 솔직하게 납득이 돼 버릴 것이다.

---

4) 겐페이 전쟁은 헤이안平安 시대 말기인 1180년에서 1185년까지의 6년간에 걸친 대규모 내란임. 일본 고대 마지막 내란이며 중세 초기 내란임. https://ja.wikipedia. org/wiki/%E6%B2%BB%E6%89%BF%E3%83%BB%E5%AF%BF%E6%B0%B8% E3%81%AE%E4%B9%B1 -역자주.

유지 관리에 막대한 어려움

농사조합법인 기타쇼北庄 농장은, "헤이게 마을"과 같은 구메난쵸久米南町에 있으며, 이곳으로부터 이어지는 26ha의 계단식 논을 경작하고 있다. 경지 면적이 26ha라고는 하지만, 경사지이기 때문에 제방에 많은 면적을 먹혀, 실질 경작 면적은 절반인 13ha에 지나지 않는다. 관내에는 40가구가 살고 있는데, 지역 주민의 평균 연령 자체가 60세로 고령화는 현저하다. 40호 중 25호가 기타쇼北庄 농장의 조합원이나, 조합원도 고령화하고 있기 때문에, 농작업을 맡고 있는 것은 이 중에서 12~13명이다.

이 근처에는 강이 없다. 이 때문에 내린 비를 모은 저수지에, 오로지 의존하고 있다. 이 저수지의 유지 관리가 골칫거리로, 저수지 주변에 내린 비를 모으는 물도랑은 반을 편성하여 공동 활동으로 간신히 유지할 수는 있지만, 솔직하게 언제까지 유지 관리할 수 있을지 불안한 실정이라고 한다. 저수지도 단순히 빗물을 모아 놓고 필요할 때 아래로 물을 흘려보낼 뿐만 아니라, 높은 곳에 있는 논에 대해서는 저수지 물을 용수로에 흘려, 이것을 사이펀(siphon, 기압을 이용해서 높은 데로 끌어올린 액체를 다시 낮은 곳으로 옮기는 데 쓰는 구부러진 관-역자주)의 원리를 사용하여 골짜기를 건너, 산의 맞은편까지 나르고 있다. 지형적으로 사이펀의 원리를 사용할 수 없는 곳에서는, 발동기를 돌려 퍼 올리기도 한다고 한다. 계단식 논

그 자체의 유지 관리 및 여기서의 작업은 물론이고, 저수지가 있어야만 계단식 논이 가능하기 때문에, 저수지의 유지 관리가 큰 부담이 되고 있다.

"헤이게 마을"의 계단식 논에서는, 도시 사람들이 드나들면서 모내기를 하거나 벼 베기를 하는 등 교류도 행해지고 있지만, 본격적인 작업의 대체와는 거리가 멀다. 하물며 계단식 논이나 저수지의 유지 관리의 도움은 기대하기 어려워, 고령화로 인한 담당자 부족 해소에는 전혀 연결되어 있지 않다. 경제적인 장점이 크진 않지만, 일시적으로라도 사람이 출입하여 마을을 활기차게 해 주는 것은 좋은 일이라고 한다.

「농민이 가장 사회에 공헌」

그런데 기타쇼北庄 농장의 결산을 보면, 13ha의 농지를 경작하여, 벼를 중심으로 양파 등 채소, 콩, 검은콩 등을 생산하고 있지만, 총 매출고는 760만 엔에 머물고 있다. 여기에서 매출원가와 판매 관리비를 뺀 영업이익은 370만 엔의 적자이지만, 이를 중산간지역 직접지불 등의 조성금(助成金) 400만 엔을 받아서, 간신히 경상이익 기준으로 적자를 회피하고 있다. 제조원가 가운데 급료는 380만 엔이지만, 이것을 작업 인원수의 13으로 나누면, 1인당 급여는 연간으로 30만 엔에도 미치지 않는다. 매상고 그 자체가 적고, 수익성이 낮은 쌀, 게다가 계단식 논에서의 벼농사는 경제적으로 전혀 성립되지 않는다. 조성금 없이는 지속이 어려운데, 거기에서도 연간 30만 엔 미만의 농업소득을 확보할 수 있는 것에 지나지 않고, 생활비의 대부분은 연금 수입과 식료를 최대한 자급함으로써 조달하고 있는 것이 실태로서, 도저히 신규 참입을 가능하게 하는 상황은 아니다.

정말로 농작업은 농지를 황폐화시키지 않기 위한 공익적 작업 그 자체이며, 이것으로 간신히 경관이 지켜지고 있다고 할 수 있다. 조합장인 유카리토모하루弓狩知治 씨가「도시에 있는 것보다는, 여기에 있는 것이 좋다」라는 말에 이어,「농민으로 있는 것이 제일의 사회 공헌」이라고 한 말을 잊을 수 없다. 벌이가 되지 않아도 농작업을 계속하여 논을 유지해 가는 것이, 결국은 최상의 세상을 위한 일로 사람을 위한 일로 결론을 내고 계단식 논을 지켜 나가고 있는 사람들을, 경제관념이 부족한 전근대적인 농업에 불과하다고 간주하여 무시해도 좋다고 하는 이론에 동의하는 것은 절대로 허용되는 것이 아니다.

그러한 그들이 보조금을 둘러싼 논의를 하는 과정에서,「5년은 길다」「당장 내년에 어떻게 될까」라는 발언이 난무한다고 한다. 그들이 있기 때문에 계단식 논 유지가 가능해지고 있는 것임에도 불구하고, 지금의 대처・시스템에 대한 평가는 제쳐 놓고라도, 이 시스템 자체가 이미 한계에 이르고 있는 것도 확실하다.

07 | 도시농업

　　　　　중산간지역과 함께 앞으로의 일본 농업에 독자
의 기능과 역할을 할 것으로 기대되는 것이 도시농업이다. 농
림 통계에서는 농업지역유형은, 도시적 지역, 평지농업지역,
중간농업지역, 산간농업지역으로 분류되는데, 도시농업이 행
하여지는 도시농지는 도시적 지역에 겹친다. 도시농지는 시가
화 구역과 시가화 조정 구역으로 구분되는데, 농림 통계에서
는 도시적 지역의 구분·내역은 없다. 따라서 농림 통계 데이
터를 사용하여 소개되는 도시농업의 실태 등은, 근교 농지를
포함한 넓은 의미에서의 도시농업의 내용물을 지칭하게 된다.
그러나 도시농지의 유지를 도모하는 데 있어서 가장 문제로
되고 있는 것은, 농지에서 상속세의 부담에 의해 매각을 부득
이하게 하여 계속 감소하고 있는, 도시 계획법에 의해 시가화
구역 내로 되는 도시농지이다.

08 | 부가가치가 높은 농업

앞서 농림통계 데이터에서 도시농업의 위치를 확인해 두면(모두 2005년. 그 후의 수치는 갱신되지 않음), 도시적 지역의 경지 면적은 128만 ha로서, 경지 면적 전체의 27%를 차지하고 있다. 농업 산출액은 2조 8,000억 엔으로서, 전체의 31%를 차지하고 있다. 경지 면적의 비율을 농업 산출액이 4% 포인트 상회하고 있는 것과 같이, 도시적 지역에서는 화훼, 채소, 과수 등의 상대적으로 부가가치가 높은 농업이 전개되고 있다.

덧붙여서 말하면 작목별로 도시농업 농업생산액의 전국에 대한 점유율을 살펴보면, 화훼 40%, 채소 38%, 과수 34%, 쌀 28%, 축산 20%로 되어 있어, 넓은 면적을 필요로 하는 쌀이나 악취 등이 경원시되는 경향의 축산은 축소하고, 소규모성을 고도기술로 커버하는 시설형 화훼나 채소, 과수 중심으로 도시농업이 전개되고 있는 것을 알 수 있다.

그 도시농업에 의한 농산물은, 소비자에게 직접 판매하는 비율이 58.2%로 전국 평균의 18.4%를 훨씬 크게 상회하고 있음과 동시에, 도매 시장 36.3%, 농협 25.7%를 크게 웃돌고 있어(2005년 농림업 센서스 도쿄도東京都 조사결과보고), 소비자와 접근한, 얼굴과 얼굴이 보이는 관계를 살리면서 판매하고 있는 점이 엿보인다.

이처럼 도시농업은, ① 고부가가치임과 동시에, ② 직접 판매가 많은 것을 특징으로 들 수 있으며, 아울러 ③ "아침 채취 농작물"로[5] 상징되는 것처럼 신선하고, 얼굴과 얼굴이 보이는 관계로부터 안전의 정도도 높고, ④ 도시 환경의 변화에 따라 축산이 감소하는 등 작목이 크게 변화하고 있는 점, ⑤ 시민농원이나 체험 농원 등 시민참가형 농업이 증가하고 있는 점, ⑥ 시가화 구역 내의 농지는 택지와 같은 수준의 과세가 원칙이며, 상속세 납부에 그치지 않고, 매년의 고정자산세(재산세)나 도시계획세의 납부 부담이 너무 크기 때문에, 농업소득으로는 도저히 조달할 수 없어, 주차장이나 아파트 경영 등에 의한 부동산 수입으로 버틴 경영으로 되고 있는 점, ⑦ 지역 소방단(消防團)의 중심이 도시 농가이며, 지역 안전의 수호자가 되고 있는 점 등을 들 수 있다.

---

5) 朝採り: 농작물을 아침에 수확하여 그 날에 매장에 판매하는 것. 또는 그러한 농작물. https://dictionary.goo.ne.jp/jn/248864/meaning/m0u/ -역자주.

09 | 도시농업이 발휘하는 다원적 기능

일반적인 농업이 발휘하는 다원적 기능에는, 홍수 방지 기능, 수자원 함양 기능, 토양 침식 방지 기능, 토사 붕괴 방지 기능, 유기성 폐기물 처리 기능, 기후 완화 기능, 보건 휴양·평온함 기능 등이 있다. 도시농업도 같은 기능을 발휘는 하지만, 평지 지역이나 중산간지역과는 환경이 크게 달라, 그 발휘되는 기능의 비중은 다르게 된다. 도시농업이 가지는 다원적 기능과 도시농지가 가지는 다원적 기능으로 나누어 정리하면 다음과 같이 된다.

〈도시농업이 가지는 다원적 기능〉

① 생산물을 통하여―생산자와 소비자의 거리가 매우 접근하고 있는 점에 따른 신선하고 안전한 농산물 공급, 안심의 제공
② 농작업을 통하여―시민 농원, 체험 농원, 학동(學童, 초등학교의 아동)농원 등에 의한「농」의 영위 체험, 교육 기능
③ 물질 순환을 통하여―음식물 쓰레기 퇴비 활용을 포함한 지역 내 순환

〈도시농지가 가지는 다원적 기능〉

① 경관 보전─흙과 녹색에 의해 마음이 안정되는, 눈에도 좋
   은 공간
② 소음 방지 등─농지로부터의 소음 발생이 적을 뿐만 아니
   라, 농산물, 저택 숲 등에 의한 소음 차단 효과. 더 나아가
   서는 벼이삭 등이 바람에 흔들리는 소리나 농산물의 향내
   등에 의한 마음의 평온
③ 온도·습도의 조절─열섬(heat island, 주변보다 기온이 높
   은 지역. 이 지역의 등온선 모양이 마치 섬과 같다는 데서
   온 말-역자주) 현상의 완화
④ 오픈 스페이스(개활지)─재해 시의 피난 장소

도시농업의 진흥, 도시농지의 보전

도시농지는 시가화구역 내의 농지와 시가화 조정구역 내의 농지로 분류하는데, 1968년의 도시계획법에 의해 「대체로 10년 이내에 우선적이고 계획적으로 시가화를 도모해야 하는 구역」으로 되어 있는 시가화 구역 내의 농지에 대해서는, 상속세 부담이 무겁게 덮쳐누르기 때문에, 감소 경향이 계속되고 있다. 시가화구역 내 농지 면적은 9만 ha(2009년)이지만, 10년 후에는 시가화구역 내의 농지는 절반으로 줄어들 수도 있는 상황에 있다.

도시계획법이 시행된 후에도, 시가화구역 내의 농지를 지키고, 도시농업을 유지해 나갈 의향을 가진 생산자도 적지 않아, 1974년에 성립한 생산녹지법에 의해, 시가화 구역 내에 있어도 일정한 조건을 충족하는 농지에 대해서는, 생산녹지로 지정을 받으면 농지로서의 존속을 인정받게 되었다. 그 후에도 우여곡절을 거쳐 1992년의 생산녹지법 개정에 의해, 역 선긋기에 의해 택지화해야 하는 농지로 할 것인지 보전하는 농지로 할 것인지를 농가가 선택하고, 보전하는 농지에 대해서만

택지 수준 과세가 면제되는 것으로 되었다.

그러나 생산녹지로 지정을 받으면, 그 해제가 가능하게 되기까지에는 30년의 영농 기간이 조건으로 되어 있고, 또한 상속세 납세 유예 제도가 조치되면서도, 종신영농 의무가 부과되고 있기 때문에, 생산 녹지의 지정을 기피하거나, 상속세 납세 유예 제도를 이용하지 않는 경우도 많다. 이 때문에 상속인으로 있는 주된 종사자가 사망하면, 거액의 상속세를 내지 않으면 안 되기 때문에, 농지를 택지로 전용하여 판매하는 경우가 계속되고 있는 것이 실태이다.

이러한 한편, 도시농업의 존재에 의해, 신선한 야채 공급, 흙과 녹색 공간 제공, 열섬 현상의 완화, 방재 피난 장소로서의 기능, 더욱이 아이도 포함한 시민의 농업체험을 통한 교육·치유 기능 등이 발휘되는 것에 대해, 평가하는 기운은 높아지고 있다. 또한, 버블 붕괴 후 택지 수요는 정체하고, 빈집이 증가함과 동시에, 인구감소·고령화에 따라 택지수급 환경은 급변하고 있어, 농지를 택지로 전용할 필요성 자체가 없어지고 있다.

이러한 정세를 감안하여 1999년에 시행된 식료·농업·농촌 기본법 제36조에서는 도시와 농촌과의 교류와 함께, 도시농업의 진흥이 포함되었다. 또한 그 기본 계획에서도, 도시농업이 가지는 다원적 기능에 대한 적극적인 평가를 바탕으로, 도시농업의 진흥이 강조되고 있다. 또한 2008년 10월에는 도쿄 도내의 34개의 구시정(區市町)이 제휴하여 「도시농지 보전 추진지자체(自治体)협의회」가, 2010년 10월에는 전국 70개 도시에 의해 「전국도시농업진흥협의회」가 설립됨과 동시에, 2011년 10월에는 농림수산성이 「도시농업진흥에 관한 검토회」를 설치하고, 2012년 8월에 중간보고를 하는 등, 도시농업의 진흥과 도시농지에 관한 제도 개정을 위한 노력이 계속되고 있다.

전체적으로는 오래전부터, 제도·세제의 근본적 재검토의 필요성과, 당면 과제로서 ① 상속세 납세 유예 제도의 종신 영농 규정의 재검토, ② 일체적으로 농업에 이용되는 시설 등의 농지 평가, ③ 생산 녹지 매입 제도의 발동, ④ 생산 녹지의 이용권 설정 촉진, ⑤ 시가화 구역 내 농지의 농업에 대한 농정 대상 지정 등의, 정리는 끝나 있는 상태이다.

본 건은 도시 계획을 소관하는 국토교통성, 농업을 관장하는 농림수산성, 상속세를 관장하는 재무성, 더욱이는 재산세를 소관하는 총무성이 관련되어 있어, 상하관계로만 움직이는 행정이 강력한 현재의 상황하에서는, 정치 주도에 의지하지 않고는 국면의 타파는 기대하기 어렵다.

도시농업은 다양한 일본 농업 중 하나의 형태에 있는 것으로 그치지 않고, "일본 농업의 선구자" 모습을 보이고 있기도 하다. 시가화 구역 내의 농지를 유지해 감과 동시에, 도시농업이 가지는 다원적 기능 발휘를 평가해 나간다는 두 가지 요소를 일체화시킴으로써, 택지와 같은 수준의 과세 대상에서 제외해 가는 방향으로의 조속한 제도 개편이 요구된다.

〈사례 ㉖〉 도쿄도東京都 고쿠분지시國分寺市·고사카 小坂 농원

도시농업은, 상속이 발생할 때마다, 농지의 상당 부분을 떼어 팔지 않을 수 없기 때문에, 도시농업의 대부분은 소규모 경영이지만, 본 사례는 시가화 구역 내 농지(생산 녹지) 약 2ha라는, 도시농업으로는 상당한 대규모 면적으로 경영을 하고 있다.

삼대에 걸친 도시농업

고쿠분지시國分寺市는 신주쿠新宿역에서 JR 중앙선을 타고 약 30분, 특별 쾌속으로 약 20분 거리에 있으며, 이른바 도쿄의 베드타운이라고 말하는 것이 좋을 것이다. 이름대로 나라奈良시대에 성무천황(聖武天皇)에 의해 무사시武藏 고쿠분지國分寺가 건립되었는데, 그 고쿠분지 자리 주변은 논밭이 펼쳐져 있었으나, 쇼와昭和 30(1955)년 이후, 급속하게 도시화가 진행되어, 논은 쇼와 30년대 후반에 없어지게 되고, 양돈도

1975년경까지에는 중지하게 되는 등, 농지는 계속하여 감소해
왔다.

JR 고쿠분지역 남쪽 출구로 나와 계단 모양의 지형을 내려
가, 남쪽으로 대략 1km 정도 가면, 조용한 주택가를 따라, 많
은 종류의 채소가 재배되고 있는 밭이 나타난다. 길을 사이에
두고 1.3ha 정도 되는데, 이에 나머지 몇 군데를 포함하여 약
2ha의 농지를 경영하는 것이 고사카 요시오小坂良夫 씨(56세)
이다. 고사카 씨 부부를 중심으로, 아버지 부부, 아들 부부의
삼대가 분담하여 농업에 종사하고 있으며, 이에 자원봉사자
10명 이상이 참여하고 있다. 자원봉사자라고는 해도, 10년된
사람이 2 명, 5~6년 사람도 2 명 포함되어 있는 등, 전문성이
높은 자원봉사자들이 안정적으로 여기에서 농업을 지원하고
있다. 이러한 자원봉사자는, 시민농업대학 졸업생이 대부분으
로, 고사카 씨도 시민농업대학의 강사를 맡고 있어, 고사카 씨
의 제자들인 셈이다.

다양한 판매

현재 생산하고 있는 채소는 20종류 정도인데, 토마토만 해
도 미니 토마토, 중간 크기의 토마토, 알이 굵은 토마토, 또 적
토마토, 노란토마토 등도 계산하면 연간 생산되는 채소는 약
100종류 정도가 된다고 한다. 이 중에는 에도江戶 도쿄 채소

인 「마고메한지로馬込半白 오이」도 포함된다.

생산한 농산물은, 양판점, 중앙도매시장을 통해 생협, 레스토랑, 마르쉐(시장) 등 이벤트, 직판장으로 출하가 나뉜다. 양판점이 가장 많아, 양판점만으로 50% 이상을 차지한다.

양판점은 마루에츠의[6] 두 점포에서 출하·판매하고 있지만, 마루에츠에서는 이를 지산지소(地産地消)로 다루는 것이 아니라, 점내에 고사카 농원 코너를 설치해 놓고, 철두철미하게 고사카 농원의 채소로 판매하고 있다. 바로 양판점 내에 인숍[7]이 설치되어 있는 것으로, 마루에츠에는 2004년 이후 연간 365일, 하루도 빠짐없이 출하되고 있으며, 최소한 5~6 종류의 채소가 진열되고 있다. 가격은 고사카 씨가, 비용과 시장 가격 등을 참고로 하면서 스스로 결정하고, 매상 대금은 송금 수수료만을 뺀 것이, 고사카 씨의 은행 계좌로 입금된다. 다른 양판점은, 지방(시골)에서 생산된 물건의 경우가 (감히) 수량을 결정한다는 이유로, 좀처럼 상대해 주지 않았던 것 같고, 마루에츠의 당시의 책임자는 시대의 흐름이 잘 보이는 사람이었던 것이리라.

---

6) 주식회사 마루에츠(영어: The Maruetsu, Inc)는 관동 지방에 배포하는 슈퍼마켓 체인임. 식품 슈퍼마켓으로는 일본 최대 규모의 점포 수, 매출액, 이익을 자랑함. https://ja.wikipedia.org/wiki/%E3%83%9E%E3%83%AB%E3%82%A8%E3%83%84 -역자주.

7) 인숍(inshop): 숍 인 숍(shop in shop)의 줄인 말로, 백화점 등의 대규모적인 소매업의 점포 안에 다른 전문점이 나와 있는 형식을 말함. -역자주.

레스토랑에서는, 현재 11개소의 레스토랑에 출하를 하고 있으며, 매일 수확한 채소가 상자로 포장되어 보내진다. 대금 상환으로 현물을 인도하는 시스템의 택배를 이용하고 있어, 대금 회수의 수고는 들지 않고, 리스크도 없다.

마르쉐 등 이벤트에서의 판매는, 다양한 사람들과의 관계를 기대할 수 있기 때문에, 최대한 참여하고는 있지만, 상당한 수고와 시간이 드는 것이 옥에 티. 지난 해(2012년)부터 아들이 취농한 것을 계기로, 다시 적극적으로 대응하고 싶다는 의지를 내비치고 있다.

그리고 직매인데, 직매는 전체 매출의 20% 이상을 차지하는 중요한 판매 거점이 되고 있다. 밭 옆에 있는 2개의 직판장 외에, 자택 앞 도로에 접한 대지에서 직매를 해 왔지만, 이번 5월에 공동직판장「혼무라 나나토(木村 七重塔)」를 개점했다. 고쿠분지國分寺 지역에 있는 혼무라木村에, 오층탑이 아니라 희귀한 칠층탑이 세워져 있는 점에 착안하여 칠층탑이라고 명명한 것으로, 어디까지나 고쿠분지 지방 농가에 의한 직판장이라는 기상을 보여 주고 있다. 여기에 채소, 과일, 꽃 등이 판매되고 있으며, 상품으로 마르쉐에서 만난 생산자 등이 만든 과일이나 가공품도 진열되어 있다. 공동직판장에는 주방과 가공 공장도 마련되어 있으며, 여기에서 식육(食育, 먹을거리 교육) 활동을 하거나 가공품을 만들어 가는 것도 계획되고 있다.

또한, 공동직판장은 화·목·토·일요일 10시부터 12시까지를 영업시간으로 하며, 판매뿐만 아니라, 다른 일도 할 수 있도록 조정되어 있다.

고정자산세의 과도한 부담

여기에서 다시 3세대 부부의 분담에 대해 확인해 두면, 전원이 채소 재배에 종사하는 외에, 각각의 주된 분담은, <아버지> 땅두릅 생산, <어머니> 꽃 만들기, <사카모토 씨> 전체 조정, <사카모토 씨의 부인> 마루 에츠, 레스토랑, 공동직판장 담당, <아들> 레스토랑, 마르쉐 등 담당, <아들의 신부> 공동직판장 담당 등이다.

바로 일가가 총출동하여 도시농업에 종사하고 있는데, 연간 매출(수익)은 2,000만 엔 전후로 추이하고 있다고 한다. 도시농업으로는 법인을 만들 수 없기 때문에, 일반 사단법인을 만들고, 일반 사단법인이 위탁을 받아 판매하는 형태를 취하고, 가족 각각은 전임종사자로 하여 전임종사자 급여를 받는 시스템으로 운영하고 있다.

매년 고정자산세·도시계획세는 약 900만 엔으로, 급여로는 도저히 감당할 수 없기 때문에, 임대 아파트와 주차장을 경영해서 자금을 조달하고 있다. 그러나 임대 아파트 건설에 따른 차입금의 상환이 아직 계속되고 있어, 원금과 이자 지급 부담

뿐만 아니라, 수리에 드는 경비도 커, 가계는 쉽지는 않다고 한다.

이제, 아버지는 아주 건강하시고 노익장으로 계시지만, 어차피 발생하게 되는 상속세의 대응이 중대하다. 이미 아들까지 취농하고 있어, 앞으로 특단의 수가 없는 한, 향후 반세기도 농지를 농지로 활용해 나갈 것이다. 계속 안정적으로 농업 경영을 계속하기 위해서도, 지금의 도시농지제도와 세제의 발본적인 재검토가 요망된다.

농지와 농업이 있는 거리 만들기

올해(2013년) 처음으로 노력하기 시작한 것이 체험농원이다. 짐 보관소나 화장실 등도 새롭게 설치하여 시작했는데, 현재 4명이 참가하고 있다. 고사카 씨는 더 많은 시민을 모아 체험농원을 꾸려 나가고 싶어 하는데, 아버지는 「(체험농원 따위를 하는 것은) 농민이 아니다」라고 반대하는 것. 작게 시작해서, 상황을 보면서 장래를 생각해 간다고 하는 방식으로, 꾸려 가고 있다.

또한, 식육(食育)에도 열심히 임해 오고 있는데, 미나토쿠港區, 치요다쿠千代田區의 초등학교에, 급식 식재료를 전달함과 동시에, 함께 씨를 뿌리고 학교에 관리해 달라고 하고, 수확 체험도 하고 있다고 한다. 치요다 구의 반쵸番町초등학교에서는, 2학년 학생과 식육(食育)에 노력하여, 올해는 풍작으로, 에도도쿄江戶東京 채소인 반백(半白)오이를 많이 수확하여, 전원이 1개씩 집에 가져갈 수 있었다고 한다.

체험농장도 식육도, 채소를 통해 도시농업을 이해시키는 것을 목적으로 적극적으로 임해 왔다. 또한 농지와 농업이 있는 거리 만들기를 목표로 하고 있는데, 공동 직판장을 담당하는 부인이나 며느리는, 지역 사람들이 구매로 발길을 옮겨, 그곳에서 생각을 나누고, 조금씩 커뮤니티가 퍼져 나가는 것이 즐겁다고 한다.

또한 소비자와 레스토랑으로부터의 요구 등에 따라 채소의 종류를 늘려 왔는데, 그만큼 생산하는 쪽도 공부를 많이 해야만 하지만, 보람과 재미를 느낀다고도 한다.

아들인 도모요시知儀 씨(24세)는 대학을 졸업함과 동시에, 국제농업교류협회의 해외농업 연수 1년, 독일의 벤젠에 체재하여 경험을 쌓아 왔다. 숙소는 20ha의 경영 규모를 가진 유기농가로서, 택배로 소비자에게 직접 판매하는 것을 메인으로 하고 있다고 한다. 도모요시 씨 는 샐러리맨의 일보다도, 자기 책임으로 임하는 농업 쪽이 재미와 보람을 느낀다고 한다. 독일 유기 농가에서의 경험도 살리면서 어떤 새로운 도시농업을 창조해 나갈 것인지, 매우 흥미롭다.

제9장

농협에 의한
커뮤니티농업 형성으로

01 | 사업 구조를 재검토한다

    본 장의 사례도 포함하여 본서에서 몇 개인가의 농협을 채택하고 있는 바와 같이, 농협은 농업, 지역에서 중요한 역할을 하고 있다. 한편 농협에 대한 비판도 뿌리 깊고, 또한 금번의 규제개혁회의에서도 농협 본연의 자세에 대해 재점검, 검토가 이루어지고 있다.

    많은 비판이 오해와 편견에 근거한 것임은 부정하기 힘드나, 다시 농업, 지역을 지켜 나가기 위해, 지금의 농협에 일단의 참고 견디는 힘이 필요한 것도 사실이다. 담당자의 고령화에 따라 개별 경영체의 지속이 어려워지고 있을 뿐만 아니라, 무역자유화의 압력이 강해지는 가운데 지역영농 전체가 크게 흔들리고 있다. 농협 경영 기반의 위기이기도 하지만, 농업, 지역이 있어야만 농협이므로, 농업, 지역의 유지·재생이야말로 농협이 해결해야 할 최대의 과제이다. 농업, 지역을 지키고, 발전시켜 나가는 것이야말로, 농협의 사명·역할이며, 거기에 존재 의의가 있다고 할 수 있다.

    그런 의미에서는 식량관리제도(식관제도, 食管制度. 1995년에 폐지-역자주)에 근거하는 쌀 유통이나, 도매 시장을 통한 채소·과일의 유통을 비롯하여, 농협은 고도 경제성장기의 성공 체험에서 벗어나지 못하고 있다는 지적에 대하여 겸허하게 귀를 기울여 가는 것도 필요할 것이다. 환경이 크게 바뀌는 가운데, 지금까지의 사업 구조를 재검토하고, 농협의 비즈니스 모델은 변하는 것이 당연하며, 변하지 않는 것이 문제이기노 하다. 한편, 이러한 과제에 마주하여 착실한 성과를 올리고 있는 농협이 있는 것도 사실이다.

재검토의 최대 포인트가 되는 것이, 커뮤니티농업을 중심에 둔 지역농업의 디자인 만들기이며, 조합원을 주역으로 한 협동활동(協同活動)의 활성화이다. 이를 중심으로 하여 필요에 응하여 재검토를 도모하면서 사업을 통해서도 지원해 가는 것이 요구되고 있다.

합병·대형화와 정·준 조합원의 역전

농협은 JA라고 불리는 경우도 많다. JA는 Japan Agricultural Co-operatives의 약칭이며, 농업협동조합(농협)의 애칭이다. (본서에서는 사례 소개 농협명의 애칭·통칭을 빼고 「농협」으로 표기를 통일).

농협의 전신은 1900년의 산업조합법에 따라 만들어진 산업조합(약칭, 産組)이다. 전후(제2차 세계대전 후), 다시 농협법으로 규정되어 1947년에 지금의 농협이 설립되어 있다.

1950년 3월에는 1만 3,314개소였던 농협은 합병을 반복해서 대형화하고, 2013년 1월 1일 현재 708개 조합으로 되어 있다. 농협의 수는 60여 년 동안 5.3%까지로 감소하고 있다.

반면 조합원 수는 2010년 현재 969만 명으로서, 계속하여 약간씩 늘고 있다. 그 내역을 보면 정조합원 472만 명, 준조합원 497만 명으로, 2009년 이후, 정조합원 수와 준조합원 수가 역전(逆轉)하고 있다.

정조합원은 농업자인 것이 조건으로 돼 있고, 경작면적이나 농업종사일수 등에 대해 각 농협마다 정관으로 그 기준이 정해져 있는데, 농가 호수가 감소함에 따른 정조합원의 감소를, 준조합원의 증가로 커버해 온 형태로 되어 있다. 준조합원이 증가 경향을 따라가는 가운데, 농협은 농업자만을 대상으로 해야 한다고 하는 직능조합론과, 지역 주민을 널리 대상으로 해야 한다고 하는 지역조합론의 논쟁이 오랜 세월에 걸쳐 전개되어 왔다.

03 ## 연면히 계속되는 농협 비판

　　농협 본연의 자세에 대해 정부와 재계 등의 비
판은 전후(戰後)의 반산(反産)운동(반 산업조합 운동) 이후 전
전·전후를 통해 시대에 따라 중점을 옮기면서 반복 전개되어
왔다.

　　현재 정부의 규제 개혁 회의에서 JA에 대한 규제 개혁도 대
상으로 거론되고 있으며, ① 컴플라이언스(규제 준수) 개혁,
② 농정의 위상의 명확화에 대해 검토가 이루어지고 있다. 추
상적으로 표현되고 있어 향후 어떤 논의가 전개될지는 미지수
이며, 또한 산업 경쟁력 회의에서도 규제 개혁 논의가 이뤄지
는 등 농협에 대한 풍압이 높아지고 있다.

　　여기에 2000년 이후의 논의 전개에 대해 살펴보면 2001년
1월의 부처 개편을 계기로 경제재정자문회의가[1] 설치되고, 농
업·농협 문제에 대해 논의가 전개되었다. 또한 2001년 4월
고이즈미 정권이 출범하여 이 움직임이 가속되고 곧이어 종합

---

[1] 경제재정자문회의: 내각부에 설치된 협의 기구. 보다 자세한 내용은 쓰타야 에이
　치(전찬익 번역), 2013. 『협동조합 시대와 농협의 역할』, 2013, 한국학술정보,
　pp.34~37 참조. -역자주.

규제개혁회의가[2] 설치되었다. 또한 민주당이 정권을 잡으면서 행정쇄신회의가 설치되고, 이 중 규제·제도 개혁 분과회에서 역시 농업·농협 문제가 다루어져 왔다.

행정쇄신회의에서 논의된 농협에 대한 중점 과제는 ① 농협 등에 대한 독점 금지법 적용 배제의 재검토, ② 농협에 대한 금융청의 검사(檢査)·공인회계사 감사(監査)의 실시, ③ 농지를 소유하고 있는 비농가의 조합원 자격 보유라고 하는 농협법의 이념에 위배되는 상황의 해소, ④ 신규 농협 설립의 탄력화, ⑤ 농협·토지개량조합·농업공제조합 임원의 국회의원 등으로의 취임 금지 등이다.

이러한 논의를 바탕으로 순차적 재검토가 이루어져 왔는데, 새로운 규제 완화의 움직임, 농협 비판은 계속되고 있다.

또한 정부·재계의 논의와도 얽혀지면서 학자·연구자의 비판도 계속되고 있다. 그 주요 내용을 들어 보면, ① 종합 농협이라고 하는 형태가 농업관련사업의 효율화를 방해하고, 영세 농가를 온존시키며, 농업의 활성화를 저해하고 있다. ② 농업자 중심의 농협이라는 본래의 모습에서 일탈하고 있어, 농협의 경영·사업·조직운영의 실태를 엄격하게 체크할 필요가 있다. ③ 비농협형 농업관련 협동조합의 참여에 의해 경쟁 원리가 작동되도록 하면, 농업의 구조 개혁을 진행할 수 있다.

---

2) 조합규제개혁회의: 민간주도 심의기구. 보다 자세한 내용은 전게서 pp.33~34 참조. -역자주.

④ 농협은 일인 일표 제도에 의한 운영을 기본으로 하고 있기 때문에(수적으로 우세하므로) 겸업농가의 의향이 보다 강하게 반영된다. 농협은 겸업농가와 일체로 되어 사업을 비대화시키고, 농업의 구조 개혁을 저지하고 있다. ⑤ 농협은 주업농가[3]의 육성을 막아 왔기 때문에, 주업농가 중심의 전문농협을 설립해야 한다.

논점은 다방면에 걸쳐 있어, 일일이 이들에 대한 견해를 언급할 겨를은 없으나, 전후(戰後)의 식량 증산 그리고 고도경제성장 시기는, 식량 수요가 증가함과 함께 농업소득도 향상하고, 또한 담당자에도 중견·젊은 층도 많이 포함되어 있었지만, 그 후 경제가 저성장으로 이행함과 함께 수입 농산물이 증가하여, 국내 생산이 감소하고 농산물 가격도 하락 추세를 계속하는 가운데, 담당자의 고령화가 진행해 왔다.

이처럼 농협을 둘러싼 환경 조건이 크게 변화하는 가운데, 농협 본연의 자세, 사업 방식의 재검토 등에 의해 이에 대응해 가는 것은 당연하고, 그러한 노력을 쌓아 가는 가운데서 성과를 거두어 온 농협도 적지 않은 한편, 불충분한 노력밖에 이뤄지지 않았던 농협이 있다는 점도 부정할 수 없다. 농협은 하나하나가 개개의 사업체이기 때문에, 이에 대해서 일률적으로 규정하여 논하기에는 무리가 있는 것도 사실이므로, 성과를

---

3) 주업농가란 농업소득이 주(농가소득의 50% 이상이 농업소득)로서, 65세 미만이면서 농업종사 60일 이상의 가구원이 있는 농가. -역자주.

올리고 있는 농협을 모델로 전체의 수준 향상을 도모하면서, 정세 변화나 필요에 대응하여 규제나 사업 방식의 재검토를 도모해 가는 것이 필요하다고 생각한다.

04 | 농협이야말로 커뮤니티농업의 리더 역할을

여러 가지의 농협 비판, 논의가 있는 가운데, 그 중심이 되는 것은, 합병에 의한 농협의 대형화에 따른 농협과 조합원과의 거리가 멀어져 온 것, 더욱더는 준조합원이 과반을 넘도록 되고 있는, 농협의 지역농업에 대한 자세 내지 책임 정도 저하에 대한 두려움일 것 같다.

농협의 합병·대형화에 의해 경영의 효율화가 진행되어 왔던 까닭으로, 합병·대형화 그 자체를 부정하는 것도 한 방법이지만, 현실적으로는 대형화한 농협 가운데서 농협과 조합원과의 거리를 좁혀 가는 것이 선결이며, 생산부, 청년부, 부인부 등이 지역에 따라 밀착하여, 얼굴과 얼굴이 보이는 관계를 가질 수 있는 작은 조직을 활성화시키고, 「협동조합 내 협동」을 강화해 나가는 것이 긴요하다. 그리고 작은 조직을 활성화시켜 나가기 위한 포인트로 되는 것이, 작은 조직의 주체성·자립성을 존중하고, 농협 내에서의 발언권을 강화해 나가는 것이다. 협동조합의 주역은 조합원이며, 이 원점에 서서 협동조합 내 협력을 강화해 나가지 않으면 안 된다. 이러한 움직임을 주도하고, 조정(coordination)해 나가며, 그리고 사업을 통해 이를 지원(support)하는 것이 대형화한 농협의 있어야 할 모습 이라고 생각한다.

그런데 농협의 기반은, 에도江戸 시대로부터4) 계속되는 「자 치 촌락」으로서의 촌락공동체의 일원으로 되어, 자치적인 운 영에 의한 공동의 노력에 있었다는 것이 필자의 기본적인 생 각이다. 영국에서 비롯된 협동조합이념이나 원칙이 중요하다 는 것은 논할 여지가 없으나, 산업 조합법 성립 이전부터 일본 인의 하나의 정신 풍토로 되어 온 「자치 마을」에서 연마해 온 상호 부조의 정신의 존재가 크다(상호 부조의 정신 그 자체는, 인간이 본래적으로 가지고 있으며, 그것이 행동 원리로서 발 현되도록 된 것은 근세부터라고 생각된다).

촌락공동체는 이제는 과거의 일이 되고 있어, 이를 부활시 키는 것은 불가능하며 또 의미도 없다. 또한 협동조합 이념이 나 원칙을 외치는 것만으로는 조합원의 마음을 움직여, 행동 을 변화시켜 갈 수 없다. 담당자가 다양화함과 동시에, 혼주화 (混住化)가 크게 진전되는 가운데, 우선 지역에서의 새로운 생 산자 간의 관계, 생산자와 지역 주민인 소비자와의 관계를 이 어 가는 것으로부터 재출발하는 것이 필요하다.

---

4) 에도江戸 시대는 일본 역사의 시대 구분 가운데, 1603년 도쿠가와 이에야스가 대 장군이 되어 에도江戸에 막부를 연 때부터 1867년 도쿠가와 요시노부가 정권을 천황에게 돌려준 때까지의 약 270년간의 시기를 가리킴. -역자주.

또한 직능조합이어야 할 것인가, 지역조합이어야 할 것인가의 논쟁은 있지만, 농협이 지역농업을 선도하고, 이에 책임을 다하는 것은 당연한 일이다. 오히려 현재의 상황은, 이제까지의 농가·농업자들만으로는 농업을 지켜낼 수 없는 상황으로까지 몰리고 있어, 취미로 하는 보람농업(生きがい農業), 지역주민·소비자도 포함하여 지역농업을 다시 디자인해 가는 것이 요구되고 있다고 할 수 있다.

이런 등등을 포함하여 농협이 노력하고 나가야 할 방향은 커뮤니티농업에 있다. 생산자·조합원을 주역으로 해 가면서, 행정과 일체가 되어 순환형 지역농업을 조화롭게 움직이게 (coordinate)하고, 지역을 관리(management)해 나가는 주체가 되어 가는 것이야말로 농협의 오늘의 역할인 것이다.

〈사례 ㉗〉 미야기현宮城県 JA 가미加美요츠바

제7장에서 JA 가미요츠바의 집락영농을 통해 사료용 쌀 생산에 대한 노력을 살펴보았다. 다시 본 장에서는 JA 가미요츠바의 집락영농에 대한 노력의 근저에는, 공동·제휴가 견고하게 놓여져, 집락영농을 중심으로 바로 커뮤니티농업이라고 부를 만한 지역영농실태를 만들어 오고 있어 이를 사례로 소개해 보고 싶다.

집락영농은 지역커뮤니티의 주체

이미 언급한 바와 같이 JA 가미요츠바에서는, 관내에 있는 103개의 기초 집락을, 초등학교 구역 정도의 규모로 계산하여 79개로 구분을 하고 있는데, 그중 69개에 집락영농 조직을 탄생시키고 있으며, 관내 7,500ha의 논의 80%를 집락영농이 커버하는 데 이르고 있다. 미야기宮城현에서 가장 높은 집락영농 조직률을 보이고 있다.

그런데 다시 당 농협이 집락영농을 어떻게 자리매김하고, 집락영농에 의해 무엇을 목표로 하는지에 대해서 당 농협의 자료에 의해 확인해 두면, 첫째로 시장원리주의는 한계에 다다르고 있으며, 공동·공생의 사회를 목표로 한다. 둘째로는 자유경쟁에 의한 것이 아니라, 자애(慈愛, 자식에 대한 어머니의 사랑과 같은 깊은 사랑)·우애에 의한 공생을 목표로 한다. 셋째로 자립 가능한 경영체인 것 이상으로 공생할 수 있는 경영체인 것으로 됨으로써, 지속 가능한 집락 농업의 전개를 목표로 한다. 넷째로 생활의 장으로서의 집락을 유지하기 위해, 상호 부조에 의한 복지 사업이 필요하다. 다섯째로 영농과 생활을 지켜 나가기 위해서, 집락영농 조합이 지역커뮤니티의 주체가 될 수 있도록 승화시켜 나가는 것이 필요하다고 언급하고 있다.

즉 집락영농을 단순한 생산조직으로는 위치시키고 있지 않다. 우선 집락은 영농과 동시에 생활·생계의 장소이기도 한 점을 분명히 하고 있으며, 집락영농은 그 집락·지역 커뮤니티의 주체이며, 중핵이라는 점이 기대되고 있다. 그리고 이 영농과 생활을 소중히 지키고, 지역커뮤니티를 재생시켜 나가는 것이야말로, 자유경쟁을 전적으로 주창하는 시장 원리주의의 한계를 뛰어넘는 세계를 가져올 것이라고 하고 있다. 따라서 자립 경영체 이상으로, 집락영농으로 전개해 나가는 것이 요구되고, 이를 통해 지속 가능한 농업의 확립도 가능하게 된다는, 고매하고 또 뜨거운 생각을 담아 집락영농에 대한 위치 매김이 정리되고 있다.

다양한 관계성을 살려 전개

여기에서 영농과 생활에 있어서 집락영농의 구체적인 대처에 대해 보고자 한다. 영농에 있어서는 축산 부문과 원예 부문으로 나뉘는데, 축산 부문에 대해서는 제7장의 사료용 쌀에서 이미 언급하였으므로, 여기에서는 원예 부문에 한정하여 확인한다. 그리고 생활에 대해 특히 열쇠를 쥐고 있는 여성부의 활동을 살펴본다.

원예 부문의 방향성으로 첫째로 들 수 있는 것이, 국산 가공 채소의 수요 확대에 대한 대응이다. 최근 채소 수요는 크게 변화하고 있어, 가정 요리용의 수요가 감소하는 한편, 업무용 가공 채소에 대한 수요가 증가하고 있으며, 앞으로도 수요 증가가 예상된다. 이 가공 채소를 겨냥하여, 비교적 인근에 있는 식품 공장과, 절임 배추나 가공용 토마토를 비롯한 계약 재배를 확대해 왔다. 따라서 「그런대로의 소득」의 확보와 안정적인 판매를 실현하고 있다.

눌째가 얼굴이 보이는 판매 개척과 관계의 강화이다. 이에 대해서는 기존에, 생활 클럽 생협 등과의 사이에서 산지·소비지 제휴(産消提携)에 의한 생산·판매를 강력히 전개해 온 실적이 있다. 이 산지·소비지 제휴를 더욱 강화하고 확대해 나가려 하고 있다.

그리고 셋째가 모든 구성원 참여형 경영에 의한 집락영농을 전제로 하는 품목 제안이다. 최 중점 품목으로 하고 있는 가공용 토마토를 비롯하여, 당근, 무, 감자, 양배추, 완두콩, 마늘, 배추 등, 다양한 채소가 생산되고 있는데, 이에 규모를 불문하고 모든 농가가 참여하고, 또 집락 내의 비농가까지 참여하여 채소 생산에 임하고 있다. 이에 따라 기계화의 진행으로 줄어버렸던 농작업의 품앗이가 부활하고, 「마을공동작업(두레)의 정신」이 돌아왔다고 한다.

넷째가 원예 채종 사업에 대한 도전이다. 자신들 스스로가 씨앗을 채취하여, 유전자조작 작물의 시비에 대해 생각해 가면서, 종을 보존하여, 다음 대에 물려주려고 하는 것이다.

이처럼 농업소득의 확보를 도모해 나가는 데 있어서, 식품 업체와의 계약 재배나 산지·소비지 제휴를 통해, 우선은 판로를 단단히 확보한 위에서, 생산자와 소비자, 기업이 공생할 수 있는 가격 등을 찾으면서 타협을 해 나간다. 또한 집락 내의 비농가도 포함한 다양한 생산자에 의해 채소 생산을 해 나가는 것을 통해 지역의 유대를 되찾아 가고 있다. 또한 이 외에 스스로 채종까지 수행하면서, 종의 보존과 소비자와의 신뢰 관계 강화를 도모하고 있다. 집락 영농 가운데에서의 다양한 생산자에 의한 관계성에 더해, 근처의 소비자는 물론, 수도권에 거주하는 소비자, 식품 제조업체 등과의 관계성도 아울러, 다양한 관계성를 엮어 가면서 집락영농이 전개되고 있다.

생활과 생계의 일체화

JA 가미加美요츠바에서 여성부의 전개도, 원예 부문 등의 활동과 마찬가지로 매우 주목되는 것이다.

여성부는, 현재 세 가지의 새로운 전개에 임하고 있다. 첫째가 생활협동조합으로서의 발전이다. 이제까지의 여성부의 활동은, 생협과 제휴하여, 생협의 협력·지원을 얻음으로써 성립시켜 온 부분도 있었지만, 앞으로는 자립하여, 스스로 소비재를 개발하거나, 다른 농협이나 수협(漁協)과의 제휴를 진행시켜 나가려 하고 있다. 즉 여성부라고 하는 농협 활동의 일환으로서가 아니라, 생협 자체로서 자립해 나가는 것을 목표로 하고 있다.

둘째가 스스로 경영자이며 노동자가 되는 활동의 전개이다. 이것은 워커즈 컬렉티브(workers' collective), 즉 협동노동으로 배우고 노력하려 하고 있는 것으로, 구체적으로는 구매 대행, 복지, 육아 능 지역에 필요한 기능을, 스스로 형성자가 되거나 노동자가 되어 사업화하여 가고자 하고 있다.

셋째가 복지 사업의 전개이다. 위의 두 번째 사항과 일부 중복되지만, 노인 가구에 대한 급식과 택배 서비스, 데이 서비스(day service, 通所介護, 특수시설을 갖춘 양로원의 시설을 이용해, 장애가 있는 노인에게 식사, 목욕, 훈련, 레크리에이션 등의 서비스를 낮 동안 제공하는 사업-역자주) 또는 단기 보호(short stay) 등 실정이나 니즈(needs)에 맞게 다양한 복지 서비스를 제공해 가고자 노력하고 있다.

이러한 여성부의 활동은, 당연한 일이지만 집락영농에서 여성 파워의 발휘로 연결되고 있어, 영농과 생활을 지원하고 있다. 그때의 수칙이 세 가지로 정리되고 있다. 첫째가 「집락에서 가장 어려움을 겪고 있는 것으로부터 시작한다」이다. 이용 조정, 후계자 부족, 과잉 투자, 활성화 등등, 문제점·과제는 산더미처럼 존재하지만, 긴급도·중요도에 따라, 집중하여 일에 임하라고 하고 있다. 둘째가 「「남편분은 움직이지 않는다」이다.

상당히 귀가 아플 이야기이지만, 남성은 확실히 보수적이며, 일을 시작함에 있어서, 아무래도 경계하여 머뭇거리는 경향이 있다. 주도권은 여성이 쥐고 있다는 것을 염두에 두고 행동해야 한다고 하고 있다. 그리고 셋째가 「생산물만이 매물이 아니다」이다. 그린투어리즘과 시민 농원의 사업화 등, 지역 자원을 활용하여 사업화가 가능한 시즈(seeds, 種)는 곳곳에 있다.

집락영농의 역할·기능을 영농에만 한정하지 않고 생활도 포함하여 정리하여 가는 곳에, 바로 지역커뮤니티와 지역 바로 그것의 재생·활성화까지가 시야에 들어오게 된다. 그리고 JA 가미요츠바 사례가 보여 주는 바와 같이, 영농과 생활·생계를 일체화해 나갈 정도로, 여성의 관점, 감성, 행동력이 귀중하고 또 중요하게 되어, 여성 파워를 살려 나가는 것이 요구되고 있다. 이런 가운데 농협은 물론, 다시 생협과 워커즈 컬렉티브(workers' collective) 등을 포함한 협동조합의 본연의 자세와 제휴가 요청돼 오는 것이다.

〈사례 ㉘〉 히로시마현広島県 JA 미요시三次

동일본, 동북의 쌀 생산 지역에 있는 JA 가미요츠바에 대해, 서일본의 시고쿠 산지(山地)라고 하는 중산간지역에 있고, 집락과 일체가 되어 농업, 농지를 지키기 위해, 앞을 내다보고 담당자 확보를 위한 다양한 대책을 전개하고 있는 JA 미요시

三次의 사례이다.

매력 있는 농업 창조와 풍족한 지역 만들기

미요시시三次市는 히로시마현広島県의 북부, 주고쿠中國 지방의 거의 중앙에 위치하는 중산간지역으로, 히로시마 시에서 70km, 마쓰에松江시에서 100km 정도의 거리에 있으며, 히로시마시와 마쓰에시를 연결하는 교통의 요충지로서 발전해 왔다. 또한 고노카와江の川, 바셍카와馬洗川, 사이죠카와西條川가 합류하는 물의 도시이며, 미요시의 우카이⁵⁾는 전국에 알려져 있다.

JA 미요시의 판매 제품 취급액(2011년)을 보면, 품목별로 많은 순서로 쌀 18.6억 엔, 과수(果樹) 6.8억 엔, 안테나 숍(직매)⁶⁾ 4.7억 엔, 축산물 2.4억 엔, 채소 1·6억 엔 등으로 되어 있는 것처럼, 농업의 중심으로 되는 것은 논농사이며, 과수는 포도인 피오네(흑포도의 일종. Pione-역자주)와 배, 채소는 아스파라거스, 피망, 시금치 등과 같이, 품목을 좁혀 부가가치가 높은 품목에 생산이 집중되어 있다는 특징을 가진다.

---

5) 가마우지를 길들여 물고기를 잡게 함. 또는 그것을 업으로 삼는 사람. -역자주.

6) 안테나 숍(antenna shop): 상품의 판매동향을 탐지하기 위해 메이커나 도매상이 직영하는 소매점포. 의류 등 유행에 따라 매출액이 좌우되기 쉬운 상품에 관해 재빨리 소비자의 반응을 파악하여 상품개발이나 판매촉진책의 연구를 돕는 전략점포. 파일럿 숍이라 부르기도 함. https://terms.naver.com/entry.nhn?docId=1921049&cid=50305&categoryId=50305 -역자주.

그리고 미요시도 예외 없이 고령화가 진행되고 있어, 기간 농업종사자의 평균 연령은 70.8 세로 되고 있으며, 담당자 부족으로 경작포기지 면적도 565ha에 이르고 있다.

이 미요시시에서는, JA 미요시가 제대로 리더십을 발휘하여, 지역농업을 선도하고 있으며, 집락법인 설립에 대한 노력을 비롯하여, 지역영농의 진흥을 향해, 바로 JA다운 활동을 전개하고 있다고 할 수 있다.

2010~2012년도의 JA 미요시의 농업진흥방침인 제5차 지역영농진흥계획을 보면, 「매력 있는 농업의 창조와 풍족한 지역 만들기로의 도전」을 테마로, ① 생산, ② 판매, ③ 담당자, ④ 식농(食農), ⑤ 환경 등 5개를 기둥으로, ①「농업소득의 향상을 목표로 하는 산지 만들기」, ②「지산지소에 의한 판매 확대로 생산자와 소비자의 관계 만들기」, ③「사람 만들기, 담당자 만들기, 집락영농 만들기」, ④「농업이라는 행위를 전하는 식농(食農) 교육과 풍족한 지역 만들기」, ⑤「환경을 배려한, 안전하고 안심할 수 있는 농산물 공급 체제 만들기」가 명확히 제시되며, 각각에 구체화된 노력이 겹겹이 쌓여지고 있다.

개별 농가가 농지를 지켜 가는 것은 어려워

여기에서는 집락법인에 초점을 맞추고, JA 미요시의 대처 실태에 대해 보고자 한다.

먼저 담당자에 대한 생각을 확인해 보면, 담당자에 대하여는, ① 개별영농, ② 영농집단, ③ 대형농가, ④ 집락농장형 농업생산법인 등 네 가지로 나누고, 각각에 대하여 중점을 둔 지원책이 강구되어 왔다.

첫 번째인 개별영농 그룹의 대상으로 되는 담당자는, 겸업농가, 자급적 농가, 고령 농가, 베이비붐 세대를 중심으로 하는 귀농자로서, 중점진흥작물에 대한 생산 노력과, 히로시마 시내에 있는 안테나 숍「깅사이칸(きん菜館)」이나[7] 양판점의 인 숍 등으로의 출하·판매를 통해, 농업소득의 향상을 목표로 하고 있다. 두 번째 영농집단 그룹의 대상이 되는 담당자는, 아직 조직화되어 있지 않은 집락 등에서의, 전업농가, 겸업농가 등이며, 집락영농 등으로 조직화해 나가는 데 있어서, JA는 그를 위한 계획 수립이나 토론 등의 활동을 지원한다. 세 번째 대형 농가 그룹의 대상은, 개별의 대규모 계층 농가가 되는데, 지역의 핵이 되는 담당자로 육성해 나가기 위해, 정보 제공, 연수, 자재 알선 등에 의해 지원하여 나가고 있다. 네 번째의 집락농장형 농업생산법인 그룹에서는, ① 집락형 법인, ② 집락결합형 법인(지점 단위), ③ 구성원 주체형 법인, ④ 지역 집락과 대형 수도작농가 결합 법인 등 네 가지로 패턴을 분류하여, 그 조직 만들기와 레벨 업, 더욱이는 거기에서의 활

---

7) 깅사이칸(きん菜館): 음식점 이름. -역자주.

동을 지원한다.

「법인화는 집락 만들기의 한 기법이다」라는 생각을 기본으로, 네 가지로 그룹 분류한 담당자 중에서도, 특히 주력하고 있는 것이, 집락법인의 설치와 레벨 업이다. 고령화가 진행되어 농업의 지속이 곤란해져, 농지뿐만 아니라 지역 자체가 황폐해 오고 있는 점, 대형 수도작 농가의 출현으로 논 관리의 부실 상태를 발생시켜 왔지만, 그 대형 농가에서도 고령화가 진행되어 후계자 부족에 직면해 있는 점, 그리고 쌀값 침체로 벼농사 경영에서는 좀처럼 적자를 면하기 어려워지고 있는 점 등이 집락법인 설치에 주력하는 이유가 되고 있다. 즉, 이제는 고비용의 개별 경영은 한계에 이르고 있으며, 개별 농가가 농지를 지켜 가는 것은 어려운 상황에서, 집락 전체가 공동으로 함으로써 효율적인 경영 형태로 전환하여, 농지를 지켜 가는 길밖에 없게 되고 있다.

농협의 조직 기반은 집락(集落)이기[8] 때문에, 집락의 붕괴는 농협의 붕괴이기도 하다는 것이 당 농협의 기본 인식이다.

---

8) 집락(集落): 인간의 거주의 본거지인 가옥 집단의 총칭. 그러나 단순한 건축물로서 가옥의 집단이 아니라, 생산의 장소도 포함하는 지표(地表)에서의 인간 생활의 본거지를 가리킴. 원래는 땅에 정착하는 것을 의미하는 말로, 인간의 사회생활의 기반을 말하며, 도시와 촌락으로 대별됨. 그러나 도시의 발달에 따라 최근에는 도시 취락에서 분리하고, 집락은 촌락만을 지칭하도록 되어있음. 촌락을 기능별로 분류하면, 농촌, 산촌, 어촌으로 되고, 대도시 근교의 교촌(郊村) 등도 있음. 촌락의 수에서 보면 농촌이 가장 많고, 그 분포 지역도 매우 넓음. 이에 대해 도시는 촌락보다 많은 인구가 밀집하고, 2차, 3차 산업을 주된 기능으로 함. 영어로는 settlement. https://kotobank.jp/word/集落-77470 -역자주.

따라서「농업을 지키고, 지역을 지키는 것은, JA 본래의 사명」이며, 집락법인의 육성·지원은 당연히 요구되는 기능이기 때문에, 전담 부서를 두고 집락법인 설립 검토를 시작 때부터, 종합적이고 일체적인 지원을 도모해 오고 있다. 이러한 노력의 배경에는 대형 농가, 전업농가, 법인 등으로의 대응이 뒤늦게 돼버려, 농협 이탈을 초래해 버릴 것에 대한 강한 위기감이 있다고 한다.

4분의 1 이상이 주된 담당자로 집적

집락법인 설립 추이를 보면, 제1호가 1992년에 설립되어 있는데, 현저하게 증가하기 시작한 것은 2005년 이후로서, 집락법인에 JA가 출자를 시작하게 되면서부터다.

집락법인은, ① 개별경영 발전 그룹과 운영자(operator) 중심 타입으로 이루어진 담당자형 법인(担い手型法人)과, ② 겸업농가 결집 그룹, 영농조합 발전 그룹, 중산간지 협정 발전 그룹, 담당자 농가가 편입되어 있는 유형, 이용권 설정·작업 수위탁 병존 그룹을 내용으로 하는 전호 참여형 법인(全戶 參與型 法人)의 두 가지로 나뉜다. 집락법인은 30개인데, 그중 담당자형 법인이 5개, 전호 참여형 법인은 25개로서, 전호 참여형 법인이 80% 이상을 차지하고 있다. 또한 이 중에서 겸업농가 결집 그룹이 8개, 영농조합 발전 그룹이 8개로, 이 둘이

전호 참여형 법인의 3분의 2를 차지하고 있으며, 개별 농가에서는 지켜 오지 못했던 농지를, 집락에서 공동으로 관리해 나가고자 설립되어 왔던 점이 잘 나타나 있다.

이러한 집락법인에 의한 논 비중(coverage)은, 집락법인에 의해 4.2%에서 28.8%까지로서 폭은 크지만, 평균적으로는 17.0%를 커버하기에 이르렀다. 집락법인에 4ha 이상의 대형 농가를 더하면 27.4%로 되어, 이미 4분의 1 이상이 주된 담당자로 집적되어 오고 있다. 그리고 이 커버율을 50%까지 끌어올려 가는 것을 목표로 하고 있다.

폭넓고, 치밀한 지원 전개

여기에서 집락법인 설립에 있어서 JA 미요시의 지원책을 확인해 두면, 다음의 8가지 프로세스로 나뉘는데, 기본적으로 JA는 모든 협의에 참여하며, 동시에 관계기관과 일체가 되어 지원해 나가고 있다. ① 조합원 니즈(needs)를 발굴하는 것으로, 각종 연수회에 대한 조합원의 참가를 호소하고 있는데, 특히 부부가 함께, 더 나아가서는 후계자가 될 것으로 기대되는 아들도 함께 참여하도록 장려한다. ② 집락 수준에서의 연수회 참여로 유도하고, 「누군가가 할 거야」라는 생각으로는 앞으로 나아갈 수 없다는 것을 인식시킨다. ③ 또한 최소한 대표, 부대표, 사무국 등 세 리더의 필요성을 철저히 인식시킨다. ④

정기적인 스터디 그룹을 개최토록 하고, 집락법인 설립 기운의 고조를 도모한다. ⑤ 스터디 그룹으로부터 준비위원회로 발전시키고, 준비위원회가 집락을 충분히 이해토록 만든다. ⑥ KJ법(데이터를 카드로 기술하고, 카드를 그룹화해 가면서 정리해 가는 창조성개발의 한 기법)의9) 이용이나 Q&A를 사용하여, 집락법인이 목표로 하는 형태의 이미지 만들기를 실시한다. ⑦ 선진·선행 사례의 연구를 수행하고, 자신의 집락만의 생각에 빠지지 않도록 한다. ⑧ 행정을 비롯한 관계 기관에 의한 후속(follow-up) 체제의 구축을 도모한다.

이렇게 하여 검토위원회·준비위원회로부터 집락설명회, 그리고 발기인회로 유도함과 동시에, 그동안 정관 및 규정·영농 계획의 작성, 이용권 설정이나 등기 사무의 조언을 한다.

그리고 집락법인이 설립되면, 「농업소득의 최대화를 목표로 한 생산으로부터 판매까지의 일체적 지도」를 하기 위해, 「JA의 종합력을 발휘한 사업 지원」이 전개된다. 즉 ① 일반보다 1,000엔/60kg 높은 가격으로 쌀을 매취 판매, ② 대량 이용에 따른 비료·농약 등 거래 가격의 탄력화와 컨트리 엘리베이터,

---

9) KJ법: 카와기다지로(川喜田二郞) 씨가 창안한 창조성 함양훈련의 일종으로서 브레인스토밍과 함께 가장 많이 쓰이는 발상회의 진행법이며, 문제정리, 발견에 유효한 기법임. KJ는 창안자 성명의 영문 머리글자임. 참가자 전원이 자기가 생각한 모든 아이디어를 카드(라벨)에 적어 내면 그것을 분류해서 차트화함으로써 참가자 전원의 아이디어를 손쉽게 찾아낼 수 있는 방법임. [네이버 지식백과] 케이제이법 [KJ Method] (HRD 용어사전, 2010.9.6., ㈜중앙경제). -역자주.

라이스 센터의 이용료 경감, 출하 자재 무료 대여 등에 의한 생산비 저감 지원, ③ 고문 세무사나 기획 관리 부문과 연계한 세무신고 지원, ④ 담당자용의 결제 사이트(자재 등 구입에 따른 지불에 걸친 결제기간) 설정, 금융 부문과의 제휴를 통한 자금 대응 등이 이루어진다. 이 외에도 집락법인 설립 시에는, 지역 출자액의 3분의 1 이내, 500만 엔 이내에서, JA도 출자 지원을 한다.

이것들을 기본으로 JA 미요시는 더욱더 「팔리는 쌀 만들기의 실천」으로, 쌀 매취 판매 외에도, 특색 있는 쌀 만들기를 목표로 집락법인에 의한 에코파머(Eco-Farmer) 인증 획득을 리드함과 동시에, 특별재배미 생산 확대를 꾀하고 있다. 또한 「벼농사 의존에서 경영 고도화로의 대응」으로서, 아스파라거스 도입, 논 방목을 중심으로 한 소(와규) 방목, 농산 가공으로의 대처 등을 꾀하고 있다. 이어 「부문별 담당자의 육성·전문가화」를 도모하기 위해, 집락법인의 재배 담당자를 대상으로, 작목별 연속 재배기초강좌 개최, 벼농사 정보지 발행, 경리 담당자를 대상으로 부기회계·세무·산재 등에 대한 경영지원 강좌를 개설하고 있다.

이렇게 JA 미요시는 집락법인의 설립·육성, 경영의 확립을 향해서, 폭넓고, 세밀한 지원을 전개하고 있다. 바로 집락법인, 지역이 농협과 일체가 되어 활동하고 있다고 할 수 있다.

광역법인 간 네트워크 구축

이 위에서 JA 미요시가 더욱 힘을 쏟고 있는 것이, 집락법인 간 연계 강화이다.

「법인 간 연계(JA 미요시 집락법인 그룹 활동)」로, 경영비전 만들기, 인재 육성(부문별 관리 담당자·임원의 후계자), 법인 간 연계 활동을 골자로 한 경영 과제 대응 활동, 아스파라거스, 논 방목, 농산 가공, GAP(적정농업규법, Good Agricultural Practices), 논두렁 관리의 생력화 등의 경영고도화 활동, 계발 연수회, 설립 지원 어드바이저 등에 의한 집락 설립 촉진 활동 등을 전개하고 있다.

특히 주목되는 것이, 정보의 공유, 공통 과제의 해결, 한층 더 저비용화, 법인과 농협의 연계 강화를 목표로, 각 집락법인이 참여한 콩, 농산가공, 농기계 공동이용 세 가지의 네트워크 형성과 그 활동 전개이다.

콩 네트워크는, 2007년 8월에 집락법인 간의 연계를 통한 생산 비용 절감, 미요시산 콩 브랜드의 확립을 목적으로 재배 측에서 11개의 집락법인과 농업 공사(公社), 가공 측에서 두부 집, 현지 가공 그룹인 세 개의 집락법인으로 구성되어 있다. 파종기, 콤바인, 방제기, 건조 조정 시설을 공동 이용해 가면서 작업 수탁을 실시하고, 회계 사무도 한 곳의 집락법인에 위탁·집중시키고 있다.

농산가공 네트워크는 2008년 3월에, 법인의 수익 확대·경영 안정, 고령자·여성의 삶의 보람과 고용 창출, 건강한 지역 만들기를 목표로 스타트하고 있다. 가공 기술의 확립, 법인의 가공 체제 구축, 가공품 개발 등을 도모하면서, 「지역의 산물·기술·지혜·식문화 등을 활용」함으로써, 농상공 제휴를 실천해 나가자는 것이다. 8개의 집락법인으로 구성되어 있으며, JA 미요시의 영농기획과가 사무국이 되어, 상공회, 미요시시, 히로시마현 등의 지원을 받으면서 활동을 전개하고 있으며, 이미 연말 선물 세트 「고향미요시 만끽 이야기」를 판매하고 있다.

그리고 농기계 공동이용 네트워크도 2009년 8월 출범, 과잉 설비투자 억제에 의한 법인 경영의 안정화를 목적으로, 제1탄으로 비료 살포기 2대를 도입하고 있다. 여기에는 21개의 집락법인이 구성원으로 참여하고 있으며, 환경보전형 농업·순환형 농업의 가일층 촉진, 실수요자와 결합된 안전·안심인 미요시산 쌀의 안정적 공급을 목표로 하고 있다.

광역 간 네트워크는, 집락법인 설립에 의해 지역농업의 유지·발전에 필요한 체제·조직 만들기를 실시해 왔지만, 다음 단계(step)는 경영체로서 채산성 확보와 경영의 안정을 도모해 가는 것이 중요 과제로 된다. 따라서 기계의 공동 이용 및 연계를 통한 판매 강화 등에 대해, 공통 과제를 가진 법인 간의 네트워크를 통한 연계 강화와 농협과의 연계에 의해, 전략적인 농업경영의 실천에 결부시켜 나가고자 하는 것이다.

항상 앞을 내다본 명확한 이념과 전략

JA 미요시는, 생산 기반의 확립, 인재 육성, 판매 채널의 확대에 의해, 한층 더 「리더십(指導力)·판매 강화에 의한 산지 만들기」를 목표로 하고자 한다. 그 담당자의 기둥의 하나로서 집락법인을 위치시키고 있는데, 현재 평균 20ha 규모의 영농이지만, 앞으로, 정체 상태에 빠질 가능성도 없지 않다. 이러한 사태에 대처해 나가기 위해서는 향후, ① 인접 법인과의 합병, ② 3층집 방식의 검토가 필요하다고 보고 있다. 3층집 방식은, 1층 부분으로 농지이용개선 단체, 2층 부분은 집락영농법인, 3층 부분은 집락법인 기계이용 조합 등을 상정한다. 광역 법인 간 네트워크화의 실천은, 바로 3층집 방식에 대한 시도를 시작하고 있다는 것으로 볼 수 있다.

단순히 상황이 어렵다고 해서 수수방관하고 있는 것이 아니라, 지역, 집락과 일체가 되어 농업, 농지를 소중히 지켜 나가기 위해, 항상 먼저 생각하면서 명확한 이념과 전략에 따라, 담당자 확보를 위해 다양한 대책을 전개하고 있는 JA 미요시로부터, 농협의 본래의 모습, 진면목을 보는 느낌이 든다.

제10장

커뮤니티농업을
확립하기 위하여

커뮤니티농업 형성에 즈음하여

　　이제까지 커뮤니티농업을 기축으로 하여 일본 농업을 재생시켜 나가기 위한 방안에 대해 살펴보았다. 토지 이용형 농업(土地利用型 農業)의 경우에는 경축(耕畜) 연계를 통해 지역 순환을 도모해 가는 동시에, 보다 조방적으로 대처 해 가는 것이 중요 포인트가 되고, 방목이 매우 중요한 위치를 차지하게 된다. 그리고 고도기술집약형 농업(高度技術集約型 農業)의 경우에는 시설형 등을 통해 새로운 기술을 도입해 감과 동시에, IT를 구사한 경영 등 관리를 철저하게 해 가는 것이 요구된다. 아울러 유기농업 등 환경에 친화적인, 또한 소비자와의 관계성을 중시하는 농업으로, 이들이 첨단기술집약형 농업의 일익을 담당하는 것으로 대처해 나가는 것의 중요성을 강조해 왔다.

　　또한 겸업농가의 감소에 따라, 담당자는, 전업농가, 법인 등의 전문농가(professional farmer)와 자급적 농가, 시민 농원, 정년 귀농 등의 보람농업인으로 분화·양극화되고 있다.[1]

---

1) 보람농업인: 원문은 生きがい農業者.이키가이(生きがい)는 사는 보람, 삶의 목표

그 위에서의 과제는, 각각의 지역 가운데에서, 얼마나 고도 기술집약형 농업과 토지이용형 농업과를 조합시켜 나갈 것인가, 또 어떻게 하여 전문농업자를 중심으로 해 가면서도 보람 농업자가 지역영농에 참여할 수 있는 판을 만들어 갈 것인가 하는 것이다. 그 때 큰 역할을 하게 될 것이, 지역영농의 중장기 계획이다.

이에 더하여 커뮤니티농업을 성립시켜 나가기 위한 필요조건으로 되는 것이, 소비자를 자각적 소비자로 변화시켜 가는 것이며, 아울러 다음 세대를 짊어질 아이들을 성실하게 키워 갈 식육(食育), 그리고 도시·농촌 교류를 촉진해 나가는 것이 반드시 필요하다.

등의 뜻이므로, 역자는 生きがい農業者를 보람농업인으로 번역하였음. 취미농업인도 가능할 것임. -역자주.

일본 농업의 특질 발휘와 커뮤니티농업

일본 농업의 특질인 지역성·다양성, 매우 높은 수준의 농업기술, 고소득의 안전·안심에 민감한 대량의 소비자 존재, 도시와 농촌과의 매우 가까운 시간거리(時間距離), 시골의 사토치里地[2])·마을 인근의 나지막한 산(里山), 계단식 논 등 뛰어난 경관, 울창한 숲과 바다, 그리고 물의 존재 등을 살려 나가는 것은, 각 지역에서, 고도기술이용형 농업과 토지이용형 농업을 적절히 조합시키고, 환경 친화적인 지역순환형에 의해 전개함과 동시에, 전문농업자를 중심으로 하면서도 이에 많은 보람농업자가 참여하는 농업을 전개해 가는 것으로 된다. 그리고 이러한 농업은, 생산자와 소비자와의 관계성을 비롯해, 인간과 자연의 관계성, 자연과 자연과의 관계성, 즉 생태계와 생물다양성을 존중해 가는 커뮤니티농업과도 합치하는 것으로 된다. 바로 일본의 특질을 발휘한 농업을 지향하는 만큼, 소비자들이 지지하는 지역농업, 지역순환형 농업을 전개

---

2) 마을 인근의 나지막한 산인 사토야마(里山)와, 그 주변에 있는 농지와 마을 등을 포함한 지역. https://www.weblio.jp/content/里地 -역자주.

해 가게 되는 것이다.

　농업은 애당초 이러한 것이었으나, 시장화·자유화·글로벌화가 진행되는 가운데, 지역농업, 지역순환형 농업이 점령당해 왔다. TPP를 비롯한 농산물무역자유화는, 이러한 지역농업을 철저히 배제하려는 것이며, 이에 대한 처방전·대항책이, 규모 확대에 의한 국제경쟁력 획득일 리가 없다. 자연 조건·지리적 조건이 크게 다른 가운데, 일본이 토지이용형 농업에서 국제 경쟁력을 확보하는 것은 어차피 무리한 이야기로, 식료안전보장을 위해 정책 지원을 하면서 일정 부분을 자급해 갈 수밖에 없다. 이마저도 과잉보호이며 경쟁을 방해하는 규제라고 하여, 더욱더 자유화를 추진하려고 하는 것이 불행히도 현재의 흐름이다.

　이러한 시장화·자유화·국제화의 흐름에 대응하여 농산물의 수출 진흥을 도모하는 것도 하나의 전략이지만, 어디까지나 각국의 식량 주권을 존중하고, 각국과의 공생을 목표로 하는 일본의 기본적 방향은, 본래의 모습인 일본 농업의 특질을 살린 농업으로 회귀해야 하며, 특히 커뮤니티농업으로 지역에 국한되어, 지역농업, 지역 순환형 농업을, 소비자와 함께 되어 확립해 가는 것이 요구된다.

　여기까지 각 장에서는 그 전개시켜야 할 농업의 내용 등에 대해 언급해 왔는바, 이들을 지역농업, 커뮤니티농업으로 전개해 나가기 위해 빼놓을 수 없는 필요조건이 네 가지 있는데 그 첫 번째가 지역영농 계획(plan)이다. 그리고 다시 이러한 국내에서 생산된 농산물을 지지하고 구매하는 자각적 소비자의 존재가 두 번째 필요조건이다. 차세대로 입맛과 식생활을 물려주어 이어 나가기 위한 식육(食育)의 재검토가 세 번째 필요조건이며, 커뮤니티농업의 궁극적인 모습이며, 소비자·시민이 무엇인가의 형태로라도 다소나마 농업에 직접 참여해 가는 시민 개농(市民皆農, 모든 시민이 농업을 함-역자주), 국민 개농을 향해, 도시농촌 교류를 촉진해 가는 것이 네 번째의 필요조건으로 된다.

03 | 지역영농 플랜

토지이용형 농업과 고도기술집약형 농업, 전문 농업인과 보람농업인과를 조합시켜, 지역순환형 농업을 전개해 나가기 위해서는 중장기 지역영농 플랜이 필수적이다. "공세적인 농림업"이 추진되는 가운데, 사람·농지 플랜의 작성과 농지 중간관리기구 설치의 구체화가 진행되고 있다. 사람·농지 플랜 그 자체 필요성은 인정되지만, 지역영농 비전과는 거리가 멀다. 사람·농지 플랜은 중장기적으로 공급되는 농지와 농지를 요구하는 사람의 중개·조합을 도모해 가는 것이지만, 여기에는 어떠한 농작물 등을 도입해 나갈지 등 지역농업의 모습이 보이지 않고, 더구나 이를 성립시켜 가는 데에는 판매 전략이 빠져서는 안되나, 이러한 관점이 완전히 누락되어 있다. 또한 농지 중간관리기구는 널리 농지의 수요자를 공모하는 방향으로 검토가 진행되고 있어, 농지의 상품화를 촉진할 뿐, 지역농업으로서의 통합을 곤란하게 만들어 갈 우려가 있다.

결국, 일본에서 가장 중요함과 동시에 결정적으로 부족한 것이 지역 매니지먼트(management)라고 하는 발상이며 행동

(behavior)이다. 커뮤니티농업은 농업을 생산자・소비자 자신의 손으로 되찾고, 지자체(自治体), JA를 포함하여 지역 스스로가 매니지먼트(management)해 나가는 농업이기도 한 것이다.

〈사례 ㉙〉 나가노현長野県 이지마마치飯島町

지역영농의 진흥에 다년간에 걸쳐 노력해 오고 있으며, 사람・농지 플랜 만들기에 충분한 대응을 가능하게 하고 있는 나가노현長野県 이지마마치飯島町의 사례이다.

지역 특성을 살린 다양한 농업

이나시伊那市, 고마가네시駒ヶ根市, 다츠노마치辰野町, 미노와마치箕輪町, 이이지마마치飯島町, 미나미미노와무라南箕輪村, 나카가와무라中川村, 미야다무라宮田村 등 2개 시 3개 읍(町) 3개 면(村)으로 이루어진 나가노현長野県 가미이나上伊那 지역은, 중앙알프스와 남알프스로 둘러싸인 중앙을 덴류천天竜川이 흐르는 이나다니伊那谷를 중심으로 한 중산간지역이다. 조합 제사(組合製絲)의[3] 발상지로서도 알려져 있는데, 지역영농에서의 미야타宮田 방식도[4] 전국에 잘 알려져 있다. 이

---

3) 조합 제사(組合製絲): 1930년대 제사(고치나 솜 따위로 실을 만드는 일)에 종사하는 농민이 일본 농협의 전신인 산업조합을 통해 중매인을 거치지 않고 고치를 직접 팔게 된 경우를 의미. https://komagane-silk.com/exhibition/組合製糸について/ -역자주.

것은 지대(농지임차료)가 높고 농지 집적이 어려운 가운데, 1978년부터 면(村) 전체에 의한 공조(共助) 제도를 시작하여, 사과, 수박, 아스파라거스, 찹쌀 등의 단지단위 농지 이용으로 대처하여, 농지보유를 합리화사업으로5) 발전시켜 왔다. 이렇게 가미이나上伊那 지역 전체로 공통의 풍토, 문화의 일체성을 유지하면시도, 각 지역의 특성을 살려 가면서 농업을 발진시켜 온 역사를 가지고 있다.

이지마마치飯島町는 경영경지 면적 1,033ha(2010년. 이하 같음)으로, 그중 논 844ha, 밭 98ha, 과수원 등(樹園地) 92ha로, 논이 대부분을 차지하고는 있지만, 농업 산출액(2006년. 이하 같음) 28.8억 엔의 내역, 쌀 8.3억 엔, 과일 3.1억 엔, 화훼 8.6

---

4) 「미야타 방식」이라 함은 1981년 미야다무라宮田村에서 시작된 농지이용방식. 이는 농지의 소유와 이용을 분리하는 것으로서, 자작농주의가 상식이었던 당시의 농업계에 큰 충격을 주었음. 지역농업 총체의 생산력을 높이기 위하여 「토지는 자신의 것이지만, 토양은 모두 살려 사용」이라는 이념 아래, 농지의 소유는 농가 개인의 것이지만, 이용은 촌장을 위원장으로 하는 농지이용위원회가 사실상 장악하는 전례 없는 것이었음. 마을을 하나의 농장으로 생각하여, 마을 전체 농지의 이용 계획을 수립한 위에서, 마을이 토지 소유자에게 지대를 지불하여 농지의 이용권을 얻고, 그것을 취농자에게 빌려주는 방식임. 미야타 방식은, 농지 이용위원회와, 기계화 일관 체계에 의한 벼농사를 담당하는 집단 경작조합인 두 개 조직, 그리고 농가, 마을, 농협이 일체가 되어, 지역농업의 진흥이나 지원을 행하는 시스템 전체의 총칭임. https://www.vill.miyada.nagano.jp/industry/pages/root/10480-003/10480-022/10949 -역자주.

5) 농지보유합리화 사업: 이 사업은 이농 농가나 규모를 축소하려는 농가 등으로부터 농지를 매입 또는 차입하여, 규모 확대에 따른 경영의 안정을 도모하고자 하는 농업인에 대해 농지를 효율적으로 이용할 수 있도록 조정한 위에서 농지의 매도나 대부를 행하는 사업. 이 사업은 농지 보유 합리화 법인에 의해 수행되는데, 이 법인은 농업경영기반강화촉진법의 규정에 따라 농지보유합리화사업을 하는 주체로 규정된 법인을 말함. -역자주.

억 엔, 버섯 4.8억 엔, 기타 4.0억 엔에서 보듯이, 바로 중산간 지역의 지역특성을 살린 다양한 농업이 전개되고 있다. 또한 총 농가 수 1,056호(2010년. 이하 같음) 중 판매농가(경영경지 규모가 0.3ha 이상 또는 농산물 판매금액이 50만 엔 이상인 농가)는 743호인데, 판매농가의 내역을 보면, 주업농가 87호, 준주업농가 164호, 부업적 농가 492호, 자급적 농가 313호로, 소위 겸업농가의 비율은 매우 높다. 또한 농지 유동화 면적은 해마다 증가하고 있으며, 2010년의 농지 유동화 비율은 34.9%로 3분의 1을 넘고, 유동화 농지의 98.7%는 이용권을 설정한 임대차이다.

이층 방식

이지마마치飯島町는「지역복합영농」을 기본에 두고 농업진흥을 도모해 왔는데, 이와 병행하여「이지마마치飯島町의 농업·농촌에 기운이 넘쳐흐르는 "1,000ha 자연 공생 농장 만들기"」를 전개해 왔다. 두 알프스에 둘러싸인 풍부한 자연을 농업에 의해 보전해 나가기 위해, 농업이 가지는 다원적 기능의 발휘, 안전·안심 농산물의 생산, 심지어는 그린투어리즘에 의한 도시 교류와 새로운 농산물 유통도 시야에 넣고 전개를 도모하고 있다.

담당자 문제에서는, 농업 정세의 악화에 따라 더 이상 개별

완결형 농업으로는 대응이 어렵게 되자, 1986년에 영농 센터 (center)를 마련하여 생산자·행정·농협에 의한 원 플로어 (one floor)화를 추진해 가면서, 한편으로 개인 경영체, 법인 경영체, 영농조합 경영체, 더욱더는 겸업농가 등으로 구성된 영농조합 위에, 여러 집락에 걸치는 네 개의 지구(地區)영농조합을 만들어 왔다.

영농 센터는, 농업관계자에 의한 조직영농 추진기구로 자리 매김하고 있으며, 지역영농 전체의 기획·입안·평가를 담당하고 있다. 지구영농조합은 지구(地區)농업의 기획과 농지 등의 이용 조정에 임하고 있으며, 구체적으로는 지구 내 농지이용계획 책정, 조정·경작·재배 협정, 담당자로의 이용 집적, 농작업 수위탁의 조정, 법인이나 담당자에 대한 조언·지도를 행하고 있다.

여기에 포인트로 되는 것이, 지구영농조합은 임의조합으로서 지역농업 기획과 농지 등 이용 조정에 임하고 있는데, 이것을 1층 부분으로 하고 2층에는 농업생산 활동의 실천 조직으로서 담당자 법인(농업생산법인)이 위치하고 있다. 즉 지구영농조합에 의한 지구농업 기획과 농지 등 이용조정과, 담당자 법인에 의한 벼 작업 수탁, 이용권을 설정한 보리·콩·메밀 등의 생산 등을 연계·보완하는 그 이상으로 일체화하여 임하고 있다.

이와 같이 생산자는 물론, 행정 및 농협도 함께 되어, 농지를 인수하는 곳 만들기, 담당자를 보완해 가는 체제가 구축되고 정착해 왔다.

지역선행(先行)형

이와 병행하여 읍(町)이 중심이 되어 영농지원 정보 시스템을 구축하여 왔으며, 농지대장(農地臺帳) 시스템, 농용지이용 조정 지원 시스템, 농작업수위탁 지원 시스템, 지역 논농업 지원 시스템, 직접지불제도업무 지원 시스템이 설치되어 있다. 농가는 작업 신청이나 농지 대출을 행하고, 영농조합이 이를 취합, 조정하며, 더욱더 농협(農協)의 영농 센터가 영농조합으로부터의 연락을 바탕으로 입력과 정산 업무를 담당함과 동시에, 작업을 담당자법인에 발주한다. 담당자법인은 농지 관리와 작업 보고, 청구 등을 행한다.

농지를 떠맡는 곳 만들기, 담당자를 보완해 가는 체제를, 이 영농지원 정보 시스템에 의해 구체적으로 발주하고 작업수탁을 하며, 청구·정산을 함과 동시에, 농지 대여나 농지 관리, 직접지불제도에 걸치는 사무도 포함하여 일체적으로 처리된다.

이와 같이 데이터에서 실태가 파악됨과 동시에, 이를 바탕으로 지구(地區) 농업의 기획과 농지이용 조정·추진이 이루어지고 있다.

따라서 사람·농지 플랜에서는, 지구영농조합에서 작성은 하고 있지만, 지금까지의 대처를 정리한 것에 지나지 않는다고 한다. 바로 지역 실태에 따라 미리 대비하여 체제 만들기를 행함과 함께, 이를 지원(support)해 가는 시스템을 구축하여 옴으로써, 국가의 시책에 선행해 왔다. 그런 의미에서는 국가가 만들어 준 것이 아니라, 스스로의 판단으로 스스로의 상황에 맞추어 전개해 온 만큼, 지역 모두의 납득감과 동시에 주체성도, 더 조성·발휘되어 대처해 왔다. 이처럼 가스미가세키霞が関[6] 추종형(즉 중앙정부 추종형)이 아닌, 지역선행형, 지역주도형에 의한 노력의 축적이 본래의 지역농업의 있어야 할 모습이며, 이러한 흐름을 더 큰 흐름으로 만들어 가는 것도 앞으로의 농정이 추진해야 할 매우 중요한 과제라고 할 수 있다.

최근의 농업 정세와 농정 동향을 근거로 신경이 쓰이고 있는 것은 무엇인지, 읍사무소의 담당자에게 듣고 보니, 몇 가지 중 하나는, 농지중간관리기구에 관해서인데, 농지 유동화에 대해서는 그 지역에서 자연발생적으로 주고받을 수 있는 것이 가장 좋고, 양측에 다 납득이 되므로 문제가 될 소지가 적다는 것이었다. 또 하나가, 어느 지구(地區)를 불문하고 고령화가

---

6) 가스미가세키霞が関: ① 도쿄도東京都 치요다쿠千代田区 남부에 있는 중앙 관청가. 외무·재무·문부·법무 등 각 성 청사와 합동청사가 집중해 있고, 나가타쵸永田町와 함께 일본의 정치·행정의 중심지. 옛날 동명의 관문이 위치해 있던 것으로부터 유래된 명칭. ② 행정을 주관하는 중앙 관청의 통칭. -역자주.

진행, 독거노인이 증가하고 있어, 농촌 전체에서 돌봐 줄 수밖에 없는 상황이다. 사회 현상으로서의 생활 약자에 대한 지원 없이는, 농지, 담당자는 지켜질 수 없게 되어 간다고 한다.

바로 농지 문제, 담당자 문제, 고령화 문제 등처럼, 개개 별도로 시책을 생각하고, 전개해 가는 것이 아니라, 커다란 지역 정책 가운데에 농업도 복지도 자리매김해 종합적으로 시책을 강구해 가는 것이 요구되고 있다고 생각한다.

04 | 자각적 소비자의 육성·확보

커뮤니티농업은 생산자와 소비자와의 관계성을 큰 기둥으로 하여, 생산자가 소비자 니즈(needs)에 대응하여 안전·안심할 수 있는 농산물을 안정적으로 공급해 감과 동시에, 농업이 가지는 다원적 기능, 공익성·공공성도 발휘해 가는 한편, 소비자는 생산자로부터 공급되는 농산물의 가치, 즉 식품인 동시에 그 이면에 있는 농산물의 다양한 가치를 이해·평가하고, 재생산 가능한 가격을 지불함으로써 생산자를 지지해 나가는 것이 요구된다. 이것이 우치하시 가츠토內橋克人 씨가 말하는 '자각적 소비자'이다. 싸기만 하면 좋은, 비슷한 것이 있으면 싼 것을 선택하는 것이 아니라, 안전성이나 농산물의 이면에 있는 가치에 마음을 보내는 소비 행동이 기대되는 것이다.

분명히 경제 환경은 어렵고, 식비를 아껴 저축하고 싶은 사정이 점점 강해지고 있는 것은 그대로이다. 오히려 그만큼 먹는 것(食)을 소중히 여기고, 30%나 40%나 된다는 먹다 남기는 음식물의 양을 줄이는 등에 의해 실질적으로 식비를 절약해 나가는 현명한 소비자가 되어 주었으면 한다. 이에 의해 생산자의 내력이 확실한 농산물을 구입함으로써 안전성이 확보되고, 더 나아가 건강도 지켜짐과 동시에, 농업이 가지는 수자원 함양 기능, 치수(治水) 기능 등이 발휘되고, 더욱더는 경관, 전원 풍경이 유지되게도 된다.

향후, TPP를 비롯한 농산물 자유화의 흐름은, 강해질지언정 약해지는 것은 생각하기 어렵다. 이미 식료자급률(칼로리 기준)은 39%로까지 저하하고 있고, 소비자들이 국산 농산물을 비싸도 적정한 가격으로 구입해 주지 않으면 국내 농업을 유지해 가는 것은 어렵다.

국내 농업 유지를 위해서는 직접지불 등에 의한 정책 지원이 불가결한 것은 물론이지만, 정책 지원만으로는 대응에 한계가 있고, 오히려 생산된 국내 농산물을 소비하는 소비자 스스로가 국내 농업·농산물을 지지·지원해 가는 것이 기본이라고 생각한다.

국내 농업·농산물을 우선해 나가는 것은 식료 안전보장을 확보해 감과 동시에, 각국이 갖는 식량 주권을 존중하는 것이다. 그렇게 하여 일정 이상의 식료를 안정적으로 확보하고, 이를 통해 저마다의 국내 농업이 지켜지고, 그 나라의 경관과 식문화, 전통이 유지된다고 하는 측면에서다. 소비자의 싼 것에 대한 높은 선호, 생산자의 수출을 포함한 돈벌이 여부뿐만 아니라, 경제 행동을 통해 무엇을 지켜 가는지, 무엇을 우선할 것인지, 바야흐로 가치관이 요구되고 있다.

〈사례 ㉚〉 도쿄도東京都 히노시日野市 · 시냇물소리 농원

커뮤니티농업의 주역은 생산자와 소비자 · 시민 모두인데, 농업을 둘러싼 환경 · 정세가 점점 엄중해지는 만큼 소비자 · 시민이 농업에 여하히 관여해 나갈 것인가가 매우 중요하게 된다. 음식물 쓰레기 재활용을 매개로, 시민 개농(市民皆農, 모든 시민이 농업을 함)을 추진하고 있는 히노시日野市의 시냇물소리 농원의 사례를 살펴보고자 한다.

커뮤니티 가든

히노시日野市는 도쿄도東京都 서부, 타치카와시立川市의 서쪽 옆에 위치한다. 신주쿠新宿에서 JR히노에키日野駅까지 JR중앙선 특별 쾌속으로 29분, 게이오센京王線 특급으로 같은 히노시의 다카와타후도에키高幡不動駅까지는 30분이 걸린다.

시의 북부를 타마가와多摩川가, 중앙부를 아사카와浅川가 흐르고 있고, 타마가와와 아사카와 연안의 충적 저지대가 주택지와 농지로, 아사카와 유역의 북쪽은 테라스로 되어 주택지와 농지로, 아사카와천 유역의 남쪽은 다마多摩 구릉으로서 주택지가 넓음과 동시에, 우거진 숲인 수림지와 용수(湧水, 솟아나는 물)가 남아 있다. 아사카와천 주변에는 주택도 줄지어 들어서 있지만, 논도 적지 않고, 관개를 위해 비축해 둔 물 용수(用水)가 거미줄처럼 깔려 물이 힘차게 흐르고 있다. 그러한 한 획에 시냇물소리 농원(약 2,100㎡=약 0.2ha)이 있다.

시냇물소리 농원의 기본 콘셉트는 커뮤니티 가든(community garden)이다. 커뮤니티 가든은 미국이 발상지로서, 「가까운 공터나 기존의 녹지를 주민의 손으로 아름다운 정원(밭)으로 바꾸고, 안전하고 녹음이 풍부한 아름다운 읍내를 창조해 가는 협동의 정원 만들기 활동」을 말한다. 1893년의 경제 공항(panic) 시절, 당시 디트로이트 시장이 저소득층에 자급을 위해 노력하라고 토지를 할당하여 농작물 재배를 권한 것이 원래의 시작으로, 전시하에서는 식량 증산의 한 부분을 담당해 오기도 했는데, 전후(戰後)에는 저소득층 대책으로서뿐만 아니라, 지역의 자연환경보전, 지속 가능한 마을 만들기의 일환으로도 자리매김하여 확산해 왔다. 뉴욕시에는 현재 800개소의 커뮤니티 가든이 있는 것으로도 알려져 있다. 시냇물소리 농원은, 시민농원이나 체험농원이 아니라, 어디까지나 커뮤니티 가든으로서, 활동을 전개하고 있다.

"지역의 정원" "지역의 밭"

시냇물소리 농원은 2008년에 열었는데, 그 역사는 2004년으로 거슬러 올라간다. 히노시日野市는 환경문제에 대한 대처가 열심인 지자체로 알려져 있는데, 2000년의 쓰레기 개혁에 대한 시민과 행정의 협동이 계기가 되어, 2002년에 시민단체이면서 행정 직원도 정례회에 참여하는 시민 주도형의 「히노·읍내의 음식물 쓰레기를 생각하는 모임」이 발족했다. 이 모임이 주체가 되어, 2004년부터 각 가정에서 배출되는 음식물 쓰레기를 수거하고, 이를 하치오지시八王子市에 있는 스즈키鈴木목장에서 소 배설물과 혼합하여 퇴비를 만들고, 농지에 환원하는 구체적 행동을 시작하였다. 음식물 쓰레기 회수나 퇴비제조는 장애인의 직업으로도 자리매김해왔다. 그 스즈키 목장이 2008년에 종료되면서, 여기를 중심으로 해 온 음식물 쓰레기 재활용이 어려워지고 말았다. 그래서 농지를 활용하여, 얕게 땅을 갈아 일으킨 밭에 회수한 음식물 쓰레기를 직접 투입하고, 그 위에 비닐 시트를 쳐, 1~3개월 재워 발효시켜, 땅속에서 음식물 쓰레기를 퇴비화하는 시냇물소리농장을 시작했다. 현재 약 200세대에서 나오는 음식물 쓰레기가, 시냇물소리 농원에 투입되고 있다.

시냇물소리 농원은 농작물뿐만 아니라, 많은 꽃도 심어, 밭과 정원을 겸한 애트 홈(at home, 자기 집에 있는 것처럼 마음이 편안함) 공간이 만들어지고 있다. 시냇물소리 농원을 시작할 때 "원농(援農)"의7) 주력 멤버는 3명이었지만 현재는 약 20명까지로 증가하고 있다. 가정주부, 은퇴자들, 육아 중인 주부 등등 남녀노소, 농작업에 능한 사람으로부터 문외한까지 뒤섞여 있다.

연간 작부 계획에 따라 매주 화, 목, 일요일의 정례 작업일에는 핵심 멤버를 중심으로 농작업을 하지만, 기본적으로는 누구나, 언제든지 좋아하는 시간대에 참여할 수 있도록 되어 있다. 시냇물소리 농원은 바로 "지역의 정원" "지역의 밭"인 동시에, "만남의 장소" "모두의 거처"이다. 그리고 농업체험을 통한 식육(食育)이나 환경 교육의 장소로도 되며, 인근 주민, 자치회, 보육원(탁아소)의 참가나 다른 지자체 등으로부터의 견학도 많고, 연간으로는 총 4,000명 이상의 사람들이 이곳을 방문하는 등, 커뮤니티 가든 활동의 장, 음식물 쓰레기 재활용 정보 발신의 장으로도 되고 있다. 생산된 농산물과 꽃은 "원농(援農)"에 참가한 사람에게 분배되고 있다.

시민에 의한 도시농업연구회

「읍내의 음식물 쓰레기 활용대(隊)」는 2006년에 발족한 시

---

7) 원농: 농업인이 아닌 사람이 농사를 돕는 것. 많은 도시 지역의 주민이 단기간으로, 적과와 수확 등의 작업을 보조하는 것을 말함. 「원농(援農) 자원봉사자」. https://kotobank.jp/word/援農-676987 -역자주.

냇물소리 농원 관계자의 모임이지만, 도시농지가 안고 있는 문제를 탐구함과 동시에, 도시농업 본연의 자세 등에 대해서도 생각해 가는 것이 필요하다고 보아, 2009년에 별도로, 「시민에 의한 도시농업연구회」를 출범시키고 있다. 히노시日野市 내외의 도시농업에 관심 있는 시민, 환경단체, 대학 관계자, 시의회 의원 등 다양한 멤버를 모아, 2개월에 한 번꼴로, 농지법, 도시계획법 등의 스터디 그룹, 현장 견학, 농지활용 실태 조사 등의 다채로운 활동을 전개하고 있다. 2010년도의 상반기 활동 소개를 보면, 6월은 논 생물 조사 연수회, 7월은 시민 참가형 농지의 사례 연구회, 8월은 「"식·농"에 대해 서로 이야기를 주고받읍시다! 서로 알려줍시다!」를 개최하고, 9월은 시민에 의한 농지활용 사례 견학회로 되어 있다. 또한 「시민에 의한 도시농업연구회」가 농림수산성의 「2013년도 "농"이 있는 생활 만들기 교부금」에 응모한 「도시농업이 건강 증진에 기여하는 프로젝트」가 채택되어, 「도시농지가 작물을 만드는 장소로뿐만 아니라, 도시 주민의 건강 증진, 커뮤니티 만들기에도 도움이 되는 장소로서 가능성을 검증하기 위한 사업」을 시작하고 있다.

이처럼 단순한 스터디 그룹을 넘어, 「농지의 보전을 위해 우리 시민도 할 수 있는 일이 없을까를 생각하고, 행동으로 이어 나가고 싶다」고 하고 있다.

자각적 소비자와 시민 개농(皆農)

「읍내의 음식물 쓰레기 활용대(隊)」나「시민에 의한 도시농업연구회」의 중심이 되어 활동을 하고 있는 이가, 각각의 대표를 맡고 있는 사토 미치요佐藤美千代 씨이다. 사토 씨는 환경 관련 일을 그만둔 후, 완전한 전업주부이면서도, 시민 단체나 생협 활동, 국제 NGO의 자원봉사 활동 등 다양한 경험을 가진다. 그 사토 씨가 말하는 이야기 중에서, 소비자·시민이 주역이 되어 활동해 나가는 데에서 포인트가 되는 몇 가지를 다음과 같이 살펴보고자 한다.

첫째가, 약 200세대를 대상으로 하는 작은 규모의 음식물 쓰레기 회수·재활용 활동인데, 신변(자기 몸 가까운 곳)에서 벌어지는 음식물 쓰레기 재활용(recycling) 노력이 시민의 의식 개혁을 일으켜, 커뮤니티 가든(community garden), 그리고 도시농지를 지켜 가기 위한 행동으로까지 발전하여 왔다. 신변의 음식물 쓰레기를 재활용해 나가는 문제를 통해, 식·농·순환을 생각해 나가게 되고, 이로 인해 또 하나의 세계가 눈에 비쳐 왔다는 것이리라.

둘째는, 커뮤니티 가든으로 상징되는 것처럼, 누구든지, 언제라도 부담 없이 참여할 수 있도록 창구를 개방(open)해 두는 것의 중요성이다. 회원을 특별히 정하고 회비를 받게 되면, 아무래도 문턱이 높아져 가입이 어려워짐과 동시에, 회원 쪽도 그 생각·행동이 고착화되는 경향이 있다.

셋째가, 큰 조직으로 되면, 조직 가운데서 분업화가 진행하고, 소중한 문제에서도, 자신은 관계없다고 생각하는 사람도 나올 것이다. 조직을 펼치고 늘려 나가는 데에 에너지를 소모하는 것이 아니라, 오히려 지역에 밀착하여 순환형 읍내 만들기에 노력, 스스로 할 수 있는 것을 실천해 가는 것이, 조직의 건전성도 가져오게 된다.

사토 씨의 이야기를 종합하면, 싱크 글로벌, 액트 로컬(Think Global, Act Local)로서, 로컬의 문제를 글로벌 속에 위치시키고, 이를 로컬에서 실천해 나가는 사이클을 그리며 쌓아 간다. 생각하고 공부해 가기 때문인 것은 물론이고, 현장에서의 노력이 있었기에, 이들은 살아오고 있다. 또한 현장만의 폐쇄적인 세계는, 이것은 이것대로 진보가 어렵다고 하는 것으로 받아들여진다. 자각적 소비자이기 위해서는, 현장과의 왕래, 현장에서의 실천·노력이 절대적으로 필요하다. 그런 의미에서는, 각지에 커뮤니티 가든 노력을 펼쳐, 시민 개농(皆農), 국민 개농을 실현해 나가는 것은, 자각적 소비자를 만들어 나가기 위한 중요한 방안 중 하나라고 할 수 있을 것이다.

05 식육(食育)·체험교육의 가치와 가능성

  자각적 소비자를 창출하고, 확보해 나가는 것만큼 큰 의미를 가져오는 것이, 차세대에 대한 대응이고, 식육, 또는 체험교육이다. 세 살 적 버릇 여든까지라는 말처럼 어른이 되고 나서의 행동 변화는 쉽지 않다.

  일본 농업은 일본의 음식 문화와 일체가 되어 발전해 왔다. 적지적작(適地適作)으로 그 토지에 맞는 것이 생산되고, 그 수확된 농산물을 가능한 한 맛있게, 또 다 먹을 수 없는 것은 보존하여 그 수확시기 이외에도 먹을 수 있도록 건조시키거나 발효시키거나 하는 생각을 짜내 저장하고, 결혼이나 절기 등 특별한 날과 일상적인 날로 나누는 것 등에 의해 음식 문화가 형성되어 왔다. 그러나 전후(戰後, 태평양 전쟁 후), 유지류(동식물에서 얻는 기름류)와 육류(畜肉)를 사용하는 음식의 서양식화가 급속히 진전하고, 음식과 농업이 괴리함으로써, 소비 수요가 증가하는 유지류, 사료 곡물 등의 대부분은 값싼 수입산으로 이동하여, 식료 자급률의 저하를 초래해 왔다. 식료 자급률 향상에는, 생산이 조정되어 있는 논의 유효활용은 물론이고, 다른 한편으로 식생활의 재검토, 일본형 식생활을 착실히 회복해 나가는 것이 빠져서는 안 된다. 그리고 미각의 발달은 두뇌 발달과 비례한다고 알려져 있어, 유아, 초등학생을 대상으로 한 미각 교육은 매우 중요한 의미를 가지게 된다.

또한 차세대에의 대응에는 미각 교육과 함께 체험 교육이 매우 중요하다. 농작업을 이해하는, 몸으로 체험해 나가는 것도 중요한데, 도시화의 진행에 의해 공원 등의 인공적인 자연은 차치하고, 자연 그 자체에 접촉할 기회가 거의 없어져 버리고 있어, 아이들이 자연을 느끼고, 감성을 닦고, 자연 속에서 행동해 갈 수 없게 되고 있다. 이러한 체험·경험이 이른바 인간성을 키워 나가는 중요한 요소가 되고 있는 것 같은데, 그러한 조건이 크게 상실돼 버리고 있는 현재, 의식적으로 이를 되찾아 가는 장치가 절실히 요구되고 있다.

이 중심으로 되는 것이 식육(食育)이지만, 유감스럽게도 그 실태는 과일이나 채소의 껍질을 칼로 벗기는 것도 시키지 않고, 조리라고는 해도 아이에게 아첨한 귀여운 도시락 만들기나 과자 만들기가 많고, 음식 문화나 전통을 의식시키자는 식육을 진행하고 있는 현장은 적다. 또한 체험도, 예를 들면 모내기라고는 해도 준비된 모종을 몇 개 심을 뿐이다. 그 전후의 공정은 전혀 보이지 않은 채, 「농민분들은 고생한다」고, 관례적인 감상을 말하고 그것으로 끝이다. 또한 숲의 놀이라고는 해도, 북유럽에서는 마음대로 아이들이 이리저리 뛰어다니거나, 나무에 오르거나 하는 등, 자기 책임에서 행동이 전제가 되는 데 비해, 일본에서는 사고를 내지 않는 것이 최우선시되어, 보호 장구를 착용시키고, 나무에 올라가서는 안 되는 등, 관리된 가운데서 제한된 행동밖에 허용되지 않기 때문에, 올바른 경험과 체험은 되기 어렵다. 또 이러한 일이 자원봉사라고 하기보다는 비즈니스로 행해져 고액의 지출을 강요하고, 또 부모도 자녀의 교육을 위해서라면 이러한 지출에는 관대하게 생각한다.

이렇게 보면, 기본적으로 부모, 가족, 또는 지역의 힘, 교육의 힘을 잃어버리고 만 데에도 커다란 원인이 있다. 바쁜 데에 쫓겨, 음식도 교육도 체험도 돈을 주고 타인에게 맡긴다. "타인"은 관리를 중시하여 사고를 회피하고, 볼품 중시의 운영을 하게 마련이다. 다시 식육(食育)의 있어야 할 모습과 함께, 이제는 가족에 의한 교육이 어려워지고만 현실에서, 지역의 교육력을 어떻게 재생시켜 나갈 것인가가 큰 과제이다. 또한 이 식육이나 식생활의 올바른 모습은, 증가하고 있는 아토피 문제와도 큰 관련이 있다고 생각한다.

〈사례 ㉛〉 야마나시시山梨市・노도카農土香

식육, 체험 교육을 비판할 만한 대응, 운영을 할 수 있는 것은 결코 아니지만, 그러한 문제를 의식하면서, 겸손하게 도전하고 있는 사례이다. 필자가 주최하고 있는 야마나시현山梨県에 있는 어린이 시골 체험교실이다.

포도밭 가운데 있는 양잠 농가

신주쿠(新宿)에서 JR 중앙선을 타고 약 1시간 반, 오츠기大月를 지나서 사사고笹子 터널을 통과하면 고후甲府 분지를 한눈에 바라볼 수 있는데, 터널을 빠져나와 첫 번째 역인 가츠누마勝沼역에서 가파른 경사를 내려간 곳에 있는 것이 엔잔塩山역이다. 이 엔잔역에서 북쪽으로 차로 20분 미만, 고후 분지의 가장 도쿄 쪽 남향의 경사면에 포도밭이 펼쳐진다. 그 포도원 안에 있는 양잠 농가를 개조한 민가가 「모두의 집・노도카農土香」이다.

쇼와昭和 초기(1926~1945)의 건물로, 1층은 다다미방이 네 개 있으나, 2층은 칸막이가 없는 오픈 공간으로 되어 있으며, 3층은 천장이 낮고 침실로밖에 사용할 수 없지만, 역시 오픈 공간이 있다. 바로 2층, 3층은 양잠 작업에 사용되어 왔던 방이다. 이 집을 빌린 것이 2005년 여름으로, 빌릴 때 화장실을 증설하거나, 카펫을 치는 등 약간 개조를 하고, 또 2009년경에 알루미늄 새시 창으로 바꾸기는 했지만, 기본적으로는 옛날 모습 그대로이다.

1층의 집의 둘레에는 툇마루가 있고, 나무 덧문이 툇마루를 둘러싼 형태로 되어 있어, 덧문을 닫으면 깜깜하다. 그래서 알루미늄 새시 창을 셔터 덧문 안쪽에 붙였다. 전선이 벽을 타고 있고, 배선을 위해 애자(碍子, 전선을 지탱하고 절연하기 위하여 전봇대에 다는 기구. 뚱딴지)가 사용되고 있다. 또한 전화는 아직도 다이얼식 수화기를 사용하고 있어, 아이들은 다이얼을 돌려 전화가 걸리는 것이 불가사의로 느끼는 것 같다.

집 안은 조용히 걷지 않으면 삐걱삐걱하는 소리가 나며, 옆방의 이야기 소리도 너무 잘 들린다. 잠자리에 들고 있어도 집 전체의 모습이 기척으로 감지 가능하다.

주역은 아이들

시골 체험 교실은, 격월로 연 6회, 1박 2일로 개최하고 있다. 겨울을 제외하고, 그 시기 농작업을 주로 하고 있다. 3월은 감자 심기, 5월은 모내기, 7월은 감자 수확, 9월은 벼 베기와 포도 따기를 한다. 11월과 1월은, 곤들매기 낚시나 숲 놀이, 떡치기 등을 주로 한다. 감자밭, 논, 포도밭 등은 인근 농가의 것을 이용하게 허락을 받고, 작업 지도는 그 농가에 부탁하고 있다. 기본적으로 모두 자원봉사자라고 하는 것으로, 협력을 받고 있다.

매회, 20~30명의 아이들과, 3~10명 미만의 부모가 참여한다. 시골 체험 교실의 교장 역은 필자가, 도쿄에서 초등학교 교사를 하고 있는 아내가 교감 역으로, 실제 지휘는 아내가 한다. 어디까지나 부모의 일은 이동용 차량의 운전, 큰 솥이나 떡 절구의 내고들임과 사용 후 세척 등으로 한정하되, 부모의 기본 역할은 아이들의 감시 역이다. 자신의 아이를 돌봐 달라고 하기 위해 오는 부모의 참여는 거절하고 있다. 참여하는 아이들의 대부분은 아내가 근무하고 있는 초등학교 학생들이 중심으로서, 여기에 도쿄의 다른 학교나 지역 초등학교 학생 약간 명이 더해진다. 또한 체험 교실을 시작하여 9년째에 접어들면서, 중학생과 고등학생의 참가도 늘고 있다.

시골 체험 교실의 기본은, 아이들이 주역이며, 자기 책임하에서 행동하고 경험을 쌓아 나감으로써 아이들이 스스로 살아가는 힘을 키워 가는 것에 두고 있다. 일단 주된 것은 그 시기별 농작업에 두고는 있지만, 이것은 절반에 해당하며, 매회의 식사 만들기, 농작업도 포함한 폭넓은 경험·체험을 시키는 데 목적이 있다.

손수 밥을 지어 먹는 것이 기본

중시하고 있는 기둥 중 하나가 식사 만들기이다. 제1일째의 저녁 식사 만들기가 중심으로서, 경우에 따라 약간씩 바뀌어, 2일째의 아침·점심 식사를 만드는 경우도 있다. 이와 관련하여 1일째 점심은 주먹밥을 가져오는 것을 기본으로 하고 있으며, 많은 아이들은 집에서 주먹밥을 스스로 만들어 가져온다. 편의점의 주먹밥이나 도시락을 가져오는 아이들은 거의 없다.

첫날 저녁은 카레라이스가 기본 식단이지만, 겨울에는 야마나시의 호토(餺飥, 박탁)로[8] 바뀐다. 쌀은 각자 2홉을 지참하고, 기타의 식재료는 노도카農土香에 있는 밭의 채소나 수확하여 저장해 둔 감자를 사용하며, 부족한 것은 지역 슈퍼마켓에서 사전에 조달한다.

우선 저녁식사 준비는, 조리하는 그룹과 취사를 하는 그룹으로 나뉘어, 조리하는 그룹은 먼저 밭에 들어가 채소를 수확한다. 다음 감자 껍질을 까고, 양파와 당근 등을 잘게 썬다. 카레라이스뿐만 아니라, 샐러드나, 그 계절에 흔한 무침 등도 만든다. 조리 관련 작업이 끝나면 다음은 밥상을 차리는 것으로, 여러 테이블을 내고, 접시, 젓가락, 숟가락, 컵 등을 늘어놓는다.

한편, 취사 담당 그룹은, 아궁이를 끄집어내고, 나뭇가지 등을 모아, 신문지 등을 말아 성냥을 사용하여 불을 붙인다. 장작 나무에 불이 붙을 때까지가 꽤 힘들고, 특히 젖은 나뭇가지와 장작이 섞여 있을 때는, 연기가 많이 나올 수도 있어 눈물을 흘리며 부채질을 하게 된다. 장작이 불타기 시작하면 나머

---

8) 기본적으로 밀가루를 반죽하여 싹둑 자른 굵고 긴 국수를, 호박 등 채소와 함께 일본 된장 국물에 끓여 뜨거울 때 제공되는 요리의 일종임. https://ja.wikipedia. org/wiki/ほうとう -역자주.

지는 물을 채운 솥에 야채와 고기를 집어넣고 끓인다. 당근이
나 감자가 충분히 익으면 카레를 넣어 완성한다. 포인트는 채
소로부터 수분이 제법 나오기 때문에 물을 적게 해 놓고 모습
을 봐 가면서 필요하면 물을 추가하는 것, 루(밀가루를 버터로
볶은 것)를 넣었으면 즉시 불을 줄여 타지 않도록 한다.

물론, 요리를 하고, 도중에서 취사로 오거나 하는 등, 탄력
적으로 행동하는 것은 자유다. 이렇게 저녁 식사 준비에 1시
간 반에서 2시간이 걸리는데, 이것이 가장 아이들이 주체성을
발휘하는 시간이기도 하다. 도와주는 것은 전혀 없고, 따라서
자신들이 만든 식사는 두말없이 맛있다. 순식간에 2그릇도 3
그릇도 더 먹는 어린이가 이어진다. 식육(食育)의 성과는, 아
이들이 어디까지 주체적으로 행동하느냐에 따라 크게 좌우된
다는 것이며 이것은 9년 연속 시도에서 실감하였다.

포도 따기와 벼 베기

계절마다 농작업은 변화하는데, 이 9월 말은 포도 따기와
벼 베기다. 노도카農土香 근처의 포도밭에서 거봉 포도 따기
다. 5a(약 150평) 정도의 포도밭을, 총 35명 정도의 "인력"으
로, 약 30분에 수확한다. 혼자 20송이 이상은 수확한 것일까,
수확한 포도는 식용과 가공용으로 나누어, 가공용은 송이에서
포도를 분리하여 이것을 체에 넣고 손으로 분쇄, 포도 액은 주

스로 하고, 껍질과 살 부분은 씨앗을 잘 발라내고 차분히 익혀 잼으로 만든다. 우선 포도 주스로 건배하지만, 다음 날 점심은 식빵에 넘쳐흐를 정도로 가득 포도 잼을 얹어 먹는다. 이것을 감미로운 채소 같은 맛이라고나 할까, 참 맛있다.

둘째 날의 아침 식사를 마치면 노도카農土香를 청소한다. 주된 일은 걸레질이다. 툇마루를 비롯한 마루 부분이나 미닫이 판자도 닦는다. 양동이에 담긴 물에 걸레를 씻고 잘 짠다.

청소가 끝나면 그곳에서 자동차로 이동하여 논으로 간다. 그래서 5월에 심어, 논에서 실하게 여문 벼를 수확한다. 10a 미만의 논에서 벼 베기를 1시간 정도로 마무리한다. 아이에 따라 다르지만, 많은 아이들이 열중하여, 떠들지도 않고 벼 베기를 한다. 수확한 벼를 묶는 것도, 반복하는 가운데 익숙하게 된다. 벼 베기가 끝난 곳에서, 이날은 논에 자원봉사로 모여 준 할아버지, 할머니가 만들어 준 주먹밥과 잘게 썬 돼지고기와 채소를 넣은 일본 된장국을 점심으로 먹는다. 점심 식사 후 자유 시간은 논에서 벌레를 찾아본다. 아이들은 생물들을 아주 좋아한다. 전국적으로 고추잠자리가 격감하고 있다는 이야기를 듣고 있지만, 여기에서는 많은 잠자리가 날고 있다.

작업 체험, 생활 체험, 그리고 생물 탐방을 하고 나면, 짧은 시간이었지만, 아이들은 완전히 농촌, 논에 융화되어 있다. 이러한 경험·체험을 언젠가 떠올려 줄 수 있으면 하고 항상 생각한다. 「결혼하고 아이가 생기면, 아이들과 함께 노도카農土香에 오고 싶어요」라고 몇 명의 아이가 말한다. 그런 날이 올 것을 간절히 기대하면서 활동 9년째를 맞이하고 있다.

06 | 도시 농촌 교류에서 국민 개농(皆農)으로

　　　　　어찌 되었든 농업을 지켜 나가기 위해서는 농촌을 유지해 가는 것이 전제가 된다. 농촌을 유지해 나가기 위해서는, 고령화로 담당자가 점점 은퇴해 가는 상황하에서, 도시에서 농촌으로의 인구 환류가 필요하다. 이것은 농촌에게 필수적일 뿐만 아니라, 도시 주민들에게도 관리 과잉 사회로부터 벗어나, 자연과 접촉하며, 활력을 되찾아 가기 위해서도 필수적이다. 전후(戰後), 고도 경제성장기의 농촌으로부터 도시로의 흐름을, 역류시켜 나가야 할 시대를 맞이하고 있다고 할 수 있다.

　U턴, I턴에 의한 청소년의 신규 취농도 본격적인 담당자 확보책으로서 중요하지만, 아울러 반농 반X와 정년 귀농, 두 지역 거주 등, 다양한 형태에서의 다양한 인구 환류가 필요하다. 고속도로가 정비되어 도시와 농촌과의 시간 거리가 대폭 단축됨과 동시에, 다양한 생활양식(라이프스타일)이 전개되도록 가능해지고 있는 가운데, 라이프 스테이지(stage, 단계)에 따라, 산촌(山村) 유학, 시민농원·체험농원, 원농(援農) 등을 포함하

여 다양한 농업과의 관계를 가지면서 도시와 농촌과를 오가는 것이 가능해지고 있다. 그러한 가운데에서 직업으로서 농업을 선택하는 사람도 많아질 것으로 생각된다.

이처럼 도시로부터 농촌으로의 인구 환류를 촉진해 나가기 위해서는, 그린투어리즘도 섞어, 우선은 도시 농촌 교류를 활성화시켜 나가는 것이 요구되고 있다고 할 수 있을 것이다. 이를 위해서도 농촌 쪽도 도시 쪽을 농산물의 구매자로만 보는 것에 그치지 않고, 농촌·농업의 지지자(supporter)이자 농촌 문화를 공유하는 사람들이라는 시선을 가질 필요가 있다. 그리고 농촌 문화를 공유하면서도, 다른 관점으로 농촌·농업을 주시하고, 이를 농촌 활성화에 효과적으로 쓰는, 흥금을 열어 가는 것이 요구된다. 한편, 도시 측도, 농촌에서 도시 생활을 보내는 것이 아니라, 농촌의 관습이나 전통, 문화 등을 존중하고, 농촌에 익숙해져 가는 것이 필요하다. 이런 일을 원활하게 진행시켜 나가기 위한 열쇠를 쥐고 있는 것이 농촌의 리더이며, 쌍방 사이에 서서 조정·중재하고, 서로의 좋은 점을 끌어내면서 지역 만들기에 연결해 가는 것이 중요하다.

이렇게 도시 농촌 교류가 진전·심화함으로써, 시민 개농(皆農) 그리고 국민 개농으로의 길이 열릴 수 있게 된다.

〈사례 ㉜〉 나가노현長野県 고우미마치小海町·야츠호무라八峰村

도시·농촌 교류와 정년(定年) 귀농, 두 지역 거주(二地域居住) 등을 조합시켜 지역 활성화를 목표로 한 노력은 전국 각지에서 볼 수 있다. 이 사례도 그러한 지역에서의 꾸준한 노력의 하나이다.

산촌형 시민농원

야마나시현山梨県의 고부치사와小淵澤에서 나가노현長野県 고모로小諸 사이를 JR 고우미小海선이 달리고 있다. 야츠가타케八ヶ岳의 산기슭을 돌아 북상하여 기요사토淸里를 지나면 해발 1,300m를 넘는 노베야마野辺山 고원에 다다른다. 이곳은 가와카미무라川上村나 미나미마키무라南牧村 같은 고랭지 채소의 대산지이다. 고원을 내려 치쿠마천千曲川을 따라 골짜기를 하류로 향하면 고우미마치小海町에 다다른다. 도쿄에 가려면 더욱더 강 하류의 사쿠다이라佐久平까지 나와 나가노신간센長野新幹線을 이용하면 3시간 미만, 또 차량이라면 국도 141번 길을 야마나시현山梨県 방면으로 향해 중앙 고속도로 나가사카長坂 IC 또는 스타마須玉 IC를 경유하는데 역시 3시간 미만이면 된다. 지리적으로는 교통편에는 혜택을 못 본 곳으로 생각될 수도 있지만, 실제 도쿄와의 시간 거리는 결코 멀지 않다.

　고우미마치는 국도 141호선을 따라 집들이 들어선 거리가 계속되지만, 141호선에서 서쪽 방향, 야츠가타케에 오르는 방향으로 방향을 바꾸어 수 ㎞. 경사를 오른 곳에 마쓰바라코松原湖가 있고, 다시 몇 ㎞ 오르면 주변에 스키장이나 골프장, 그리고 별장이 늘어서 있는 등, 리조트 개발이 전개되어 온 일대에 다다른다. (1990년대 말)일본의 버블경제가 붕괴하고, 그 후의 해외여행 붐도 영향을 미쳐 일시적인 성황은 완전히 과거의 일이 되었지만, 대자본에 의한 경제개발이 아니라, 시민 레벨에서의 지역 활성화에 대한 노력이, 산촌에 있는 시민농원이라고도 해야 할 지역의 자원봉사 그룹 야츠호무라八峰村에 의해 운영되고 있다. 해발 고도는 약 1,200m, 일면에 고랭지 채소 밭이 펼쳐지는 가운데 야츠호무라가 있고, 밭을 적송 등의 방풍림이 둘러싸고, 방풍림 너머에는 치쿠마가와千曲川의 건너편 기슭에 있는 산들이 늘어서 멋진 경관이 펼쳐져 있다. 시민농원이라고 하면, 도시형의 세련된 농업체험장이 떠오르는데, 이 시민농원은 산촌형이라고도 해야 할 풍정을 자아내고 있다.

채소 생산에 벼농사·주조

　야츠호무라八峰村는 5필지, 약 30a의 농지를 빌려, 6년 전에 시작한 것이다. 이것을 25구획으로 나누어(1구획은 대개 15평), 이것을 현재 13명이 경작하고 있고(혼자서 2구획을 경작하고 있는 경우도 있음), 개인이 경작하고 있는 이외의 농지는 공동관리지로 하고 있다. 연회비는 1만 5,000엔으로, 농지의 소유자도 공동관리지를 경작하고 있으며, 소유자나 야츠호무라八峰村의 선배로부터 농작업에 대한 지도·조언도 받으면서 경작하게 된다. 회원의 절반은 도쿄나 사이타마埼玉에서 오지만, 절반은 주변에 있는 별장에 장기 체류하고 있는 사람들로서, 퇴직한 부부도 많다. 이들 소유자는, 정주(定住, 일정한 곳에 자리 잡고 삶), 두 지역 거주(二地域居住)의 라이프스타일을 영위하고 있는 것 같다. 도쿄 등에서 오는 사람들은 야츠호무라 회원이 경영하는 여관에 늘 묵으며, 이곳을 거점으로 하여 농작업 등을 즐기고 있다. 버블 붕괴로 침체된 관광수요를 다소나마 보완한 형태로서 숙박 사업의 부양조처가 이루어진다면 좋겠다는 생각이 든다. 잠시 야츠호무라 산에 다닐 수 없는 경우에는, 약간의 수수료를 지불하고 풀베기를 대행해 달라고도 할 수 있다. 매년, 각각 사정이 있어 2~3명의 탈퇴자가 있지만, 대체로 그에 걸맞은 인원수가 새로 가입하여, 회원 수는 항상 비슷한 수준을 유지한다.

야츠호무라 활동의 중심은 농장에서 채소 등을 생산하는 것이며, 각각 원하는 채소를 재배하고 있는데, 저자가 방문한 9

월 하순은 이미 여름 채소가 끝나 가고 있었으며, 눈에 들어온 채소는 상추, 파, 콩(花豆), 호박, 돼지감자 등이었다.

야츠호무라에서는 채소 생산과 병행하여 벼농사도 짓고 있다. 농장과는 별도로, 인구 과소화와 고령화로 적막해진 탓에 셔터(shutter) 거리로 변해 버린 읍 시가지의 변두리에 있는 17a와 12a, 2개의 논을 빌려, 12a의 논에서 찹쌀을, 17a의 논에서 주조에 적합한 쌀, 소위 주미(酒米)인 「히토고고치(人心地, 살아 있다는 느낌)」를 만들고 있다. 생산된 주정용 쌀은 이웃 읍에 있는 양조장에 출하되어, 「대한(大寒, 24절기 중 하나)에 담근 특별 순쌀 무여과 원주(原酒)・향미가득(고미자카리香味盛)」으로 생산・판매되고 있다. 그야말로 좋은 물과 쌀, 누룩으로 만든 것을 짐작게 하는, 향기로운 제대로 된 맛의 술이다. 술병 기준으로 700개가 생산되어 시판되고 있다. 소유자에는 「고미자카리香味盛」의 일부가 환원된다.

또한 후쿠시마현福島県 이타테무라飯館村의 부흥(復興) 지원으로, 생산한 찹쌀과 멥쌀을 가루로 해서 절반씩 섞고, 여기에 오야마보쿠찌(통칭 곤봇빠)라고 하는 산우엉과 비슷한 잎을 넣어 찧은 떡을, 어묵 모양으로 만들고, 엄동의 밤하늘에 하룻밤, 다시 30일에서 50여 일 남짓, 처마에 곶감이나 얼린 두부처럼 널고, 얼린 떡을 만들어, 이이타테무라飯館村에 보내고 있다. 이러한 노력은, 방사능 오염으로 피난을 강요받고,

익숙한 얼린 떡을 만들 수 없어, 먹을 수 없다는 이타테飯館 주민의 목소리에 부응하여, 기술의 전승과 무미건조할 피난 생활에 조금이라도 마음의 여유를 누리라는 바람을 담은 노력이다. 겨울에는 영하 20℃까지 내려가는 추운 고우미마치小海町 특유의 부흥 지원이다.

벼농사를 포함한 야츠호무라의 연간 스케줄을 보면, 5월 연휴에 영농 개장을 한다. 5월 말에 모내기를 하고, 6월에는 봄산 야생초의 관찰과 맛의 모임을 개최하며, 7월에는 야츠호무라 회원의 양봉가에 부탁하여 양봉 체험을 하고, 8월에 수확제, 9월 말에 벼 베기, 10월에는 신규 참가 희망자를 대상으로 한 농업 체험과 가을 야생초 관찰 교실, 그리고 11월에 폐장한다. 농한기인 1월은 주정용 쌀 담그기, 2~3월에 출고·시음회가 있어, 겨울을 포함하여 연중 고우미마치小海町로 발길을 옮길 수 있도록 궁리가 집중되고 있다.

회원의 분화

이러한 이타테무라飯館村를 중심으로 한 활동을 선도하고 있는 이가 와타나베 히토시渡辺均 씨(65세)이다. 6차 산업화 플래너(planner)를 비롯해, 각종 사업 등의 컨설턴트로 활약하고 있다. 이런 일을 하면서 이타테무라 등에서의 활동을 전개해 왔다. 원래 와타나베渡辺 씨는 고우미마치小海町 출신으로,

고등학교까지 고우미마치에 살았다. 그 후, 오랫동안 고우미마치에서 떨어져 일을 해 왔는데, 가족들의 건강을 위해 환경이 좋은 고우미마치에 자주 들르게 되고, 그러다가 현재 거주하고 있는 통나무집(log house)을 구입하게 된 것이다. 고우미마치에 집을 짓는 중에, 지금까지의 단순한 컨설턴트에 그치지 않고, 스스로 현상을 가지고, 운영에 나선다. 이러한 실천·경험이 또한 컨설턴트의 폭을 넓히는 것으로도 된다고 하는 점에서 우선 농촌에다 도시 주민을 대상으로 하는 시민농원을 스타트하였다.

교류를 축으로 한 시민농원에 머무르지 않고, 특산품 개발이나 가공 사업, 직판 활동 등 점차 활동 영역을 넓혀 가고 있지만, 고생도 적지 않다고 한다. 회원은 현재 15명인데, 사람에 따라 관계를 맺는 방식이나 생각에 온도차가 큰 것 같다. 고령자를 중심으로 즐기면서 하는 농작업이나 주정용 벼 재배를 활동의 기본으로 하고 있지만, 이와는 별도로 가공 부회(部會)가 설치되어 있다. 단순한 재미로 끝내는 것이 아니라, 생산된 채소와 특산품, 가공품을 판매하고, 사업으로 어느 정도의 수익을 확보해 나가는 것을 가공 부회의 목적으로 하고 있다. 지금까지 마을 주최 행사 등에 단발로 참여해 온 활동에 더하여, 올해(2013년) 7월부터 8월까지 매주 토요일, 도쿄 시모키타자와下北澤에 있는 「보슈房州·온다라 시장」에 출하했다. 이이타테무라만으로는 필요량을 확보할 수 없으므로, 고랭지 채소의 산지로 브랜드화되어 있는 인근 가와카미무라川上村나 미나미마키무라南牧村, 과일 생산으로 농업 재생을 목표로 하는 사쿠호마치佐久穗町, 다품종·소량·고품질 농산물의 직판장으로 활성화를 목표로 하는 미나미 아이키무라南相木村, 기타 아이키무라北相木村 등으로부터 특산 농산물을 조달하고 있기도 있다. 출하자가 적자를 보지 않도록 하기 위해, 현재, 와타나베 씨에 의한 매취 판매를 하고 있다. 출하자에게는 고마운 구조이지만, 판매 리스크는 와타나베 씨가 개인적으로 짊어진 형태로 되어 있으며, 수도권으로의 판매를 지속·확대해 나가기 위해서는 수지 개선을 위한 노력의 재검토가 불가피하다.

이렇게 몸을 던져 가면서도 목표로 하고 있는 것은, 대량 생산·대량 소비의 세계 가운데서, 지산지소를 기반으로 한, 생활에 풍요로움을 느끼는, 자립한 지역 만들기라고 한다. 앞서 가는 길은 길긴 하지만, 향후 활동·전개에 주목하고 싶다.

＊

생산자와 소비자 등과의 관계성을 중시한 커뮤니티농업을 기축으로 하여, 지역농업으로부터 일본 농업을 재생시켜 가는 것의 필요성과, 그 구체적인 노력 내용, 그리고 그를 위한 필요조건 등을 살펴보았다.

글로벌화에 대응한 경쟁적·분업적 방향으로와 흐름은 다가서고 있는 것으로 볼 수 있으나, 한편에서는 본서의 많은 실례가 웅변으로 이야기하고 있는 바와 같이 커뮤니티농업으로의 흐름은 착실하게 퍼져 가고 있다. 이제야말로 요구되고 있는 것이 생산사의 긍지(자랑)와 소비자의 농업에 대한 관심·관계이고, 이것이 커뮤니티농업으로 이끄는 최대의 에네르기라고 할 수 있다.

저자 후기

2013년 11월 하순에는, 경영소득안정대책의 재검토, 일본형 직접지불제도의 도입과 함께, 논 풀(full) 활용계획 증강 등의 신제도의 대략적인 틀이 결정되었다. 경영소득안정대책에서는, 쌀의 직접지불교부금을 5년 안으로는 폐지하는 것을 명시한 위에서 10a당 1만 5,000엔을 7,500엔으로 감액하며, 한편으로 사료용 쌀 등에 있어서, 생산수량에 따라 지불하는 수량직불제를 도입한다. 또 쌀·밭농사의 수입감소영향완화대책은, 대상을 인정농업자, 집락영농, 인정취농자로 한정함과 동시에, 수입(收入)보험에로 전환해 간다. 일본형직접지불제도에서는, 집락 등의 활동조직이 다원적 기능을 유지·관리하기 위한 협정을 시읍면(市町村)과 체결하는 것을 요건으로 하며, 중산간지역등직접지불, 환경보전형농업직접지불에 대해서는 기본적으로 유지·계속해 간다. 쌀 생산조정에 대해서는, 5년 후를 목표로 신제도의 정착상황을 봐 가면서 판단하는 것으로 되었다.

농지의 집적과 담당자의 확보, 낮은 상태에서 헤매고 있는 농업소득의 향상이 가장 중요한 과제인 것은 확실하지만, 이에 대한 정부의 대처방안은 시장화·자유화·글로벌화에 의한 "공격적인 농업"만 있고, 대규모화 최우선인데도 대규모경영체에서조차 경영이 가능할 수 있을까가 불분명하고, 더더구나 지역농업이 성립 가능할 것인가, 하는 의구심이 들어, 일본 농업의 장래는 찾아볼 수 없다고 하는 것이 솔직한 심정이다. 이에 더하여 이러한 농정 대전환의 움직임은 너무도 급하고, 산업력경쟁력회의의 민간위원의 목소리가 강하게 반영되고 있어, 생산자에 있어서는 당돌한 느낌을 면할 수 없으며, 결국「접근은 할 수 있도록 하되, 알게 할 수는 없다」이 외의 어떤 것도 아니다. 그리고 TPP 협상에서 보여 주었던 앞으로 넘어질 듯 기울어진 자세로 상징되듯이, 공약 어기기도 아주 심하고, 의회제 민주주의 그것이 뒤흔들리고 있다고 말하지 않을 수 없다.

농업의 세계에 있어서도, 시장화·자유화·글로벌화의 흐름은 가속하고 있다. 이러한 상황으로부터야말로, 이제까지의 정부의존으로부터 벗어나, 지역농업을 지역 스스로가 수호해 가는 것이 요구된다고 할 수 있다. 정부의 지원 없이 일본 농업의 유지가 곤란한 것은 확실하지만, 이제는 정부가 어떻게든 해 준다는 시대는 정말로 아니다. 확실히 생산자와 소비자 등의 관계성을 중시하는 커뮤니티농업에 의해, 지역의 힘에 의해 지역농업을 지켜 나가는, 지금이야말로 커뮤니티농업에 의해 일본 농업을 혁신해 가는 것이 요구되고 있는 것이다.

본서는, 저자의 이전 저서『공생과 제휴의 커뮤니티농업으로』

(창삼사創森社)에서 강조한 커뮤니티농업을 기축으로, 앞으로의 일본 농업의 방향성에 대하여 전개한 것이다. 쌀 정책이나 담당자 등의 구조문제 등에 대하여, 이제까지 농림중앙금고(농림중금)총합연구소의 기관지인 「농림금융(農林金融)」에서 매번, 논고를 발표하여 왔는데, 2013년 10월, 동연구소를 정년퇴직한 것을 계기로, 이러한 논고들을 통합하여 일본 농업의 전체 모습(big picture)에 대하여 정리해 보았다. 농림중앙금고에서 25년, 농림중금총합(總合)연구소에서 17년 근무를 해 왔는데, 그간, 실무나 경영(management)을 전체적으로, 또는 현장과의 교류나 조사연구를 전체적으로, 느끼고 생각해 온 것을 집성한 것이기도 하다.

조사연구를 거듭할수록, 현장의 목소리를 경청하는 것의 중요성을 실감해 왔다. 이 때문에 현장 사례를 많이 소개함과 동시에, 굳이 각 해당 장(章) 테마에 한정하지 않고, 폭넓은 이야기를 소개하는 등, 사례를 극히 중시한 구성을 취하고 있다. 그런만큼 본서는 현장과의 교류 없이는 있을 수 없어, 새삼스럽게 지도·지원을 해 주신 많은 현장의 모든 분들께 다시 감사를 드리는 바이다.

또 농업론에 대해 다른 기회에 전체적인 정리를 하기로 하고 일단락을 짓고, 다음 스텝으로 향하여 발을 내딛고 싶다는 것이 또 하나의 본서 발행의 목표이기도 했다. 농림중금총합연구소를 퇴직하여 비상근 객원연구원으로서 계속하여 제휴는 해 나가면서도, 개인적으로 '농적(農的)사회 디자인연구소'를 농림중금총합연구소 퇴사와 동시에 시작하였다. 농업과 동시에 사회 전체를 재인식해 가는 것을 통해, 성장·효율 지향의 공업적 사회로부터 자연 순환을 우선한 생명존중의 사회에로 전환해 가는 것이 필요하고, 그 열쇠는 "농(農)"이 쥐고 있다고 생각한다. 이 때문에 식료·농업을 축으로, 에네르기·복지개호(介護), 그리고 교육·환경·문화를 포함하여 자급권(自給圈)을 형성해 가는 것이 빠질 수가 없다. 발밑에서부터 가능한 것을 쌓아 올려 감과 동시에, 각 지역을 네트워크화하여 연계해 가면서, 확실히 성숙화사회로 향하는 발걸음을, 착실하게 해 가는 것을 다음의 과제로 하고 있다.

이번에도 필자의 희망을 헤아려 받들어 주고, 또 분량이 많게 돼 버린 본서의 출판을 허락해 주신 창삼사(創森社)의 아이바 히로야相場博也 씨께 심심한 감사의 말씀을 드리고 싶다. 또 오랜 세월 동안 농림중금총합연구소에서의 활동을 지원해 주신 다카하시 미카高橋美香 씨를 비롯한 많은 동료, 그리고 가족에게 마음으로부터 감사하고 싶다.

2014년 한겨울에
쓰타야 에이치(蔦谷榮一)

부록

지도에 표시한 32개 사례 지역

①　埼玉県(사이타마현)
②　秋田県(아키타현)
③　長野県(나가노현)
④　広島県(히로시마현)
⑤　岩手県(이와테현)
⑥　岡山県(오카야마현)
⑦　富山県(도야마현)
⑧　栃木県(도치키현)
⑨　秋田県(아키타현)
⑩　德島県(도쿠시마현)
⑪　宮崎県(미야자키현)
⑫　山梨県(야마나시현)
⑬　長野県(나가노현)
⑭　千葉県(치바현)
⑮　山梨県(야마나시현)
⑯　熊本県(구마모토현)

⑰　宮城県(미야기현)
⑱　広島県(히로시마현)
⑲　広島県(히로시마현)
⑳　北海道　別海町(베쓰카이쵸)
㉑　北海道　中標津町(나카시베쓰쵸)
㉒　北海道　樣似町(사마니쵸)
㉓　広島県(히로시마현)
㉔　長野県(나가노현)
㉕　岡山県(오카야마현)
㉖　東京都　國分寺市(고쿠분지시)
㉗　宮城県(미야기현)
㉘　広島県(히로시마현)
㉙　長野県(나가노현)
㉚　東京都　日野市(히노시)
㉛　山梨県(야마나시현)
㉜　長野県(나가노현)

지도에 표시한 32개 사례 지역

北海道

21 中標津町
20 別海町

22 標似町

岩手県

2
9 秋田県 5

17
27 宮城県

3
7 13 長野県
富山県 24 29 32 8 栃木県
1 埼玉県
12 26 國分寺市
15 山梨県 東京都 30 日野市
31

6 岡山県
4 25
18 広島県
19 23 28

10
德島県

16 熊本県

11 宮崎県

14 千葉県

색인

● 지은이

蔦谷榮一(쓰타야 에이치)

농적사회design연구소 대표

1948년 일본 미야기(宮城)현 출신. 도호쿠(東北)대학 경제학부 졸업 후, 1971년 농림중앙금고 근무. 농업부 부장대리, 총무부 총무과장, 농업부 부부장, 1996년 7월 (주)농림중앙금고총합연구소 기초연구 부장, 상무(임원), 특별이사를 거쳐 2013년 11월부터 현직.

주요 저서로『협동조합 시대와 농협의 역할』,『에코 농업-식과 농의 재생 전략』(이상 이에노히카리 협회),『일본 농업의 그랜드디자인』(농문협),『식과 농과 환경을 연결하라』(전국농업회의소),『지속형 농업으로 일본 농업재편』(일본 농업신문),『해외 유기농업의 동향과 실정』(쓰쿠바서방),『공생과 제휴의 커뮤니티농업으로』(창삼사) 등이 있다.

주말에는 야마나시시山梨市 마키오카쵸牧丘町에서 자연농법을 실천하고 있다. 일본피리(횡적·퉁소), 리코더, 플루트, 기타 등을 연주하며, 수묵화 등도 즐긴다. '모든 이의 집·노도카農土香회' 회장, 다나시田無주먹밥 하우스 회장, 녹색제등 응원대 등을 맡고 있다.

농림수산성 농림수산기술회의 연구분야별 평가분과회 위원(환경), 독립행정법인 국제농림수산업연구센터 고문 등을 역임. 식료·농업·농촌 정책심의회 기획부회 유기농업의 추진에 관한 소위원회 위원. 긴자銀座농업정책 사설학교(塾) 사무 돌봄이. (주)농림중금총합연구소객원연구원. 와세다早稻田대학 등 비상근 강사.

● 옮긴이

전찬익(全燦益)
rice5630@naver.com

1956년 강원도 정선 출생

서울 대광고등학교 졸업(1975년)
동국대학교 농업경제학과 졸업(1982년)
동국대학교 경제학박사(농업경제학 전공)
농협경제연구소 농정연구본부장, 농협중앙회 조사역, 농업정책연구팀장
한국농업정책학회 이사 및 부회장, 한국농업경제학회 이사
대통령 직속 농어업·농어촌 특별대책위원회 전문연구위원
동국대학교 식품산업관리학과 객원교수
아태식량비료기술센터(FFTC/ASPAC)(타이베이 소재) 농업경제자문관
동국대학교 한국푸드시스템연구소 상임연구원
(현) 한국협동조합발전연구원 사회적협동조합 이사, 선임연구위원
    한국농업경제학회 회원, 한국농식품정책학회 회원
『통제·자급 가능 주요 곡물은 오로지 쌀-한국과 대만의 농업정책 비교』(전자책),
타임비, 2016
동아시아협동조합운동-일본과 대만의 협동조합(공편저), 한국농촌경제연구원,
2015
협동조합 시대와 농협의 역할(일서 번역), 한국학술정보, 2013
세계 곡물 시장 대전망(일서 공역), 매일경제신문사, 2010
농가부채 구조분석, 농협중앙회 조사부, 1997
외 다수

지역으로부터의
농업 르네상스

− 커뮤니티농업의 실례를 중심으로 −

초판인쇄 2019년 7월 1일
초판발행 2019년 7월 1일

지은이 쓰타야 에이치
옮긴이 전찬익
펴낸이 채종준
펴낸곳 한국학술정보㈜
주소 경기도 파주시 회동길 230(문발동)
전화 031) 908-3181(대표)
팩스 031) 908-3189
홈페이지 http://ebook.kstudy.com
전자우편 출판사업부 publish@kstudy.com
등록 제일산-115호(2000. 6. 19)

ISBN 978-89-268-8881-0 03330

"地域からの農業再興" by Eiichi Tsutaya
Copyright ⓒ 2014 Eiichi Tsutaya
All rights reserved.
Original Japanese edition published
by soshinsha, Tokyo Japan.

This Korean edition is published by arrangement
with the author Eiichi Tsutaya through Iyagi
Agency, Korea.
이 도서의 한국어판 저작권은 원저자와 계약을
맺은 역자 전찬익에게 있습니다.